AF570460

© FjällBunny Verlag, Clenze

Email: tomteparker@t-online.de

Fotos: Anke Möller
Lektorat: Anke Möller
Bildbearbeitung: Oliver Wolzick
Kartenerstellung mithilfe von Stepmap
ISBN 978-3-00-066145-7

**Man muss sich kneifen und weiß, man ist da.
Und wenn man dann tot ist, dass da was war.**
Marius Müller-Westernhagen

**Liebe Jutta, I killed most of my darlings.
Danke für den Tipp. Wir vermissen Dich.**
(Jutta Harms, 1962-2019)

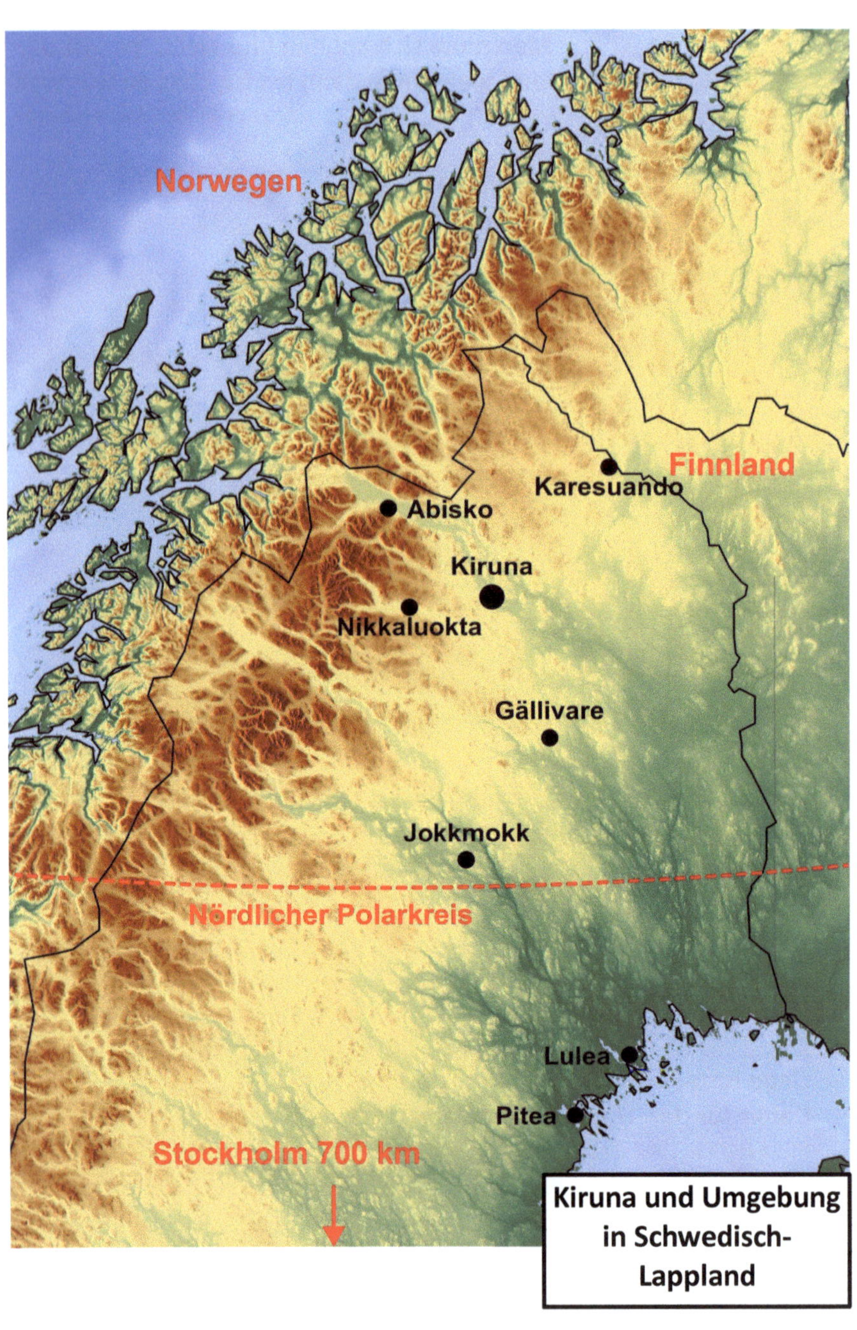

Kiruna und Umgebung in Schwedisch-Lappland

Inhalt

Heimatgefühle in der Fremde

Wir sind ihnen noch nie begegnet, haben sie noch nicht einmal aus größerer Entfernung gesehen. Wir denken auch nicht regelmäßig an sie - warum auch? In der kalten Jahreszeit erscheinen sie sowieso nicht auf der Bildfläche. Es ist auch nicht so, dass wir ständig Angst vor ihnen haben - wir sind hier schließlich weder in Kanada noch in den USA. Dennoch haben sie uns das letzte halbe Jahr irgendwie begleitet. Wie ein Rauschen im Hintergrund, das einem erst dann ins Bewusstsein kommt, wenn sich seine Frequenz um eine Nuance ändert.

An diesem sonnigen Tag im lappländischen Frühling ändert sich die Frequenz. Meine Frau Anke ist allein auf Skiern unterwegs, versunken in ihren Laufrhythmus und die Stille der noch ganz in Weiß gekleideten Natur folgt sie einer Route, die mittlerweile zu unseren Lieblingsstrecken gehört. Plötzlich hält sie inne. War da was? Ein Knacken? Ein Hauch eines Geruchs? Innerhalb weniger Sekunden beenden die Tiere ihr atmosphärisches Schattendasein und werden zur alles beherrschenden Vorstellung meiner Frau, die es auf einmal eilig hat, nach Hause zu kommen.

Die Rede ist von skandinavischen Braunbären. Sie sind extrem scheu. Eine Begegnung mit ihnen ist in den meisten Gegenden Lapplands so unwahrscheinlich wie ein Millionengewinn beim Lotto. Insbesondere in der jetzigen Saison, in der sich die Raubtiere noch der Winterruhe verschrieben haben.

"Aber es ist März und es war in den letzten Tagen ziemlich warm! Einige Bären wachen auch schon im März auf!" versucht Anke später die Aussage zu erschüttern, dass ihr garantiert die Fantasie einen Streich gespielt habe. Bären wachen in Lappland normalerweise erst dann auf, wenn sie sich nicht mehr kraftraubend im Tiefschnee durch die Landschaft quälen müssen. Noch liegt überall meterhoch Schnee in unserer Gegend. Dennoch muss ich zugeben, dass ein früh erwachender Bär nicht gänzlich ausgeschlossen ist. Wir wissen zumindest, dass es unweit unserer Hütte Bären gibt. Wir leben hier bereits ein halbes Jahr und haben sogar eine ungefähre Ahnung, in welcher Ecke sich ihr Winterquartier befinden könnte. Wir, das sind meine Frau Anke, unser inzwischen siebzehnjähriger Sohn Moritz und ich. Zusammen wohnen wir in der Nähe von Kiruna, der nördlichsten Stadt Schwedens.

Kiruna zählt etwa 17.000 Einwohner - das klingt für uns schon nach Massenmenschhaltung. Schließlich haben wir in Deutschland jahrelang in einer der am dünnsten besiedelten Gebiete der Republik gelebt und sind als Lüchow-Dannenberger mittlerweile glühende Verfechter der Mengenleere. Wir haben unser nordisches "Basislager" achtzehn Kilometer östlich von Kiruna in einem klitzekleinen Dorf namens Alttajärvi aufgeschlagen. Mit mehr Glück als Verstand hatten wir dort ein schnuckeliges rotes Holzhäuschen gefunden, das jetzt die Grundlage unseres Gastjahres 200 km nördlich des Polarkreises bildet.[1]

Als wir an den Spätsommertagen des letzten Jahres angekommen waren und unsere ersten Streifzüge im angrenzenden Wald unternommen hatten, waren wir schnell auf eindeutige Hinweise gestoßen, die von der Anwesenheit der Bären zeugten. Einmal hatten wir riesige Tatzenabdrücke direkt auf einem schmalen Pfad entdeckt, den wir gerade entlang wanderten. Ein anderes Mal waren wir fast in einen großen Fladen Bärenlosung getreten, in dem Bestandteile einer Beerenmahlzeit noch gut zu erkennen gewesen waren. Außerdem hatten wir mehrfach Berichte von Einheimischen gehört, die einzelne Tiere schon in der Nähe der Briefkästen (etwa zweihundert Meter von unserem Haus entfernt) gesichtet hatten.

Für uns sind die tierischen Nachbarn längst zu einem Symbol für die Wildheit der Region geworden. In der mitteleuropäischen Wirklichkeit wird jede potentielle Gefahr, die von der Natur ausgeht, mit zahllosen Warnhinweisen versehen: Eisglätte, Sturm, sommerliche Hitze. Unsere neue nordschwedische Heimat tickt da ganz anders. Statt

1 Die Anfänge und die Wintermonate unseres Gastjahres werden ausführlich in meinem ersten Buch über unsere Abenteuer in Lappland erläutert. Das Buch heißt "*Kalter Schwede!*" (siehe auch Seite 259).

sich den ganzen Tag damit zu beschäftigen, das Restrisiko von irgendetwas auf fast Null zu reduzieren, trauen sich diejenigen, denen wir nacheifern, einen bedeutenden Schritt weiter. Mit einer gut dosierten Mischung aus Demut und Mut tauchen sie so oft wie möglich in die Wunder dieser Welt ein und zelebrieren das "Friluftsliv"[2].

Wir sind glücklich, dass wir schon so viele Einblicke in die schwedische Lebensart bekommen haben. Der Standort unserer kleinen Hütte passt perfekt zu unseren Bedürfnissen: Mitten in der Wildnis, aber mit guter Anbindung an die Zivilisation. Seit den Anfängen unseres Jahres kassiert unser Vermieter die Monatsmiete im voraus. Als wir damals im Spätsommer ankamen, kannten wir einander noch nicht, inzwischen hat sich ein vertrauensvolles und freundschaftliches Verhältnis entwickelt. In den ersten Tagen jedoch schien die Vorkassemethode unserem Herbergsvater möglicherweise sicherer. Vermutlich steht für einen Subarktisbewohner zunächst jeder Mitteleuropäer ein Stück weit im Verdacht, er könne zum Klimaflüchtling werden. Manch einer hält minus dreißig Grad Kälte und die wochenlange Dunkelheit der Polarnacht nicht lange aus.

De facto hat unsere Begeisterung für die Region in den Wintermonaten kein bisschen gelitten. Längst haben wir eine Alltagsroutine etabliert. Unser Sohn besucht die örtliche Schule und lernt dort schwedisch. Auch Anke und ich sind nicht ohne Pflichten. Nachdem ich zunächst erwogen hatte, meinem Beruf als Arzt in Nordschweden nachzugehen, habe ich mich letztlich dagegen entschieden. Statt dessen reise ich in regelmäßigen Abständen zu Arbeitseinsätzen nach Deutschland und komme dann umgehend wieder zurück in unsere derzeitige Zweitheimat. Unser Aufenthalt in Schwedisch-Lappland ist als zeitlich befristeter Schnupperkurs in der Fremde angelegt. Moritz wird nach einem Jahr seinen Schulbesuch in Deutschland fortsetzen, um sein Abitur zu machen. Auch für Ankes berufliche Situation haben wir im Vorfeld ein

---

2 Friluftsliv heißt übersetzt - man könnte es ahnen - "Freiluftleben". Der Begriff steht für die schwedische Begeisterung, sich an den einfachen Dingen der Natur zu erfreuen. Dabei ist es egal, ob diesen eine ehrgeizig-sportliche oder eine gesellige Absicht zugrunde liegt.

Konzept entwickelt. Meine Frau (sie ist Rechtsanwältin) gräbt mehrere Stunden am Tag in ihrem Internettunnel nach Arbeit und findet dort regelmäßig welche. In den Tiefen des Netzes hat der EDV-Beauftragte ihres norddeutschen Büros vor dem Start des Jahres einen Geheimgang gebohrt. Durch die virtuellen Gewölbe des WWW werden werktäglich Diktate und Schriftsätze hin und her befördert, die dann zuweilen in Klagen münden (in Rechtsanwaltskreisen hat der abgedroschene Spruch "Mir geht es gut, ich kann klagen!" nach wie vor seine Daseinsberechtigung).

Das Schöne an unserer Situation ist, dass Moritz' Schultage sehr kurz sind, meine Arbeitswelt über 2000 km entfernt liegt und Ankes beruflicher Hürdenlauf fast ausschließlich in der digitalen Sphäre stattfindet. So werden wir kaum von unserer definitiven Lieblingsbeschäftigung abgehalten: In der Schatztruhe der lappländischen Erlebniswelt zu kramen. Vieles in ihr ist uns längst wohlvertraut, aber dadurch nicht weniger spannend. Die Schneemassen, die Nordlichter und die atemberaubenden stundenlangen Orangetöne am Himmel (die durch den niedrigen Sonnenstand erklärt sind) sind längst ein gewohnter Anblick geworden.

Die extreme Kälte kann uns nicht mehr schrecken. Skihosen über "Long Johns" (lange Unterhosen) sind nicht etwa Accessoires für Skipisten sondern schlicht und ergreifend Alltagskleidung. Das leise wischende Geräusch, dass das Aneinanderreiben der dick verpackten Beine in den Gängen der Supermärkte verursacht, fällt uns kaum noch auf. Dass vor Einkaufszentren Autos stehen, deren Motoren laufen, ohne dass sich jemand im Fahrzeuginneren aufhält, kann uns auch nicht mehr wundern. Wenn der Einkauf länger dauert und es schnatterkalt ist, sorgt der im Standgas tuckernde Motor dafür, dass das Auto auch nach halbstündiger Abwesenheit bei minus 30°C noch eine Fortsetzung der Fahrt erlaubt. Die skandinavischen PKW-Fabrikate haben dafür eine Art eingebaute Arktis-Funktion, die er erlaubt, das Fahrzeug abzuschließen und trotzdem den Motor laufen zu lassen.

Als Besitzer eines mitteleuropäisch gefertigten Wagens müssen wir unsere Einkaufsroute gut planen. Zwar verfügt auch unser Auto über eine Motorvorwärmung, die wir noch in Deutschland haben einbauen lassen. Ein freier Anschluss, der für deren Benutzung unabdingbar ist, findet sich im Stadtzentrum jedoch nicht ohne weiteres. Nur in Alttajärvi sorgt die private Steckdose vor unserer "Stuga" (schwedisch für "Hütte") für eine hundertprozentige Kältefestigkeit unseres Autos mit Migrationshintergrund, so dass unser PKW jederzeit startet.

Längst sind wir auch physisch akklimatisiert. Ohne mit der Wimper zu zucken, fahren wir bei Temperaturen von minus zwanzig Grad Celsius Langlaufski. Wir glauben, die wichtigsten Gefahren zu kennen, die in der lappländischen Wildnis lauern. Wir haben uns ein Schneemobil zugelegt, auf dem vorrangig unser Sohn durch die Wälder und über die Seen saust. Besuchern aus der deutschen Heimat präsentieren wir mit glühenden Wangen und unverhohlenem Stolz die Attraktionen der Gegend - gerade so, als hätten wir das alles selbst erfunden.

Heimatlichen Gefühlen zu der ehemals unbekannten Region stehen wir zunehmend wehrlos gegenüber. Obwohl es eigentlich haarsträubend ist, verdrängen wir den Gedanken, dass unser Sohn Moritz ausgerechnet hier seine erste feste Freundin gefunden hat. Die ist natürlich regional verwurzelt. Was werden soll, wenn wir in einem halben Jahr zurück müssen? Diese Frage verdient sich mehr als ein Fragezeichen. Die Zukunftsvisionen des jungen Glücks sprießen mal in diese, mal in jene Richtung. Wir haben uns an Spieleabende mit seiner ursprünglich aus Thailand stammenden Freundin längst gewöhnt. Wenn sich das junge Glück um uns versammelt, beschränken wir uns darauf, den Augenblick zu genießen. Eigentlich ist das eher Vogel-Strauß-Politik, aber wenn wir können, unterstreichen wir gern die buddhistische Note dieser Haltung.

Es irritiert uns kaum noch, wenn wir tagelang allein sind, weil Moritz bei seiner Freundin übernachtet. Auch das kommt mittlerweile regelmäßig vor. Im Nebeneffekt haben seine Besuche bei ihr den Vorteil, dass ermüdende Diskussionen mit uns spaßfeindlichen Internet-Wächtern entfallen. In ihrer Wohnung kann er nach Herzenslust streamen, downloaden und Daten ins Netz jagen. Keinerlei elterliches Gezeter über verschwenderischen Umgang mit unserem begrenzten Datenvolumen, das wir nach wie vor alle zwei bis drei Wochen bei unserem Gigabyte-Dealer für viele schwedische Kronen auffrischen müssen.[3]

Eine Win-Win-Situation. Wir nutzen Moritz' Abwesenheit für immer neue Vorstöße in die Weite der Umgebung. Auf unseren Langlaufskiern erforschen wir sie, dabei sind wir augenzwinkernd dazu übergegangen, diese Ausflüge "Expeditionen" zu nennen. Das ist auf Anregung unserer Freundin Fabienne geschehen, die ein ausgezeichnetes Gespür dafür hat, was nach Abenteuer klingt und was nicht. Spätestens, wenn man auf Skiern bei schneidender Kälte und beißendem Wind in menschenleerer Wildnis hüfthoch im Schnee versunken ist, fühlt sich der Begriff jedoch durchaus gerechtfertigt an. In solchen Momenten läuft im eigenen Kopfkino der Vorspann zu einem Thriller an, in dem alle erdenklichen Arten gestreift werden, als steif gefrorenes Etwas aus dem Leben zu scheiden.

Die Einsamkeit um uns herum ist ein sehr guter Dünger für Horrorvisionen. Im schwedischen wie auch im finnischen Teil Lapplands beträgt die Bevölkerungsdichte ein bis zwei Einwohner pro Quadratkilometer. In Deutschland drängeln sich demgegenüber statistisch 237 Menschen auf der gleichen Fläche. Teil einer dermaßen locker verstreuten Herde zu sein, ist selbst für radikale Landeier wie uns neu. Angesichts der auch in Finnland dünnen Besiedlung versetzen uns Skiausflüge im östlichen Nachbarland ins Erstaunen. Während in der Umgebung von Alttajärvi kilometerweit keine präparierten Skispuren vorzufinden sind, scheint sich der Finne in der dunklen Jahreszeit regelmäßig mit dem Satz "Ich geh' mal eben 'ne Loipe spuren!" vom heimischen Sofa zu erheben. Klitzekleinste Siedlungen verwöhnen mit erstklassig bereiteten Langlauftracks. Dass wir auf diesen Loipen mit unserem Laufstil

3 Unser kleines Holzhäuschen ist nicht ans Telefonnetz angebunden. Daher funken wir mit unserem Router ins mobile Netz. Das funktioniert zwar technisch meist einwandfrei, kostet aber auch einiges.

Marke Eigenbau allenfalls Minusrekorde brechen, stört uns nicht die Bohne. Sportlicher Ehrgeiz ist nicht das Leitmotiv unserer neuen Passion.

Auch unsere winterlichen Indoor-Aktivitäten haben inzwischen einen hohen Wiedererkennungswert. Anke hat aus Deutschland einen Stapel DVDs nach Alttajärvi geschleppt. Auf den zahlreichen Scheiben wird die Geschichte von „Mc Leods Töchtern" erzählt. Aus klimatischer Sicht ist Ankes schnell wachsende Begeisterung für die Serie ein wenig absurd. Es handelt es sich in ihr um die fiktiven Erlebnisse von australischen Farmersfrauen, die landschaftlich in quasi sengendem Kontrast zu unserer momentanen Lebenswirklichkeit stehen. Die weiblichen Hauptfiguren kämpfen in der Dürre von Down Under gegen männliche Vorurteile, Schafsparasiten, finanzielle Engpässe und nachbarschaftliche Intrigen.

In den Handlungsstrang sind immer wieder katastrophale Wendungen eingeflochten. Die beliebteste Todesart von Figuren, deren Abgang aus der Serie inszeniert werden muss, scheint ein letal endender Verkehrsunfall zu sein. Immer wieder haucht einer der Darsteller seine letzten tränentreibenden Worte aus einem deformierten Autowrack in die Kamera. Zunächst blinzele ich widerwillig von meiner Sofaecke auf einzelne Blasen der sehr, sehr schaumigen Seifenoper. Im Verlauf kann ich mich der Serie nicht komplett entziehen und leiste Anke manches Mal Gesellschaft als Zuschauer.

Das Drehbuch appelliert eindeutig an die weibliche Tiefenpsychologie. Ein Überangebot an tatkräftigen, extrem belastbaren, autonomen und entscheidungsfreudigen Heldinnen drängt sich der Zuschauerin als Identifikationsfigur auf. Die oft berechnenden oder tolpatschigen Männer sind lediglich erzählerischer Füllstoff. Hin und wieder brauchen die Kämpferinnen für eine bessere Frauenwelt eben einen zum Küssen. Nachdem nacheinander meine Lieblingsfiguren Claire, Becky und Tess aus der Serie ausscheiden, erscheint es mir jedoch absolut sinnlos, die Geschichte weiter zu verfolgen. Es ist gut, dass mich das alles nie so richtig interessiert hat...

Frühlingswinter: Acht Jahreszeiten sind besser als vier!

Je länger die Tage jetzt werden, desto geringere Chancen haben mediale Ersatzbefriedigungen wie Fernsehen in unserem Freizeitprogramm. Das geht nicht nur uns so. Nach den kalten und dunklen Wintertagen ist die Sehnsucht nach dem Friluftsliv überall zu spüren. Wie Schlittenhunde, die sich vor dem Start der Tour ungeduldig in ihr Geschirr werfen, stürmen die Menschen an den ersten sonnigen Wochenenden in die Natur. Sie schnallen sich ihre Langlaufskier unter, erobern mit ihren Skootern die Gegend und beginnen, die erstarrte Landschaft wieder zu beleben.

Ein untrügliches Zeichen dafür, dass wir im "Frühlingswinter" angekommen sind. So karg dieser Teil der Welt in mancher Hinsicht auch sein mag - mit der Anzahl an traditionellen Jahreszeiten wuchert er. Die samische Urbevölkerung untergliedert das Jahr von alters her in acht Phasen, die sich häufig an der Natur und am Lebenszyklus der Rentiere orientieren. Die acht Saisonabschnitte haben in der samischen Variante einen klangvollen Namen, etwa Tjakttjagiessie oder Tjakttjadálvvie. Die Übersetzungen verraten, dass die Bezeichnungen einem einfachen Prinzip folgen. Den Grundpfeilern Frühjahr, Sommer, Herbst und Winter werden einfach Übergangsperioden hinzu gefügt. So bedeutet Tjakttjagiessie "Herbstsommer" und Tjakttjadálvvie "Herbstwinter".

Zunächst kratzt man sich bei der Namenswahl am Kopf, aber wenn man darüber nachdenkt, folgt sie einer überzeugenden Logik. Im jetzigen Frühlingswinter etwa weisen das meterdicke Eis und die riesigen Schneemengen nach wie vor auf klare winterliche Eigenschaften der Monate März und April hin. Andererseits sind die schnell zunehmende Helligkeit und die milderen Temperaturen ein klares Indiz für den Aufbruch in die neue Saison, die mit den dunklen Tagen der Polarnacht kaum noch etwas gemein hat. Die Zwitterstellung der jetzigen Wochen könnte man begrifflich kaum treffender beschreiben.

Während die Rentiere in der Übergangszeit traditionell die Einsamkeit der höheren Gebirgslagen suchen (sie bringen dort ihre Kälber zur Welt), scheint bei den Zweibeinern eine saisonale Neigung zur Rudelbildung vorzuliegen. Auf dem Eis des Sees vor unserer Haustür sind an einem Wochenendtag auf einmal mehrere Grüppchen auszumachen. Was geht da vor sich? Wie ein altes Rentnerehepaar, für das jede minimale Veränderung in seiner Nachbarschaft zum Erdbeben wird, stehen wir hinter der Fensterscheibe.

In den langen Wintermonaten hatte es wenige Lebenszeichen auf dem Eis gegeben. Zweimal täglich war eine Schneemobilschlange erschienen, für die ein Guide mit seinen Gästen bei der Hin- und Rückfahrt auf seiner Tour verantwortlich zeichnet. Am Ostende des Sees war - auch fast immer zur gleichen Tageszeit - eine Frau mit sechs beeindruckend großen, schwarzen Hunden erschienen. Regelmäßig hatte ein Hundeschlittenführer auf seinem Track trainiert, der auch in diesen Tagen noch als Schleife auf dem Eis zu erkennen ist. Neben diesen festen Größen unseres winterlichen Alltags hatten wir nur vereinzelt Skisportler beobachtet. Es wird höchste Zeit, die kleinen Menschentrauben, die jetzt unseren See bevölkern, aus der Nähe zu untersuchen. Als Tarnkappe für unsere Neugier muss eine Skilanglaufrunde herhalten. Sportlich kostümierte Gaffer rufen in Lappland keinen Argwohn hervor, wie Schneehühner fügen sie sich fast unbemerkt in die Landschaft ein.

Um maximale Unauffälligkeit bemüht laufen wir nicht direkt auf die Spionageziele zu, sondern drehen unsere gewohnte Runde. Hmm. Aus geringerem Abstand sieht das Tun der Leute im wesentlichen nach Nichtstun aus. Haben wir sie bei irgendwelchen Heimlichkeiten gestört, die dann umgehend eingestellt wurden? Obwohl wir immer näher kommen, bleibt des Rätsels Lösung zunächst in weiter Ferne. Die Beobachteten rühren sich nicht vom Fleck. Sie halten aber auch keine Angel in ein Eisloch. Erst als wir nur noch wenige Meter entfernt sind, sehen wir, dass sie gar nicht im Schnee sitzen. Ihre Klappstühle sind so klein, dass sie zunächst komplett im Schnee und unter den Menschen verborgen waren. Wie ein Stringtanga in der Poritze eines üppigen Hinterteils.

Die Krone fällt zwar Öre für Öre, aber endlich begreifen wir, womit wir es zu tun haben. Mit fröhlichem Gesichtsausdruck halten die Anwesenden Kaffeebecher in den Händen, zu ihren Füssen steht Proviant. So funktioniert in Lappland Picknick. Statt luftiger T-Shirts oder kurzer Röcke zelebriert man das Ganze hier eben in Mütze, Schal und Skihose. Auch eine Picknickdecke ist in diesen Breitengraden kein klassischer Bestandteil des Events. In einer Region mit Permafrostboden sitzt man lieber auf nahezu unsichtbaren Stühlen oder auf Rentierfellen. Gutes Wetter, gute Laune, Essen und Trinken hingegen stellen unverzichtbare Zutaten dar - all das scheint reichlich vorhanden.

Nur vorübergehend sind Frau Holmes und Dr. Watson ernüchtert, dass die Verdächtigen ein so gutes Alibi für ihre Anwesenheit auf dem Eis haben. In letzter Instanz fasziniert die philosophische Grundhaltung der Einheimischen. Sie jammern nicht über das Wetter. Sie feiern die schönen Momente, die ihnen das hiesige Leben bietet. Ein nordisches Carpe diem.

Wie wir hören, ist der sprunghafte Anstieg der Einwohnerzahlen in Alttajärvi typisch für diese Jahreszeit. Der März verwöhnt tagsüber mit herrlichen Sonnenstunden, gleichzeitig besteht nachts immer noch eine sehr gute Chance auf Nordlichter. Die Frühlingswintergefühle der menschlichen Herde um uns herum befeuern unsere Unternehmungslust.

Das Zutrauen in die eigenen Skooterfahrkünste ist bei uns in den letzten Monaten enorm gewachsen. Nachdem wir uns als Anfänger zunächst nur auf breiten, gut präparierten Wegen behutsam vorwärts getastet haben, gehören Tiefschneefahrten, schmale Waldwege und einsame Strecken längst zu unserem Repertoire. Unangefochtener Schneemobilkönig der Familie ist Moritz. Am liebsten würde er noch viel mehr freie Minuten auf unserem Skidoo verbringen. Immer wenn ein zu schnell sinkender Benzinpegel an ein Loch im Tank denken lässt, erlassen Anke und ich allerdings eine Fahrpausenanordnung. Ein solcher Elternerlass sorgt für nachhaltige Beulen in der Familienharmonie. Etliche Wortschwall-Torpedos werden dann vom Skooterfan auf uns abgefeuert. Während er das Rückzugsgefecht in sein Zimmer antritt, lässt er uns an Visionen einer Welt teilhaben, in der Freiheit und Gleichheit die Willkürdiktatur der Älteren abgelöst haben. Das Regime in unseren vier Wänden, das für die Unterdrückung der Jugend verantwortlich ist, werde bald sein natürliches Ende finden.

Zweifelsohne kommt Moritz eine Vorreiterrolle beim Ausbau unserer Schneemobilkünste zu. Mal fungiert er als Pfadfinder und erschließt uns neue Ausflugsziele. Dann wieder gibt er uns Nachhilfe in der Technik des Tiefschneefahrens, bei der sich die ständige Gewichtsverlagerung von Seite zu Seite als unentbehrlicher Kniff erweist. Ein Meinungsstreit im Hinblick auf die Skooternutzung mit unserem Sohn entwickelt sich jedoch zum Dauerbrenner. Beharrlich weigert sich unser Junior, bei Abstechern ins Unbekannte eine Schaufel mit sich zu führen.

Der Schaufel des Schneemobilfahrers kommt eine ähnlich gravierende Bedeutung zu wie dem Abschleppseil, dem Reserverad oder dem Anschnallgurt im Auto. Wenn ich mich im Diskurs mit Moritz in Rage rede, übertreibe ich auch gerne und vergleiche es mit dem Rettungsboot des Seemanns oder dem Fallschirm des Piloten. Fest steht: Ein Werkzeug zum Schneeschippen ist bei Fahrten abseits der großen Wege schlicht und ergreifend ein Sicherheitstool. Sollte man sich in der Einsamkeit festfahren, hat man zumindest die Chance, den Skooter wieder frei zu graben. Ein nicht geplanter kilometerlanger Fußmarsch im tiefen Schnee kann bei harten Minusgraden gesundheitsrelevante Dimensionen annehmen.

Solch schwarzmalerische Fantasien entlarven uns in Moritz' Augen als übervorsichtige Schneemobildilettanten. In seinen Augen leiden wir an motorsportlicher Vergreisung. Unser Offtrack-Tausendsassa will sich seine positive Grundeinstellung nicht nehmen lassen. Das Mitführen einer Schaufel sei ähnlich cool wie in der Schule eine Brotdose mit der Aufschrift "Mamas Liebling" zu benutzen. Keiner seiner Freunde würde das machen. Eine jugendliche Patrouille an der Gefahrengrenze wäre ohne gelegentlichen Einmarsch ins Reich des Risikos extrem langweilig. Notfalls könne er außerdem mit den Händen graben.

Sein vehement vorgetragenes Plädoyer für unbeschwertes Sausen durch die eisige Wildnis blendet erfolgreich aus, dass er schon einige Pannen mit dem Schneemobil erlebt hatte. Einmal hatte er sich auf unserem Hausberg festgefahren. Ein zufällig vorbeikommender fremder Skooterfahrer hatte ihm mit einem Abschleppseil aus der Patsche geholfen. Ein anderes Mal musste er bei einer Flussquerung den Track verlassen, weil dieser von einem feststeckenden Auto blockiert war. Der PKW hatte für eine Kettenreaktion gesorgt, die nicht nur Moritz' Skooter vom rechten Weg abgebracht hatte. Nur mit schwerem Räumgerät war es gelungen, das Auto und mehrere Schneemobile aus der Umklammerung des lappländischen Winters zu lösen.

Die Bewertung derartiger Vorfälle könnte bei Eltern und Kind kaum gegensätzlicher ausfallen. Moritz sieht eindeutige Belege für die Verzichtbarkeit einer mitgeführten Schaufel. Irgendein Helfer tauche ja doch immer auf. Mit seiner offensiv gelebten Sorglosigkeit wedelt er provozierend wie mit einem roten Tuch vor meinem Sicherheitsbewusstsein. Immer nur auf das Eintreffen eines Retters zu hoffen, sei ein klares Indiz für jugendliche Naivität, verschwende ich meine Worte an seine tauben Ohren. Innerlich seufzend setze ich das Thema "Adäquates Risikomanagement in der Wildnis" auf die Liste der noch nicht erreichten Erziehungsziele.

Unser Junior sorgt dafür, dass das Thema bald wieder auf die Tagesordnung findet. An einem sonnigen Tag ist er mit seiner Mutter auf einer kleinen Skootertour unterwegs, als er sich spontan entscheidet, Anke noch einmal seine Qualitäten als Tiefschneefahrer zu demonstrieren. Anke protestiert vehement und lautstark auf dem Soziussitz. Doch es ist zu spät. Moritz' Ausflug in den unbefestigten Schnee endet nach wenigen Metern. Die Schnauze des Skooters bohrt sich nach einer Bodenwelle tief in den weißen Untergrund, die Maschine steckt fest.

Ankes Stimmung passt im Nullkommanichts zu den Temperaturen. Mit eisiger Miene verfolgt sie Moritz' vergebliche Bemühungen, das Gefährt wieder frei zu bekommen. Die Schaufel hat er natürlich wieder einmal auf der Terrasse unserer Hütte gelassen. Mit bloßen Händen versucht er, den blockierenden Schnee beiseite zu schaffen. Das ist fast so, als wolle man mit Sandkastenförmchen das Betonfundament für ein zwölfstöckiges Hochhaus gießen.

Nach etlichen Minuten, in denen scharfzüngige Bemerkungen zwischen Mutter und Sohn schneller hin und her wechseln als die Bälle auf dem Tennisplatz, entscheidet sich Anke, die Notrufnummer zu wählen. Diensthabender der Notrufzentrale bin ich, wie ich beim Klingeln meines Handys feststellen muss. Mit tiefer werdenden Zornesfalten auf der Stirn lausche ich dem Text der Meldenden. Ich bin an diesem Nachmittag auf gemütliches Lesen vor dem Kamin eingestellt. Am Vormittag hatten wir eine mehrstündige Runde auf Skiern absolviert. Mein Bedarf an frischer Luft ist für diesen Tag eigentlich gestillt.

Das Problem in meiner Rolle als Retter liegt darin, dass das einzige geländegängige Motorfahrzeug der Familie bei den beiden Waldverkehrsopfern steckt - und die Formulierung "steckt" trifft hier den Nagel auf den Kopf. Ich werde meinen nachmittäglichen Sondereinsatz unmotorisiert verrichten müssen. Fluchend erhebe ich mich vom Sofa und fahre raschelnd in die Skihose. Ich schnappe mir die Schaufel von der Terrasse, stecke sie in den Rucksack und verlasse schließlich die Hütte, die beim Hinausgehen noch viel behaglicher wirkt als zuvor. Böse vor mich hin grummelnd schnalle ich mir die Skier unter und mache mich auf den Weg.

Die Rettungsmannschaft, die ich abgebe, ist wenig imposant. Die hochrote Farbe meines Gesichts, von der ich später durch Anke erfahre, ist zum Teil meinem hohen Grundtempo, zum Teil dem in mir schwelenden Zorn geschuldet. Kurzzeitig stelle ich mir vor, dass Moritz mich mit den Worten "Siehste, irgendwie kann man sich doch immer darauf verlassen, das Hilfe eintrifft" foppt. Umgehend fühlt sich mein Kopf noch eine Spur heißer an.

Immerhin hat Anke den Einsatzort gut beschrieben. Nach einer knappen halben Stunde erreiche ich die beiden Gestrandeten. Wortlos halte ich dem Verursacher die Schaufel hin und registriere zufrieden, dass sich eine gewisse Zerknirschtheit in seiner Mimik widerspiegelt. Auf eine philosophische 180-Grad-Wendung kann ich kaum hoffen, aber die Existenzberechtigung des elterlichen Standpunkts wird an diesem Tag unterstrichen.

Der jugendliche Übermut kühlt sich beim Schaufeln schnell ab. Man soll seine Kinder ja besonders dann unterstützen, wenn sie es nicht verdient haben. Nachdem einige pädagogische Minuten verstrichen sind, beginne ich mich an den Ausgrabungsarbeiten zu beteiligen. Schnell gewinnt der Teamgedanke Oberhand. Wir wechseln uns ab, diskutieren bei der Schaufelübergabe, welche Schneeberge noch abgetragen werden, bevor ein aussichtsreicher Versuch auf Skooterbefreiung unternommen werden kann.

Es dauert noch eine Viertelstunde, bis wir uns einig sind: So könnte es klappen. Moritz stellt sich auf eine Seite des Skooters, schmeißt den Motor an und gibt dosiert Gas. Es folgt ein sekundenlanger spannender Moment, in dem zunächst nichts zu passieren scheint, dann setzt sich der Motorschlitten in Bewegung. Wir atmen auf. Konzentriert steuert der Spitzenreiter in unserer familiären Pannenstatistik zurück auf den befestigten Track.

Auf dem Rückweg von meinem Rettungseinsatz habe ich genügend Zeit, Bilanz zu ziehen und Moritz' letzte Pannen im Geiste durchzugehen. Dabei komme ich ins Grübeln, ob ich sein Malheur bei der Flussquerung, bei dem das blockierende Auto der Auslöser war, hinzu zählen soll. Das hätte uns wohl genauso passieren können. Im Winter fahren viele Dorfbewohner mit dem Wagen über das Eis des mehr als einen Kilometer breiten Torneälvs. Auf diese Weise kürzen sie den Weg zum Supermarkt am gegenüberliegenden Ufer um sieben Kilometer ab. Mit unserem Schneemobil sind auch wir auf dieser Route unzählige Male unterwegs gewesen.

Schon seit Monaten diskutiere ich mit meiner Frau, ob wir die Überfahrt über das Eis nicht wenigstens ein einziges Mal mit unserem

Auto wagen können. In Sibirien gibt es Trucks, die im Winter 700 Kilometer lang auf einem gefrorenen Fluss fahren, um abgelegene Ortschaften zu erreichen. Waghalsige Russen riskieren bei diesen Jobs Kopf und Kragen. Der ein oder andere tonnenschwere LKW hat samt Chauffeur seine ewige Ruhestätte auf dem Grund des Flusses gefunden. Gerade in der klimatischen Übergangszeit müssen die Fahrer an riskanten Stellen vorsichtig sein. Ein zu hohes Tempo der schweren LKW sorgt für Wellenbewegungen des Wassers unter dem Eis. Die entstehenden Wellen geben ihre Bewegung an das Eis weiter, das dann leicht Risse bekommt. Wenn solche Eisstraßen-Trucker der "Fahrbahn" selbst nicht mehr trauen, öffnen sie während der Fahrt vorsorglich die Tür, um beim Einbrechen des Fahrzeugs schnell herausspringen zu können.

Zu solchen Stunts wären wir bei einer Passage über das Eis des nahegelegenen Torneälvs sicher nicht gezwungen. Das Schild am Rand des Flusseises besagt zwar, dass jegliches Befahren auf eigenes Risiko erfolgt. Das hat jedoch einen primär versicherungsrechtlichen Hintergrund. Das Eis des Flusses ist im Frühjahr so dick, dass es gewaltige Radlader hält, die bei der "Eisernte" für das weltberühmte Eishotel eingesetzt werden. Es ist über einen Meter dick. Auf einem fünf Kilometer entfernten See, dem Sautusjärvi, ist ein Rundkurs für Autos angelegt. Auch PKW-Hersteller testen ihre neue Modelle auf dem Eis lappländischer Gewässer. Der berühmt-berüchtigte Elchtest etwa findet regelmäßig nahe der Ortschaften Arjeplog und Arvidsjaur statt.

Trotz dieser Fakten verspürt Anke keinerlei Lust, einen automobilen Ausflug auf das Eis mit mir zu wagen. Als mein alter Freund Ecki zu Besuch kommt, habe ich endlich einen Gleichgesinnten gefunden. Auch wenn dieser selbst von seinem Glück noch nichts weiß. Wie alle unsere Gäste, die in dieser Zeit zu Besuch kommen, kommt auch Ecki an einer Besichtigung des Eishotels nicht vorbei. Nachdem unsere Rundtour dort beendet ist, schlage ich meinem Kumpel vor, den Rückweg über die Eisstraße zu nehmen, die wenige Meter neben dem Hotel beginnt. Er fragt mich, ob dies denn nicht riskant sei. Ich beruhige ihn mit allen Informationen, die mir selbst dazu geläufig sind. Schließlich willigt er ein.

Seinem etwas zögerlichen Tonfall wollen Teile von mir bei dieser Gelegenheit nicht die volle Aufmerksamkeit schenken.

Vorbereitend will ich mir einen Eindruck von der kleinen Böschung verschaffen, die hinunter auf den Fluss führt. Ecki begleitet mich. Ich frage mich, ob er das Schild sieht, auf dem das Risiko der Flussquerung auf den Fahrer abgewälzt wird, spreche meine Gedanken aber lieber nicht aus. Warum sollte ich das zarte Band seiner Komplizenschaft gefährden? Ich bin mir meiner Sache absolut sicher. Na ja, zumindest so sicher, wie man sich mit einem Erfahrungshorizont von bisher null Ausflügen auf gefrorenen Gewässern mit dem Auto sein kann.

Dann geht es los. Ich lasse den Motor an und taste mich vorsichtig den Absatz hinunter. Alles ist gut. In gleichmäßiger Fahrt absolvieren wir die ersten hundert Meter. Die Schneedecke ist durch regelmäßige Nutzung der Strecke ausreichend komprimiert, die Spikes der Winterreifen haben keinerlei Mühe, Halt zu finden. Ich merke, wie die Anspannung meines Nebenmannes allmählich nachlässt. Er scheint sogar seine Sprache wiederzufinden. Ab und an kommt eine Antwort auf meine Hinweise und Erläuterungen, die ich in einem Tonfall anbringe, als würde ich gerade aus einem fröhlichen Kinderbuch vorlesen.

Wir nähern uns allmählich der Mitte des Flusseises, als mein eigener Erzählfluss kurz ins Stocken gerät. Von einem Meter auf den anderen verursachen die Reifen schmatzende Geräusche bei der Fahrt. Ein untrügliches Zeichen für Nässe in der Fahrspur. "Das ist nur Oberflächenwasser!" beruhige ich Ecki. "Wasser, das durch millimetergroße Risse im Eis nach oben gepresst wird oder Tauwasser vom schmelzenden Schnee nach sonnigen Tagen. Das Eis ist sicher!"

Ich habe Zweifel, dass ich meinen Freund mit der Bemerkung erreichen kann. Der starrt gerade unablässig auf eine Stelle vor uns, die sehr suspekt aussieht. Als Lapplandlaie könnte man denken, dass dort ein Loch im Eis klafft. Seine Beteiligung an unserem Gespräch hat er unvermittelt wieder eingestellt.

"Keine Sorge, schlimmstenfalls können wir steckenbleiben. Auch das ist nur Wasser *auf* dem Eis!" werfe ich ihm einen letzten beruhigenden Brocken hin, dann verstumme auch ich und konzentriere mich auf die Routenwahl. Unmittelbar nachdem ich gemerkt hatte, dass der Untergrund sulzig ist, hatte ich mehr Gas gegeben. Wenn wir erst einmal steckenbleiben, dürfte es schwer werden, das Auto wieder in Gang zu bringen.

Ich entscheide mich dagegen, einen Schlenker um das Nicht-Loch zu fahren. Lieber ein kleines Stück durchs Wasser als den kompakten Schnee zu verlassen. Auch links und rechts der Fahrspur kann sich unter dem nicht befahrenen Schnee Wasser verbergen. In dem Fall hätten wir mit gleich zwei Faktoren zu kämpfen, die den Kontakt unserer Reifen zum Untergrund verschlechtern.

Also Augen auf und durch. Kurz bevor ich die Stelle erreiche, drücke ich das Gaspedal noch etwas weiter durch. Das Auto kommt ein bisschen ins Schlingern, als wir das Zentrum der sulzig-wässrigen Melange durchfahren, aber ein ausreichender Vorwärtsschub bleibt uns die ganze Zeit erhalten. Nach wenigen Sekunden haben wir das Hindernis überwunden. Der Rest der Strecke sieht absolut unspektakulär aus. Wir nähern uns dem gegenüberliegenden Ufer. Ich merke, dass Ecki seine Sprache allmählich wieder findet: "Das war ja schon ein komisches Gefühl eben..."

Die Überquerung ist deutlich spannender geworden, als ich im Vorfeld gedacht hatte. So viel Wasser wie an diesem Tag hatte sich auf der Strecke noch nie gesammelt. Ich bin froh, dass wir uns nicht im Schneematsch festgefahren haben. Insbesondere bei den regelmäßigen Diskussionen mit Moritz hätte ein solcher Fauxpas meine Glaubwürdigkeit entscheidend geschwächt. Da hätte der Hinweis darauf, dass wir sowohl ein Abschleppseil wie auch eine Schaufel dabei hatten, kaum geholfen. Ich beschließe, Moritz keine Nacherzählung der Fahrt zu liefern...

Lichter und Schatten

Sicherheitsphilosophisch trennen uns oft Welten von Moritz, wenn es um Skooterfahrten geht. Absolut einig sind wir uns mit ihm, wenn es um die Entdeckung neuer Ausflugsziele geht. Eines Tages berichtet unser Sohn, dass er einen Schneemobiltrack zum Aptasvaara entdeckt hat. Der 615 Meter hohe Berg liegt zwischen Alttajärvi und Kiruna und bietet an klaren Tagen eine hervorragende Aussicht. Nachdem wir die zentralen Routeninformationen aus Moritz' Erzählung destilliert haben, beschließen Anke und ich eine Nachahmungstour.

Wir verleihen unserem Vorhaben eine besondere Note und brechen erst in der Dunkelheit des späten Abends auf. Es heißt, dass es eine gute Nacht für Nordlichter werden wird. Im Vertrauen auf die Gültigkeit der Vorhersage knattern wir los. Zunächst fahren wir quer über den See, wie unzählige Male zuvor. Das ist noch einfach. Dann geht es im Wald auf einer schmalen Fahrspur weiter. Nur mühsam ist der Weg im Dunkeln zu erkennen. Geisterhaft huschen die Silhouetten der Bäume an uns vorbei. Mehrfach passieren wir kleine Lichtungen, dann wendet sich die Route in einem Neunzig Grad-Winkel nach Westen. Eigentlich läuft die Route von nun an in einer relativ geraden Linie auf den Aptasvaara zu. Der Wind der letzten Tage hat jedoch für Schneeverwehungen gesorgt, dadurch ist der Track nicht im besten Zustand. Unsere Maschine schaukelt über die wellige Strecke. Das Licht unserer Scheinwerfer tanzt dabei in heftigen Zuckungen durch die Baumreihen, zeigt mal nach oben, mal nach unten, weicht zur Seite ab, wenn wir in Schräglage kommen. Wir schlagen ein vorsichtiges Tempo an. Wir haben zwar die Schaufel dabei, aber auf nächtliche Ausgrabungsarbeiten am Motorschlitten haben wir beide keine Lust.

Schließlich erreichen wir den Fuß des Berges. Der Anstieg beginnt. Die gute Geländegängigkeit, die dem Raupenantrieb des Skooters zu verdanken ist, ist immer wieder erstaunlich. Selbst steilere Passagen meistern wir problemlos. Bereits fünfzig Meter unterhalb des Gipfels wird unsere abendliche Aktivität belohnt. Die Nordlichtshow fängt an.

Wir stellen den Motor ab, Anke wühlt Kamera und Stativ hervor. Ein zauberhaftes Motiv liegt vor uns: Über den den schwach glimmenden Punkten des Dörfchens Jukkasjärvi beginnt die Aurora, ihren lautlosen Tanz zu vollführen.

Die Polarlichtshow wartet mit etlichen Höhepunkten auf. Über eine Stunde lang sind grün-gelb schimmernde Spiralen, Schleifen, Bänder und flimmernde Vorhänge auszumachen. Dass wir in den Wintermonaten schon reichlich Nordlichter gesehen haben, schmälert unsere Faszination nicht. Mehrfach wechseln wir unseren Standort, zuletzt erreichen wir den Gipfel. Von dort zeigt sich der fein gewobene Lichtteppich Kirunas in seiner ganzen Ausdehnung. Vereinzelt huschen Autoscheinwerfer zwischen den anderen Lichtern hindurch. Auf der südlichen Seite begrenzt die schattige Silhouette der Eisenerzmine die Lichter der Stadt, nur der Förderturm erhebt sich dort rötlich schimmernd aus der Dunkelheit. Immer wieder züngeln die grüngelben Flammen der Polarlichter auch über Kirunas nächtlicher Skyline. Ehrfürchtig folgen unsere Augen dem himmlischem Schauspiel.

Der Nachteil unserer aktuellen Perspektive ist, das uns der kalte Wind in der Nähe des Gipfelkreuzes ungebremst um die Ohren pfeift. Irgendwann fördert unser Frösteln die Erkenntnis, dass wir uns aus dem Bann der Aurora befreien müssen. Wir beginnen die Rückfahrt. Karges Gestrüpp steht uns Spalier auf den ersten Metern, die wir unterhalb der Bergspitze absolvieren. Zunächst lassen wir die Maschine nur im Standgas laufen. Das Schneemobil folgt der Schwerkraft und schiebt sich tuckernd die steilen Passagen hinunter, ab und an müssen wir bremsen. Erst als die Strecke flacher wird, geben wir wieder Gas.

Wie schon auf der Hinfahrt formen schmalere Baumstämme natürliche Bögen über dem Track. Ein typisches Bild des lappländischen Winters. In der geheimnisvollen Atmosphäre der Nacht könnte man denken, dass sie Tore sind, die den Eingang in eine andere Dimension verheißen. Mystisch tauchen sie immer wieder unvermittelt im Licht des Schneemobils auf. Ihre Entstehung lässt sich leicht erklären. Die Spitzen dünner Bäume werden von der Schneelast zunächst leicht nach unten gebogen. Mit jeder Ladung, die während der Winterwochen auf die Baumspitzen niedergeht, nimmt die gymnastisch anmutende Biegung der Stämme zu. Irgendwann erreichen ihre Wipfel den Boden. Wenn das erst einmal geschehen ist, werden die Baumbögen durch weiteren Schneefall am Boden fixiert.

Das Krümmungskunststück ist ein Privileg der jungen, schlanken Bäume. Es wirkt wie eine botanische Wortmeldung zum Thema Flexibilität und Altersstarrsinn. Auch Baumjugend hat manchmal klare Vorteile. Wie ein kleines Kind, das sich in den eigenen Zeh beißen kann. Der dickere Stamm des älteren Baumes kennt unter erheblicher Schneelast im wesentlichen die Alternativen brechen oder standhalten. Die jüngere Generation beherrscht einen zusätzlichen Trick, der ihr Überleben in der schneereichen Subarktis fördert.

Um das Night-Rider-Event weiter aufzupeppen, entscheiden wir uns auf den letzten Kilometern für eine andere Route als auf dem Hinweg. Dabei geraten wir an eine Stelle, an der der Trail abrupt zu enden scheint. Zwei Tage vorher sind wir diesen Weg noch auf Skiern gegangen, davon zeugen die Abdrücke, die wir im Scheinwerferlicht entdecken. Allerdings sehen die Muster, die wir mit Skier hinterlassen haben, wie mehrfach übereinandergelegte Kreuze aus. Die Spuren zeigen an, dass wir genau dort die Richtung wieder gewechselt haben. Unsere partielle Wegstreckenamnesie kommt überraschend. Weder können wir uns an diese Passage erinnern noch irgendetwas im Dunkel des kleinen Waldstücks erkennen, was nach Weg aussieht. Wir stapfen umher, starren minutenlang in die Finsternis und suchen nach der Fortsetzung.

Gerade als ich vorschlagen will, umzukehren und den sicheren Weg zu nehmen, macht Anke mich auf eine Stelle zwischen tief hängenden Zweigen aufmerksam. Ich blicke auf den von ihr bezeichneten Fleck, auf dem sie Reste einer Skooterspur unter einer Schneeverwehung zu erkennen glaubt. „Stimmt!“ rufe ich aus, „jetzt kann ich's auch sehen!“ Wieder orientiert fahren wir weiter. Es braucht nicht viel, um sich in dieser Gegend zu verirren. Ein bisschen Wind reicht, um die dezenten Orientierungshilfen, die der lappländische Winter bietet, unter einer einheitlich geglätteten Schneeschicht zu verstecken.

Das bestätigt sich kurz darauf noch einmal. Auf einer weiten, vom Wind zerzausten Fläche starre ich angestrengt nach vorne und habe erhebliche Mühe, die Fahrspur zu erkennen. An einer kleinen Biegung des Tracks komme ich dann trotz aller Konzentration vom Weg ab. Sofort hat der Skooter starke Schlagseite, eine der Kufen wühlt sich durch den Tiefschnee. Mit einer Ausgleichsbewegung, bei der wir beide hochschnellen und uns in die andere Richtung lehnen, schaffen wir es, uns nach einigen Meter kippeliger Fahrt wieder auf den Track zu retten. Ein so gutes Reaktionsvermögen hätten wir uns um die Uhrzeit selbst nicht mehr zugetraut. Wenige Minuten nach diesem Härtetest können wir uns über das Gelingen unseres nächtlichen Ausflugs freuen. Wir erreichen zufrieden unser Hütte.

Es dauert nicht lange, bis wir uns in das nächste Abenteuer stürzen. Schon seit einigen Tagen herrschen nachts nur noch leichte Minusgrade. Wir haben es den ganzen Winter bedauert, dass unser absolut expeditionstaugliches Zelt im Schrank verstaubt. Wenn es nach unser deutschen Freundin Fabienne geht, hätte das nicht sein müssen. Zusammen mit Anke kann sie sich in ausdauernden Diskussionen über Outdoorequipment verlieren. Auch Fabiennes Lebensweg ist vor einigen Jahren quer durch Lappland verlaufen. Unter anderem hatte sie in Finnland auf einer Schlittenhundefarm gearbeitet. Für Experimente in der Fremde war offenbar genug Zeit geblieben. Irgendwann hatte sie das dringliche Bedürfnis verspürt, ihren neuen Schlafsack auf seine Wintertauglichkeit zu testen. Also hatte sie sich bei klirrenden fünfzehn Grad minus ins Zelt gelegt, unter sich lediglich den Zeltboden und eine selbstaufblasende Isomatte. Trotz ihrer guten Ausrüstung (ihr Schlafsack verspricht einen Komfortbereich bis minus zehn Grad) sei ihr dabei aber nicht richtig warm geworden...

Fabiennes Unerschrockenheit setzt uns unter Zugzwang. Mittlerweile können wir uns auch nicht mehr mit der etwas schlechteren Qualität unserer Schlafsäcke herausreden. Die nächtlichen Temperaturen des Frühlingswinters sind eine nachdrückliche Aufforderung, unsere Wildnistugenden endlich unter Beweis zu stellen. Fabiennes puristische Survivalvariante wollen wir dabei leicht modifizieren. Ein kleines Lagerfeuer in der Nähe des Zeltes wäre beispielsweise schön. Und ein paar Biere als Nachttrunk können auch nicht schaden. Wenn dann noch im Schein des Mondes Rentiere über die Lichtung stapften...

Die geeignete Stelle für unser Vorhaben haben wir schon auserkoren. Einige Tage zuvor hatten wir uns hinter Bäumen versteckt und eine zwanzigköpfige Herde beobachtet, wie sie dort entlang getrottet war. Ein detaillierter Plan entsteht in unseren Köpfen. Noch im Hellen wollen wir mit dem Schneemobil zum Platz unserer Wahl fahren, das Zelt aufbauen und Feuerholz abladen. Anschließend wollen wir erst einmal zur Hütte zurückkehren, dort essen, um dann satt und zufrieden zum Zeltlagerplatz zurückzukehren. Ausgerechnet kurz vor dem Startschuss zu Phase Eins unserer Mission kommt unser Vermieter auf einen Plausch vorbei. Aus Höflichkeit lassen wir uns eine halbe Stunde lang aufhalten. Schließlich werden wir nervös und entschuldigen uns mit unserem Vorhaben. Wir brausen los, alles Notwendige im Gepäck.

Am Ziel angekommen beratschlagen wir über den optimalen Platz für unser Zelt. Am Südrand der Lichtung fällt uns eine von Bäumen umsäumte Ecke mit voraussehbar gutem Blick auf den morgigen Sonnenaufgang ins Auge. Auch die freie Fläche, auf der wir die Rentiere erhoffen, können wir von dort einwandfrei überblicken. Da die Zeit bis zum Einbruch der Dunkelheit durch die Stippvisite unseres Vermieters bereits knapp geworden ist, kommt mir eine richtig gute Idee. Statt ein mehrere Quadratmeter großes Areal mühsam mit der Schaufel für das Zelt vorzubereiten, will ich den tiefen Schnee mit dem Skooter komprimieren. Das ginge doch bestimmt viel schneller. Bevor Anke Gelegenheit bekommt, an dem Konzept zu zweifeln, presche ich mich mit einer Idee und dem Skooter los. Im Kampf mit den Elementen hat sich männliche Entschlusskraft doch meist als Überlebensvorteil erwiesen! Ich steuere vom Track und fahre zur bewussten Stelle, dabei fräse ich eine mindestens vierzig Zentimeter tiefe Schneise in den Untergrund. Am zukünftigen Zeltplatz angekommen lege ich den Rückwärtsgang ein. Im

Geiste fahre ich jetzt noch ein paar Mal vor und zurück - und fertig ist unsere weiße Übernachtungsfläche.

Sekunden darauf bin ich entgeistert. Beim ersten Zurücksetzen wühlt sich das Heck des Motorschlittens weit nach unten in den Tiefschnee. Ich habe mir gerade selbst eine Schanze gebaut, die in einem steilen Winkel nach oben zeigt. Meine Beine sind fast bis zur Hüfte im Schnee versunken, obwohl ich noch auf dem Schneemobil stehe. Ich lege wieder den Vorwärtsgang ein: Mein verzweifelter Druck auf den Gashebel ist wie die SOS-Leuchtrakete eines Schiffbrüchigen, der schon bis zur Hüfte im Maul des Hais steckt. Konsterniert schalte ich den Motor aus. Na prima. Jetzt muss ich nicht nur den Platz für unser Zelt frei schaufeln, sondern auch das Schneemobil bergen. Seine Majestät, Skooter-King Moritz I., wird mich im Nachhinein belehren, dass Rückwärtsfahren im Tiefschnee immer der direkte Weg in den Schlamassel ist. Die Kufen am Bug des Schlittens können ihn nur bei Vorwärtsfahrten in die oberen Lagen des Schnees tragen, in der Gegenrichtung folgt alles dem beträchtlichen Gewicht der Maschine. Die vermeintlich gute Idee hat sich als absolut hirnrissiger Einfall entpuppt. Während ich an dieser Selbsterkenntnis kaue, mag ich nicht so recht zu meiner Begleiterin schauen.

Ich schnappe mir die Schaufel und beginne möglichst schnell zu schippen. Auf diese Weise gehe ich lästigen Diskussionen mit Anke aus dem Weg. Dazu fehlt mir sowieso - hoffentlich für alle Anwesenden hörbar - der Atem: Ich schnaufe schon nach kurzer Zeit wie eine antiquierte Dampflok und beginne zu schwitzen. Der Schnee ist extrem tief, nicht nur jeder Schritt kostet erhebliche Anstrengung. Bis zur Mitte des Oberschenkels im Weiß stehend ist der Winkel beim Schaufeln absolut ungünstig und kostet zusätzliche Kraft. Aus einer Distanz von etwa dreißig Metern beobachtet Anke meine Bemühungen. Sie hatte meinen Skootereinsatz auf dem Track stehend abwarten wollen. Dort ist das Gehen einfacher, da der Schnee komprimiert ist.

Weil sie nicht länger untätig rumstehen möchte, beschließt meine stets solidarische Frau, mir zur Hilfe zu kommen. Diese Idee bereut sie allerdings umgehend. Als sie die ersten Schritte im Tiefschnee macht, entfährt ihr ein Kreischen. Ich unterbreche meinen verbissenen Kampf gegen die Schneemassen und schaue auf. Meine Augen erblicken eine Dame ohne Unterleib, deren obere Hälfte total entsetzt über das Verschwinden der unteren ist. Hilfesuchend sieht sie zu mir rüber. Hüfthoch im Schnee versunken hat sie Mühe, überhaupt ein Bein nach oben zu stemmen, um den nächsten Schritt zu tun. Einige Meter arbeitet sie sich noch in meine Richtung, dann kehrt sie frustriert um. Auf dem Rückweg ändert sie ihre Fortbewegungstechnik radikal. Sie geht in die Horizontale und stützt sich auch mit den Händen ab, um ihr Körpergewicht besser zu verteilen und damit nicht zu weit einzusinken.

Obwohl wir noch bis zum Hals in den weißen Schwierigkeiten stecken, kann ich mir ein Grinsen nicht verkneifen. Wenn uns jemand beobachten würde, käme er niemals auf die Idee, dass wir hier schon einige Monate lang leben. Erst ramme ich das Schneemobil unangespitzt fast senkrecht in den Tiefschnee, dann krabbelt meine Frau auf allen Vieren durch die Landschaft. Tolle Abenteurer! Ich entferne minutenlang die größten Anteile des weißen Bergs, der sich direkt vor dem Antriebsband des Skooters auftürmt. Nach unzähligen Schaufelladungen kann ich endlich den Kufen des Schlittens zu etwas Spielraum verhelfen, indem ich bei noch ausgeschaltetem Motor den Lenker kräftig hin und her drehe. Ich steige auf den Skooter. Auf der Maschine stehend, verlagere ich abwechselnd mein Gewicht nach rechts und links. Hartnäckig wiederhole ich das Manöver, bis ich merke, dass mein Untersatz sich etwas zu bewegen beginnt. Dann steige ich wieder ab und lege meine Hände um eine Stange am Heck. Unter größter Anstrengung schaffe ich es, das Skooterende wenige Zentimeter zur Seite zu heben. Vermutlich sehe ich dabei aus wie ein Gewichtheber, der sein Maximalgewicht stemmt.

Nachdem ich kurz verschnauft habe, stelle ich mich wieder auf unseren Skidoo und starte den Motor. Wie ich es bei Moritz beobachtet habe, ruckele ich in stehender Position zunächst kräftig seitlich hin und her und gebe dabei vorsichtig Gas. Dann schaukele ich immer stärker zur Seite. Als ich merke, dass das Antriebsband zu greifen beginnt und ich mich wenige Zentimeter nach vorne bewege, drücke ich beherzter auf den Gashebel. Eine unendlich lange Sekunde scheint alle Mühe vergebens, dann macht der Skooter einen Satz und ich schieße aus dem Krater wie ein Korken aus der Sektflasche.

Ich schaffe es gerade noch, mein Gleichgewicht zu halten, als der erlösende Ruck durch die Maschine geht. Einmal freigekommen, steuere ich in einer weiten Kurve zurück auf den Track und stelle dort den Motor der Maschine ab. Puuh! Zumindest sind wir jetzt wieder motorisiert und ein sechs Kilometer langer Fußmarsch nach Hause steht nicht mehr zur Debatte. Auch auf festem Schnee wäre das eine anspruchsvolle Distanz gewesen. Endlich können wir uns an die eigentlichen Vorbereitungen machen. Obwohl Anke von der Wahl des Zeltstandortes mittlerweile weniger überzeugt ist als je zuvor, halte ich ein flammendes Plädoyer für den ursprünglichen Plan. Jetzt müssten wir ja nur die bereits begonnene Ausgrabungsstätte erweitern, dann hätten sich die schweißtreibenden Vorarbeiten wenigstens gelohnt. Außerdem könne sie auf der von mir geschaffenen Skooterspur dorthin gelangen, dann versinke sie nicht so weit im Schnee. Es gelingt mir noch einmal, meine Frau zu überzeugen.

Nach einer weiteren Viertelstunde haben wir eine einigermaßen ebene Fläche geschaffen, die etwa fünfzig Zentimeter unterhalb der Schneedecke liegt. Ziemlich geschafft lege ich die Schaufel zur Seite. Der Workout im Tiefschnee geht an die Substanz. Von einem besinnlichem Bier am lodernden Lagerfeuer sind wir aktuell noch weit entfernt. Zunächst machen wir uns daran, das Tunnelgewölbe des Zeltes mit Stangen aufspannen. Es sieht so aus, als hätten wir ausreichend Schnee geräumt: Zu allen Seiten ist ausreichend Platz, um die Heringe zu verankern. Das Problem ist jedoch der Untergrund.Der Schnee in Lappland ist extrem trocken. Eine Schneeballschlacht ist uns den ganzen Winter noch nicht gelungen, weil das pulvrige Weiß, das Frau Holle in dieser Region schüttelt, so gut wie gar nicht klebt. Blöd, dass wir das vergessen hatten. Unsere Heringe fahren zwar in den Schnee wie das Messer durch die Butter, aber die verflixten Dinger gleiten eben auch auf leichtesten Zug wieder heraus. Wir trampeln eine Runde nach der anderen ums Zelt, um dem Schnee etwas mehr Festigkeit zu verleihen, aber das ändert kaum etwas an den Gegebenheiten. Das Erdreich ist keine Alternative. Nach dem sehr schneereichen Winter ist es praktisch unerreichbar. Es befindet sich immer noch mindestens ein halber Meter Schnee unter dem Boden des Zeltes. Aber selbst wenn wir unseren Schaufelsport fortsetzten und uns bis auf den Schneegrund vorarbeiteten, wäre das nicht die Lösung unseres Problems. Der gefrorene Boden ist wie Fels. Den Ausgang des Duells zwischen Hering und steinhartem Untergrund können wir uns vorstellen.

Wir beginnen, Schnee auf den Heringen anzuhäufen, um diese einigermaßen in Position zu halten. Ein wirklich wirksames Abspannen gelingt uns nicht, mit seiner faltigen Außenhaut erinnert das Zelt an einen verschrumpelten Apfel, der zu lange in der Obstschale gelegen hat. Irgendwann haben wir die Nase voll und behaupten einfach, fertig zu sein. Wir sprechen uns selbst Mut zu: So traurig-runzlig das Ganze auch von außen aussehen möge, das Innengewölbe werde ja durch die Stangen geformt. Man solle bekanntlich nie zu viel Wert auf Äußerlichkeiten legen. Wenn wir uns erst in unsere gemütlichen Schlafsäcke kuschelten, würde uns das alles nicht mehr stören. Außerdem gebe es kaum Wind, diese Nacht würden wir sicher nicht mit dem Zelt davonfliegen.

All unsere Tiraden der Selbstermutigung sind vergebens. Als wir endlich zum Probeliegen ins Zelt krabbeln, bringt der penetrante Geruch, der uns entgegenschlägt, das Fass zum Überlaufen. Unsere potentielle Übernachtungsstätte sieht nicht nur merkwürdig aus, sie riecht auch extrem schlecht. Offenbar ist unsere Platzwahl mehr als unglücklich gewesen. Der Skooter hat hier eine Benzinduftmarke im Schnee hinterlassen, die mit einer romantischen Nacht in der Wildnis nicht in Einklang zu bringen ist. Während wir unser gerade errichtetes Camp wieder abbauen und enttäuscht nach Hause fahren, werden uns zwei Dinge bewusst: Erstens haben wir heute sehr viel gelernt, unter anderem über die Existenzberechtigung von Schneeheringen. Zweitens sind wir Angehörige einer Nation, die *mindestens* dreizehneinhalb Jahre braucht, um einen einfachen Flughafen zu bauen. Also hat unser Scheitern vermutlich primär genetische Ursachen.

Fallera: Im Tiefschnee zu Berge

Unser Frust über die verlorene Schlacht gegen die Schneemassen ist schon bald vergessen. Ein Füllhorn an potentiellen Abenteuern wird in dieser Jahreszeit über uns ausgeschüttet. Der März ist *die* Saison für ausgedehnte Skitouren.

Ausflüge auf Langlaufskiern rangieren noch weiter oben auf unserer Beliebtheitsskala als Touren mit dem Schneemobil. Allenfalls Hundeschlittentouren fügen sich ähnlich geräusch- und nebenwirkungsarm in die überwältigende Schönheit der Landschaft ein.

Mit den heller werdenden Tagen erschließen wir uns neue Ausflugsziele, verlassen die hinlänglich bekannten winterlichen Pfade. Ideale Bedingungen herrschen, wenn Nachtfrost den Tau der obersten Schneelagen, der unter der wärmenden Märzsonne entstanden ist, wieder gefrieren lässt. Durch solche Temperaturwechsel in der Übergangszeit verfestigt sich die Schneedecke und trägt dann auch über unberührtes Gelände. Derartige Tage sind ein Geschenk.

Wir ziehen das Eintauchen in der Einsamkeit eindeutig dem Fahren auf Loipen vor. Es ist uns egal, dass wir zu den wahrscheinlich langsamsten Läufern der Region gehören und unsere Ausrüstung nicht die beste ist. Wenn wir kreuz und quer durch Wälder, über Sümpfe und Seen fahren, sind wir immun gegen Wettbewerbs- und Leistungsgedanken. Die strahlende Sonne Lapplands im Gesicht, die Frische seiner Winterluft in den Lungen, die Stille der Natur in den Ohren - fertig ist das Rezept für Glücksgefühle.

Wir teilen diese Erfahrung gerne mit Besuchern aus unserer heimatlichen Sphäre. Ecki, meinen Komplizen bei der Autofahrt über das Eis des Torneälvs, habe ich schon erwähnt. Ecki ist ein Freund aus Schultagen, der meinem Lockruf in den hohen Norden auch aus privaten Gründen gefolgt ist. Ecki ist gerade unablässig mit der Pflege des eigenen Fells beschäftigt. Familiäre Sorgen haben dafür gesorgt, das dieses viel von seinem früheren Glanz verloren hat. Ich hatte Ecki prognostiziert, dass seine zerzauste Seele sich auf Skitouren in der Weite Lapplands gleich etwas glätten werde.

Kurz vor Eckis Ankunft muss Anke zu einem mehrwöchigen Arbeitsblock nach Deutschland aufbrechen. Moritz, Ecki und ich werden eine Woche lang eine reine Männerpension bilden. Vielen weiblichen Lesern drängen sich vermutlich umgehend Assoziationen von riesigen Bergen dreckigen Geschirrs, überall verteilter schmutziger Unterwäsche, Altglaseimern voller brauner Flaschen und unrasierten Männern am Frühstückstisch auf.

Möglicherweise gäbe es berechtigten Anlass zur Sorge, wenn wir unser Gastjahr in Finnisch-Lappland verbrächten. Die als trinkfest geltenden Finnen haben nämlich einen eigenen Begriff für eine vornehmlich männliche Form der Freizeitgestaltung in ihrer Sprache hinterlegt. Das legendäre Wort *Kalsarikännit* bedeutet "sich zu Hause in Unterwäsche betrinken". So wie ich meinen stets experimentierfreudigen Kumpel kenne, hätte er ausgezeichnete Argumente dafür gefunden, die finnische Landesssitte *wenigstens einmal* zu erproben. Wahrscheinlich hätte er einen solchen Testlauf mir gegenüber als zwingend notwendigen Integrationsschritt verkauft.

So aber müssen wir in Schweden diese Diskussion nicht führen und geben sieben Tage lang ausgezeichnete Rollenvorbilder für Moritz ab. Dessen Akzeptanz des Haus-Regelwerks ist ungewöhnlich hoch, ihm gefällt seine erste Männer-WG. Nahezu freiwillig übernimmt er sogar unliebsame Aufgaben wie den Abwasch. Moritz genießt es ebenso wie ich, Ecki in die Geheimnisse unserer neuen Heimat einzuführen. Unser Erfahrungsvorsprung mit den hiesigen Verhältnissen macht uns bewusst, wie viele Dinge uns bereits in Fleisch und Blut übergegangen sind.

Die Woche tut nicht nur dem Junior unseres männlichen Trios gut. Wie erhofft tragen Skilanglauftouren dazu bei, Eckis stark zerzaustes Seelenleben ein wenig zu glätten. Das beruhigende Weiß der offenen Landschaft geht wie ein Tafelschwamm über seine schlimmste Traurigkeit und verwischt sie für einige Zeit. Unter der Lupe der hiesigen Natur *verkleinert* sich das eigene Ich - und damit auch die eigenen Sorgen.

Auf einem Ausflug zum Tal des Vittangiflusses schärfe ich unbeabsichtigt das Bewusstsein dafür, dass es weitere exzellente Gegenmittel gegen Melancholie gibt: Schmerz und Angst. Auf Skiern bin ich in dem Tal selbst noch nie unterwegs gewesen. Als ich dort mit Ecki ankomme, ist der Waldweg, der hinunter zum Fluss führt, viel steiler, als ich ihn in Erinnerung hatte. Ecki kriegt große Augen, erst recht, nachdem ich beim Vorausfahren innerhalb weniger Meter mehrmals lang hinschlage. Die Strecke ist nicht nur sehr abschüssig, sondern auch stellenweise ziemlich glatt.

Nach meinen Stürzen rappele ich mich immer wieder schnell mit demonstrativ guter Laune auf. Mein Begleiter kann gar nicht anders, als einen eigenen Versuch zu starten. Ich bin zwar kein technisch versierter Skilangläufer, aber Eckis Qualitäten hinken meinen doch noch hinterher. Schon kleinere Gefälle sorgen stets für ein unsicheres Vor- und Zurückzucken seines Oberkörpers. In manchen Momenten ist es dann, als würde man kanadische Holzfäller bei der Arbeit beobachten. Dass gleich etwas krachend zu Boden gehen wird, ist längst klar. Die Spannung resultiert allein aus der Frage, in welche Richtung und wie es fallen wird.

Auch als ich mich jetzt umschaue, ahne ich, dass Eckis aufrechte Haltung akut gefährdet ist. Prompt liegt er im Schnee und reibt sich ein schmerzendes Körperteil. "Alles halb so wild!" behaupte ich und lasse mich weiter nach unten rutschen. Dabei gelingt es mir mit Mühe und Not, einen weiteren eigenen Sturz zu vermeiden. Ecki müht sich noch den einen oder anderen Meter in meine Richtung, dann wird es ihm zu bunt und er schnallt seine Skier ab. Er schultert die Bretter und stapft zu Fuß das steilste Stück hinunter, das glücklicherweise nur etwa zweihundert Meter lang ist. Ich kann es ihm nicht verdenken, es ist wirklich kein einfaches Gelände.

Der Rest der Tour entschädigt für die Mühen des Abstiegs. Wir passieren eine kleine Ebene, überqueren das Flusseis und genießen die Fahrt auf dem gegenüberliegenden Bergrücken bei herrlichstem Sonnenschein. Der Schnee dort ist nahezu unberührt, wir tasten uns auf einer einsamen, sich windenden Skooterspur vorwärts. Das Gelände steigt nur seicht an und wird also auch von Ecki keine Kapitulationserklärung auf dem Rückweg verlangen. Irgendwann sind wir am Rand des Waldes angekommen, wo das Gelände einen zu kniffligen Eindruck macht - wir kehren um.

Es fügt sich ohnehin gut in das Konzept für Eckis Lapplandrehabilitation ein, wenn wir die Langlaufausflüge auf zwei bis drei Stunden pro Tag begrenzen. Schließlich muss noch Zeit für Anwendungen in den eigenen vier Wänden übrig bleiben. Ein fester Programmpunkt dieser Tage ist, sich mit Ecki bei einer Schachpartie zu duellieren. Mein schlaksiges Gegenüber (Ecki hat seinen Spitznamen u.a. wegen seines kantigen Körperbaus erhalten) liebt das Spiel. Meist gewinnt er. Ich gehe nach der x-ten Niederlage in der Woche dazu über, mich eher als seinen Therapeuten denn als seinen Gegner zu sehen: Hatte ich ihm nicht eine Besserung seiner Stimmung in Aussicht gestellt? Unter diesem Blickwinkel ist auch meine Welt wieder in Ordnung.

Nur wenige Tage, nachdem Ecki abgereist ist, werden wir von unserer Freundin Fabienne mit ihrer Anwesenheit beehrt. In vielerlei Hinsicht verfügt Fabienne über eine eindeutig größere Nordlandexpertise als wir. So kommt sie gleich mit mehreren Paar Skiern angereist und muss nicht daran erinnert werden, dass Alkohol in Schweden teuer ist. Sie plant, uns mit einigen mitgebrachten Bieren zu erfreuen. Der erste Teil ihrer diesbezüglichen Entscheidungen ist gut, sie besorgt Dosen statt Flaschen. Der zweite Teil weniger. Aufgrund von Platzmangel im Rucksack beschließt sie, die Dosen in ihrer Skitasche zu verstauen.

Als sie ihr tropfendes Skigepäck beim Zwischenstopp am Stockholmer Flughafen vom Band hievt, schwant ihr bereits Böses. Eine Inspektion des Tascheninneren ergibt eine traurige Bilanz. Viele Dosen haben die Schmetterwürfe des Bodenpersonals sowie die Druckschwankungen in der Transportkabine nicht heil überstanden. Es ist natürlich viel zu schade, fast volle Bierdosen, aus denen der Schaum aus mikroskopisch kleinen Rissen herausquillt, einfach wegzuschmeißen. Wer Alkohol in Skandinavien verschwendet, lässt auch den Wasserhahn in einem Wüstenhotel über Nacht laufen, weil er beim Geräusch des Plätscherns gut einschlafen kann. Das Bier muss getrunken werden! Um nicht sturzbetrunken in Kiruna anzukommen, spricht Fabienne Mitreisende an, ob sie Lust auf ein Bierchen hätten. Einige junge Männer sind sofort bereit, notfallmäßig einzuspringen. Wenn es doch für eine gute Sache ist. Die Biere schmecken zwar ein wenig schal, aber immerhin sind es Direktimporte aus Deutschland.

Bei ihrer Ankunft in Kiruna ist von Fabiennes Mitbringseln nicht mehr viel übrig. Auch auf der zweiten Flugstrecke hatte sie die Dosen in der Skitasche gelassen und muss jetzt weitere Opfer beklagen. Unsere Besucherin hatte befürchtet, das Schadensbild zu erweitern, wenn sie die Getränke in Stockholm in ihrem Rucksack untergebracht hätte. Es reiche ja, wenn das Skigepäck am Tag ihrer Ankunft nach Bier riecht. Eine Bierimprägnierung ihrer gesamten Kleidung habe sie um jeden Preis vermeiden wollen. Wir trösten einander über den Verlust und stoßen am späten Abend mit einigen notgeschlachteten Dosen auf ihre Ankunft an. Die Hauptsache ist doch, dass sie gut angekommen ist.

Beim Thema Einfuhr von Alkoholika können wir von Fabienne offenbar wenig lernen. Ansonsten wirkt sich ihre Anwesenheit sehr motivierend aus. Wie wir hat sie eine unbändige Lust auf Skitouren. Neugierig stecken wir gemeinsam mit ihr unsere Nasen in neue Gegenden. Fabiennes "Wohlfühldistanz" liegt bei zwölf bis fünfzehn km pro Tag, wie sie uns offenbart. Das passt zu unseren Neigungen. Wir pflegen auf Skiern ein verträumtes Stundenmittel von drei bis fünf km/h, das jede Menge Innehalten, Staunen, Sich-Umgucken und gelegentliche Rasten beinhaltet.

Offensichtlich ist uns nicht nur die Abneigung gegen eine Kilometer-Überdosis im Tagespensum gemeinsam. Fabiennes Bremsstil erinnert manchmal frappierend an unseren eigenen. Wir beobachten interessiert, wie sie auf einer der ersten Abfahrten plötzlich bäuchlings im Schnee liegt und sich mit einer frischen Schnee-Panade wieder hoch rappelt. Ein weiterer Testlauf mit unserer Freundin auf einer einsamen Skooterstrecke, die Teil eines sechzig Kilometer langen Rundkurses nordöstlich von Kiruna ist, bestätigt die ersten Eindrücke. Die mannschaftliche Geschlossenheit für *höhere* Aufgaben scheint gegeben.

Der Kebnekaise ist mit seinen etwa 2100 Metern der höchste Berg Schwedens, also darf man annehmen, dass er zum Hochgebirge zählt. Ich vergewissere mich. Laut *Dierckes geographischem Wörterbuch* muss der Kebnekaise als "größere Vollform" aufgefasst werden, "die sich bedeutend über den Meeresspiegel erhebt und über spezielle geoökologische Merkmale verfügt". Was für ein professionelles Wortgeholper. Auf einen Ausflug zu einer Vollform haben wir keinerlei Lust, aber eine Expedition ins Hochgebirge - das klingt ungemein spannend!

Mit dem Gedanken an eine solche Tour gehen wir schon seit einigen Wochen schwanger. Bei einem Abstecher nach Nikkaluokta hatten wir registriert, dass der kleine samische Ort nahe des Kebnekaise aus dem Winterschlaf erwacht ist. Gerade, als wir angekommen waren, hatte ein Bus eine Ladung Touristen ausgespuckt, die vom Flair anstehender Abenteuer umgeben war. Ein Pärchen hatte ihre bis zum Rand bepackten Schneeschlitten aus dem Bus gehievt, zusätzlich waren beide mit je einem Rucksack beladen.

Beim Anblick solch kernig wirkender Outdoorfreaks ist unser erster emotionaler Reflex meist eine tief empfundene Schüchternheit. Es scheint dann, als gebe es außer uns nur durchtrainierte, junge, sonnengebräunte Menschen, die sich mit entschlossener Miene ihre spiegelnden Sonnenbrillen in die Stirn schieben und weder Tod noch Teufel fürchten. Wir sind längst nicht so tough wie die anderen aussehen. Als Skitourengänger fehlt uns jegliche alpine Erfahrung. Andererseits wollen *wir* auch gar nicht den Anschein erwecken, als seien wir kurz davor, den Everest zu besteigen. Wir sind eigentlich ganz zufrieden damit, eine etwas ängstlichere Variante von Mut zu kultivieren.

Der Plan für eine Bergtour light ist schnell geschmiedet. Wir wollen von Nikkaluokta aus den Weg zur ersten Bergstation am Kebnekaise bestreiten. Immerhin haben wir uns damit für eine neunzehn-Kilometer-Tour entschieden und müssen über 250 Höhenmeter bewältigen. Also brechen wir früh auf. Mit Pausen ist von einer "Expeditions"dauer von etwa sechs bis sieben Stunden auszugehen.

Das Wetter könnte kaum besser sein. Die Temperatur liegt nur etwas über dem Gefrierpunkt, der Schnee wird also nicht zu klebrig werden. Es ist fast windstill. Und last not least: Die Sonne strahlt mit uns um die Wette, als wir unsere Skier aus dem Wagen laden. Es sind keine Probebohrungen in der verschneiten Landschaft notwendig, um die Richtung zu finden. Auf der Stippvisite einige Tage zuvor hatten wir schon festgestellt, dass die Skiroute von der ausgeschilderten Wanderstrecke anfänglich deutlich abweicht. Es war nicht schwer gewesen, das herauszufinden. Wir waren einfach dem Main Stream anderer Skispuren gefolgt.

Zunächst gibt die nordschwedische Landschaft ihre typische Visitenkarte bei uns ab. Unser Weg wird durch unzählige, sich in die Landschaft duckende Bäume gesäumt. Ihr knorrig-gekrümmtes Aussehen erinnert an rheumaleidende alte Männer, die sich auf ihren Stock stützen. Wenn ich meine Blicke über die Bäume hinweg schweifen lasse, bleiben sie an den scharfen Abbrüchen der Bergketten hängen. In dem engeren Abschnitt des Tales, in dem wir gerade unterwegs sind, türmen sie sich steil über uns auf. Auf manchen ihrer Felsplatten haben sich große Flächen blau schimmernder eisiger Beläge gebildet. Etwas weiter vorne ist auf der gegenüberliegenden Seite ein erstarrter Wasserfall auszumachen.

Unsere Route weist nur sanfte Anstiege und Abfahrten auf und ist bestens geeignet für Leute mit gedämpften sportlichen Ambitionen. Nach etwa einer Stunde kommen wir zu einem Fluss, der im Sommer über eine Hängebrücke zu überqueren ist. Zu dieser Jahreszeit ist die Sache deutlich einfacher, denke ich, gleite über das Eis und bin schon fast auf der anderen Seite, als ich ein tiefes Loch klaffen sehe, das nur einen Meter neben der Fahrspur liegt. Verdutzt blinzele ich in den Krater und sehe, wie unter der meterdicken Schicht aus Eis und Schnee in der Tiefe der Fluss dahin plätschert.

Selbst wenn ich diesbezüglich begabt wäre, würde mir in dieser Situation folgende Analyse schwer fallen: Der Auflagendruck eines Menschen ist die Kraft, die sein Gewicht auf den Untergrund ausübt. Mit Skiern vergrößert sich meine Standfläche auf dem Eis erheblich, dadurch verringert sich der Auflagendruck etwa um den Faktor Sieben. Mithin ist in meiner Gewichtsklasse der Druck auf das Flusseis nur wenig größer als der eines zehn Kilogramm schweren Fuchses.

Jener Teil meiner Hirnes, der theoretisch für diese Aufgabe zuständig wäre, verweigert im Moment die mathematische Mitarbeit. Er ist zu viel sehr mit der Verdauung des Gedankens "Verdammt, was für ein tiefes Loch!" beschäftigt. Als unmittelbare Maßnahme beschließe ich, dass ich mich doch besser sofort ans rettende Ufer begeben sollte. Als nächstes rufe ich den beiden Damen hinter mir eine Warnung zu. Die sehen auch zu, dass sie Land gewinnen. In solchen Momenten wünscht man sich Supermans Röntgenblick. Mit seinen Fähigkeiten wäre man sofort in der Lage, die Dicke des Eises auf unserer Fahrspur zu ergründen. Ist unser Grusel berechtigt oder saß hier ein Eislochfischer an einer total unwahrscheinlichen Stelle?

Fortgesetzte Bewegung ist viel besser als fortgesetztes Grübeln. Wir haben etwa sechs Kilometer zur Strecke gebracht, als wir zu einer längeren Abfahrt gelangen, an deren Ende ein scharfer Rechtsknick folgt. Wenn wir den Begriff etwas dehnen, schaffen wir es alle drei, *elegan*t um die Kurve zu kommen.

Unmittelbar danach kommen wir zu einer kleinen Ansammlung von Hütten. Nur ihre Dächer lugen aus den Schneemassen hervor. An einem Häuschen ist ein Schriftzug gerade noch lesbar: LAP DÅNALDS steht auf einem blauroten Schild, das auf der einen Seite mit einem Rentiergeweih verziert ist. Später erfahren wir, was es damit auf sich hat. Wir stehen vor dem angeblich einzigen Rentierburgerimbiss in ganz

Lappland. Falls es ein Schild mit Öffnungszeiten weiter unten an der schneebedeckten Gebäudewand gibt, so ist das im Moment jedenfalls eindeutig überflüssig. Die Betreiber tun gut daran, sich in ihrem Saisonrhythmus an italienischen Eisdielen zu orientieren.

Wir setzen unseren Weg fort und gelangen einige hundert Meter weiter ans Ufer des Ladtjojaure. Der längliche Gebirgssee wird von drei kleinen Flüssen gespeist, die Wasser aus höheren Lagen zu ihm tragen. Im Sommer weist er eine milchig-blaue Farbe auf, die darauf hinweist, dass reichlich Gletscherwasser in ihn hineinfließt. Wie alle stehenden Gewässer in Lappland ist er im März meterdick gefroren. Über die Weite seiner Eisfläche eröffnet sich eine grandiose Aussicht.

Während wir auf der rechten Seite sanft geschwungene Hügel ausmachen, reiht sich links von uns ein felsiger Bergkamm an den anderen. Am Ende dieser Reihe thront hoch über dem See der Kebnekaise. Zusammen mit dem südlich benachbarten Berg bildet er einen tiefen V-artigen Einschnitt, der wie ein Keil aus Luft zwischen beiden Gipfeln sitzt. Unter der dreieckigen Spitze des Kebnekaise ist eine breite kreisförmige Mulde zu sehen, die auch im Hochsommer mit Eis und Schnee gefüllt bleibt.

Mir fällt auf, dass der Kebnekaise noch viel mehr nach Toblerone aussieht als das Matterhorn, das ja angeblich die Form der Schokoladenspezialität inspiriert hat. Die Hartnäckigkeit, mit der ich diese Idee in Gedanken verfolge, zeigt mir, dass ich Hunger habe. Am Rand des Sees steht eine lange Bank, von der sogar der größte Teil des Schnees entfernt worden ist. Das ist ein eindeutiges Zeichen. Wir sollten umgehend zur Fütterung schreiten und es uns auf der Bank bequem machen. Fabienne vertraut lieber ihrem Rucksack als Sitzgelegenheit und nimmt auf ihm Platz. Hatte das mit den geplatzten Bierdosen doch ganz andere Ursachen gehabt?

Als wir das erste Mal zur Erkundung der Route hier waren, hatte uns ein heftiger Westwind mit unbarmherziger Kälte ins Gesicht geblasen. Nach kurzer Zeit hatten wir fröstelnd die Flucht vom Seeeis angetreten und Schutz in der welligen Landschaft gesucht. Heute scheint es, als hätten wir einen idealen Tag für unser Vorhaben ausgesucht. Wir finden eine meteorologische Einladung zum Verweilen vor. Ein Mittagspicknick mit Bräunungsgarantie.

Glücklicherweise stehen keine Liegestühle herum. Wenn wir hier erst einmal ins Liegen kämen, könnte es sein, dass wir unseren inneren Schweinehund nur mit der Peitsche wieder in den Zwinger kriegten. Nach einer gewissen Zeit werden sowohl die Bank als auch Fabiennes Rucksack unbequem, so dass wir den Ruf des Berges nicht länger ignorieren wollen. Immerhin haben wir noch rund zwölf Kilometer vor uns.

Die Stimmung im Team ist ausgezeichnet, aber das ist auch nicht verwunderlich. Unsere Bergtour überzeugt bisher selbst die radikalsten Gegner von Steigungsprozenten unter uns. Die nächsten zwei Kilometer haben wir exakt null Höhenmeter zu bewältigen. Wir laufen auf dem Eis des Sees und freuen uns über eine bereits ausreichend verfestigte Schneedecke. Reisigmarkierungen auf der Strecke sorgen für eine treffsichere Spurenwahl. Etwa eine halbe Stunde lang sind wir auf dem See unterwegs. Nachdem wir das Gewässer überquert haben, nimmt unsere Skiwanderung auch atmosphärisch den Charakter einer Gebirgstour an. Wir folgen den sanften Windungen der Route. Über uns ragen Gipfel in die Höhe, hin und wieder schmiegt sich der Weg eng an einer schroffen Felskante entlang. Nur noch vereinzelt sind winzige Büsche und Birken entlang der Strecke zu sehen.

Trotz des Postkartenwetters begegnen wir nur einer Handvoll anderer Skitourengänger. Es ist ein typisches Privileg der nordschwedischen Einsamkeit, dass wir diese "Haute nature-Momente" nicht mit einem wuselnden Rudel von Artgenossen teilen müssen. Immer wieder atmen wir die Gebirgsluft in dem Gefühl, einem exklusiven Kreis anzugehören. Ein weiterer Angehöriger dieses Kreises taucht hinter einer Kurve auf und ist ein *richtiger* Hingucker. Uns kommt ein Radfahrer entgegen, der sich im ersten Moment so gar nicht in die verschneite Landschaft einordnen lässt. Verdutzt bleiben wir stehen. Als sich der Wintersportexot nähert, kommen wir seinem Geheimnis auf die Spur. Die ultradicken Reifen des Rades zeigen uns, dass das Vorankommen mit einem Fatbike[4] nicht nur auf lockerem Sand funktioniert. Halbwegs komprimierter Schnee scheint auch eine geeignete Unterlage zu sein.

Gut gelaunt erwidert der Fahrer unseren Gruß und ist schnell hinter der nächsten Kurve verschwunden. Bevor wir seinen Auftritt verarbeitet haben, kommen uns schon die nächsten Gestalten entgegen. Auch diese fallen etwas aus dem Rahmen. Zwei Skijöring-Begeisterte flitzen auf ihren Skiern an uns vorbei. Unter Skijöring fällt alles, was für eine Tempoverschärfung von Skilangläufern mittels einer Zugleine sorgt. Dabei werden als Beschleuniger der "menschlichen Teilchen" wahlweise Pferde, motorisierte Fahrzeuge oder Hunde eingesetzt. Die uns Entgegenkommenden sind auf den Hund gekommen. Einige Momente lang bestimmen die flatternden rosigen Zungen der Vierbeiner, straff gespannte Seile und energische Schübe von Skistöcken das Bild auf der schmalen Piste. Die dynamischen Gespanne verlassen unser Blickfeld so schnell, wie sie darin aufgetaucht sind.

Der Anblick derartiger Könner, die jede scharfe Kurve und das unebene Gelände mühelos meistern, macht uns immer mal wieder neidisch. Einige Zeit später wird sich diese Gefühl noch verstärken. Wir haben etwa zwei Drittel der Strecke absolviert, uns zwischenzeitlich noch einmal bei einer Pause ausgeruht und die Wegzehrung weiter dezimiert. Der anstrengende Teil der Tour hat bereits begonnen, das Gelände steigt nun stetig an. Gerade als wir dabei sind, einen steilen Absatz zu erklimmen, tauchen mehrere sportliche Gleichgesinnte hinter uns auf und stürmen den Anstieg mit wenigen raumgreifenden Schritten hinauf, so als wäre er gar nicht vorhanden.

Kurzzeitig konsterniert schauen wir den Skatern hinterher. Wir hören uns Kommentare sagen wie "Die haben ja auch viel bessere Skier

---

4 Für die, die es nicht wissen: Ein Fatbike ist ein Mountainbike mit extrem dicken Reifen, das sich auch auf sehr lockerem Untergrund fahren lässt.

als wir!" und "Die tragen schließlich keine schweren Rucksäcke!". Dann wenden wir unsere Aufmerksamkeit lieber wieder der überwältigenden Bergwelt zu. In einer Zeit der Schrittzähler, Herzfrequenzmesser, Smartwatches und Schlaftracker, die morgens Botschaften wie "Du hast besser geschlafen als 76 Prozent der Menschen in Deiner Umgebung" übermitteln, ist das das Beste, was uns einfallen kann. Eine so wunderschöne Tour müssen wir nicht unnötig mit Leistungsgedanken verbeulen.

Mir fällt die Aufgabe des Streckenausrufers zu. In regelmäßigen Abständen verkünde ich, wie weit es noch bis zum Ziel ist. Die Restdistanz schrumpft langsam. Die meisten Höhenmeter stapeln sich im letzten Abschnitt aufeinander und bremsen uns aus. Die müden Beine können unserer guten Stimmung jedoch kaum etwas anhaben. Als ich mal wieder das verbleibende Tagessoll verkünde, grinst Fabienne verschmitzt und antwortet: "Kein Problem, das skaten wir hoch!" Wieherndes Gelächter folgt ihrer Behauptung. Es scheint, als hätten wir das Überholmanöver der Skicracks doch noch nicht ganz verarbeitet.

Einige steilere Anstiege später liegt nur noch ein halber Kilometer zwischen uns und der Fjällstation, in der wir die Nacht verbringen wollen. Siegesgewiss halten wir eine letzte Rast ab. Wir lassen uns auf den Felsen eines kleinen Geröllfeldes am Wegesrand nieder, wo wir überraschend schnell Gesellschaft bekommen. Eine Schwedin setzt sich zu uns. Auch sie ist auf Skiern unterwegs. Die junge Frau erzählt, dass sie bereits seit Monaten in der hiesigen Abgeschiedenheit arbeite. Sie jobbe in der Herberge am Fuß des höchsten Berg Schwedens, in der wir zu nächtigen planen. Ich frage sie, ob es ihr hier in der Einsamkeit nicht zu monoton werde. Als habe sie diese Frage schon etliche Male beantwortet, folgt ein minutenlanges Plädoyer, das uns eines Besseren belehren soll. Die Freizeitmöglichkeiten seien hier so vielfältig, dass Langeweile gar nicht aufkommen könne: Wandern, Bergsteigen, Paragliding, Skitouren und die vielen Begegnungen mit den Abenteuerlustigen, die hier Station machen. Ihre Heimatstadt Luleå (in Nordschweden mit immerhin 43000 Einwohnern ein geradezu pulsierender Ort) vermisse sie überhaupt nicht.

Ihrer flammenden Fürsprache haben wir rein gar nichts entgegenzusetzen. Im Gegenteil. Es wird Zeit, unsere nahezu vollbrachte Mission angemessen zu zelebrieren. Fabienne zaubert eine letzte Überlebende der Flugzeugkatastrophe aus ihrem Gepäck: Zischend öffnen wir die unbeschädigte Bierdose und prosten uns zu. Vertikal gemessen trennen uns von hier zwar noch 1400 Meter vom höchsten Punkt Schwedens. In unserer persönlichen Wertung sind wir dennoch die unbestrittenen Spitzenreiter des Tages. Drei frisch sonnengebräunte Gesichter grinsen bei einer spontanen Fotosession um die Wette, während wir das Panorama, unsere Leistung und das Leben an sich feiern. Schade, dass Fabienne ihre Sorgfaltspflicht bei der Betreuung schutzbefohlener Getränke vernachlässigt hat. Die verbleibenden paar Meter bis zur Fjällstation hätten wir auch mit etwas mehr Promille geschafft.

Eine homöopathische Dosis des perfekt temperierten Hopfengetränks später nehmen wir die letzten Meter in Angriff und erreichen kurz vor Sonnenuntergang unser Expeditionsziel. Die Berge nehmen bereits den typisch bläulichen Schimmer der Dämmerung an. Wir lassen unsere Blicke schweifen, genießen noch einige Atemzüge der köstlich-frischen Bergluft und freuen uns an der beschaulichen Atmosphäre in unmittelbarer Nähe der Herberge, vor der nur eine sehr übersichtliche Anzahl an Leuten auszumachen ist. Der rustikale Komfort der Fjällstation mit seinen kleinen Zimmern, den Stockbetten und der Selbstversorgerküche fügt sich bestens ins Gesamtbild der Tour. Wir steigen ins Abklingbecken: Schlafsäcke ausrollen, duschen, essen, im klitzekleinen Shop der Berghütte stöbern. Ein-wand-frei. Mit einer Naschtüte und einigen Bieren bewaffnet beschließen wir den Tag im Gemeinschaftsraum.

Bei herrlichstem Sonnenschein machen wir uns am nächsten Tag auf den Heimweg. Da wir von Bergen umzingelt sind, ist ein Rundkurs nicht möglich. Also folgen wir der gleichen Strecke zurück. Es geht zunächst fast ausschließlich bergab - eine sehr gut erträgliche Leichtigkeit des Seins. Gelassen nehmen wir die Überholmanöver sportlich Ambitionierter hin. Neugierig mustern wir eine Gruppe maximal bepackter Skiwanderer, die eine extreme Form des Skiwanderns praktizieren. Sie ziehen turmhoch beladene Transportschlitten ("Pulkas") hinter sich her und scheinen an Stelle von Rucksäcken kleine Schränke auf die Rücken geschnallt zu haben. Im Geiste sehen wir, wie sich die Trageriemen der Rucksäcke tief ins Fleisch ihrer Schultern schneiden. Ist das eine Form der Selbstgeißelung? Ist es Teil einer soldatischen Erziehungsschikane? Müssen die Schwerlastfahrer zum Abschluss einer militärisch-quälerischen Skiwanderung womöglich ein Iglu nur mit Hilfe von Teelöffeln bauen?

Falls hier weder die Kirche noch sadistische Armeeausbilder ihre Hände im Spiel haben, würde ich am ehesten darauf tippen, dass es sich um zivilisationsmüde Mitteleuropäer handelt, die in einer extremen Form der Selbsterfahrung mehrere Tage lang der Frage nachgehen, wie man sich als Teilnehmer einer Arktisexpedition im 19. Jahrhundert gefühlt hat. Einige von ihnen werden vermutlich überrascht sein, dass ihnen die Antwort auf diese Frage schon nach wenigen Kilometern klar geworden ist ("schlecht"). Die Einheimischen jedenfalls gehen mit deutlich leichterem Gepäck auf Skitouren. Bei der Begegnung mit einem Mann am Vortag waren dessen Blicke nach einer knappen Begrüßung an unseren Rucksäcken hängengeblieben. In erfrischender Direktheit hatte er die Gepäckstücke unvermittelt und unaufgefordert als "viel zu schwer" eingestuft. Im einzig Örtchen der Region, Nikkaluokta, leben nach wie vor fast ausschließlich Samen. Daher dürfte auch unsere gestrige Bekanntschaft dem traditionell nomadischen Volk zuzurechnen sein. Wenn er schon unsere Beladung angeprangert hat - was hätte er wohl zu den Gewichthebern auf Skiern gesagt, die heute unseren Weg kreuzen?

Uns beflügelt es offenbar, Leute zu beobachten, die deutlich mehr falsch machen als wir selbst. Gut gelaunt fressen wir Kilometer um Kilometer. Selbst die Pausen bringen uns voran, da wir nach jedem verzehrten Proviantstück *noch* leichter unterwegs sind. Am frühen Nachmittag erreichen wir unseren Ausgangspunkt und lassen die schönsten Momente der Tour im kleinen Café Nikkaluoktas Revue passieren, während wir uns dort mit einem heißen Tee und einem Stück Kuchen belohnen.

Rast auf einer „Baumliege" an einem herrlichen Frühlingssommertag.

Bestens gelaunt: Auf dem Weg zum Kebnekaise.

Wie ein Spielplatz in den Wolken

Auch die Autorückfahrt nach unserer Skitour ist ein Erlebnis. Wir entdecken zahlreiche Elche am Straßenrand, die von der tief stehenden Sonne in ein warmes Licht getaucht sind. Solchen Motiven steht man als ambitionierte Freizeitfotografin praktisch wehrlos gegenüber. Behauptet zumindest Anke, die regelmäßige Stopps einfordert. Wenn ich einmal ungeduldig zu werden drohe, erstickt sie jegliche Zweifel an der Notwendigkeit ihres Tuns mit einem Standardsatz: "Hinterher freust Du Dich auch!"

In einem kleinen Ort namens Puoltsa können wir uns alle drei nicht vom Anblick lösen. Wir werden Zeugen einer besonderen Form des Viehdiebstahls (Ich musste lange darüber nachdenken, ob ich das Delikt überhaupt so nennen darf. Da beim Ladendiebstahl bekanntlich auch nicht der Laden gestohlen wird, wächst mein Zutrauen zur eigenen Wortwahl). Die "Crime scene": Unsere Augen gleiten gerade über eine ungewöhnlich große Zusammenballung von Elchen, als wir sehen, wie im Hintergrund eines der langbeinigen Tiere fast mühelos über einen Zaun steigt. Der Zaun soll dafür sorgen, dass die kleine Herde von Islandpferden, die sich hinter ihm aufhält, an Ort und Stelle bleibt. Für einen Elch stellt diese Barriere nachweislich keine dar. Zielsicher bewegt sich der Eindringling vorwärts. Kurz rätseln wir, was er vorhat, dann geht uns ein Licht auf. In aller Seelenruhe bedient sich der Elch an der Futterraufe der Pferde und genehmigt sich mehrere Ladungen Heu. Nach einigen Minuten schlägt er sich wieder zu seinen Artgenossen, aus seinem Maul ragen noch einige verräterische Halme.

Das Miteinander aus Elchen und Pferden ist ein kurioser Anblick. Riesige Pflanzenfresser aus den schwedischen Wäldern als dreiste "Raubtiere", die bandenmäßig organisiert scheinen. Die Pferde hingegen scheinen es gewohnt zu sein, auf diese Weise bestohlen zu werden. Später erfahren wir: In bitterkalten und schneereichen Wochen sammeln sich manchmal bis zu vierzig Elche um das Gehöft, um sich ein paar Minuten lang als domestiziertes Vieh auszugeben. Ihr Appetit ist groß. Wir entdecken Heuballen, die von den Elchen "gewildert" sind - ihre Plane ist beschädigt und der Inhalt geplündert. Hin und wieder stellen die Betreiber des Reiterhofes Spendenaufrufe ins Netz, um das Loch in ihrem Futtermittel-Geldbeutel zu stopfen. Da die Bitte um Geld von faszinierenden Aufnahmen der Elchinvasion begleitet wird, finden sich meist etliche Zahlungswillige.

Zurück in Alttajärvi stellen wir fest, dass wir es in unserer Hütte derzeit kaum aushalten. Zu groß ist unser Expeditionseifer. Im Handumdrehen fassen wir ein neues Ausflugsziel ins Auge. Wir wollen mit Fabienne den Aptasvaara erklimmen - auf Skiern, versteht sich. Damit wir Hin- und Rückweg problemlos an einem Tag schaffen, beschließen wir, einen kleinen Teil der Strecke mit unserem Skooter zu absolvieren. Fabienne hat eigentlich eine tief sitzende Abneigung gegen die dröhnenden Motorschlitten, aber auf einer kurzen Strecke von einigen Kilometern sieht auch sie sich in der Lage, den Maschinenlärm zu ertragen.

Wir quetschen uns zu dritt auf den Zwei-Personen-Schlitten, sausen über den See vor unserer Haustür, folgen einem Skootertrack in südwestlicher Richtung und entdecken eine Stelle, an der wir den Ski-doo parken können. Dankbar, wieder festen Boden unter den Füssen zu haben, entfernt sich Fabienne als Erste vom Motorschlitten. Dabei vergisst sie kurzzeitig, dass die Eigenschaft "fest" nur sehr bedingt auf den winterlich-weißen Untergrund in Lappland zutrifft. Kaum, dass sie drei Schritte getan hat, versinkt sie bis zur Hüfte um Schnee. In einer erzwungenen Rückbesinnung aufs eigene Krabbelalter kann sie sich nur unter erheblichen Mühen und unseren schadenfrohen Kommentaren wieder an die Oberfläche und auf den Track strampeln.

Nachdem Fabienne dem strahlend blauen Himmel über uns auch wieder ein bisschen näher gekommen ist, machen wir uns auf den Weg. Es geht zunächst abwechselnd durch kleine Waldstücke und über freie Flächen, auf denen Böen immer wieder kleine Schneefahnen und -wirbel vor sich hertreiben. An vielen Stellen sind durch den Wind kleine, gewundene Linien auf der Schneeoberfläche entstanden, die an Abdrücke von Wellen an einem Sandstrand erinnern. Das Winterkleid der Bäume ist längst heruntergeweht, zerbrechlich wirkende Birken recken ihre dürren Äste der Sonne entgegen. Wir laufen direkt auf den Aptasvaara zu, dessen Flanken seicht nach links und rechts abfallen. Ein Teil unserer weiteren Route ist schon aus der Ferne zu erkennen. Als weißer Streifen etwas südlich der Bergmitte führt ein Weg zwischen den Bäumen hindurch bis auf etwa zwei Drittel seiner Erhebung.

Der unvermeidliche Kampf mit den Höhenmetern beginnt am Fuß des Berges zunächst verträglich. Der sanfte Anstieg hat noch nicht einmal Auswirkungen auf Ankes Teilnahme an unserer fortwährenden Plauderei. So lange Anke noch genügend Luft in den Lungen hat, um weiter zu reden, ist alles gut. Als nach etwa einer halben Stunde der letzte Teil des Anstiegs beginnt, reduziert sich die Anzahl der Wortbeiträge bei uns allen. Die Vegetation glänzt mittlerweile fast komplett durch Abwesenheit, die Schneeflächen sind dem Einfluss von Wind und Sonne direkt ausgeliefert. Der Untergrund auf dem Track wird harscher und rutschiger. Je weiter wir nach oben kommen, desto breiter wird das V, das wir mit unseren Skiern setzen, um überhaupt Halt zu finden. Die Route windet sich in enger werdenden Kurven weiter nach oben.

Bevor wir den Schutz des Bergrückens ganz verlassen und uns der Wind stärker um die Ohren pfeift, inspizieren wir gemeinsam das letzte Teilstück, das hinter einer Wegbiegung sichtbar wird. Offenbar geht es jetzt ans Eingemachte, kurz nacheinander müssen wir zwei Absätze erklimmen. Ich atme ein paar Mal tief durch und mache dann den Anfang. Es wird ein mühsames Geschäft, weil die steilsten Stellen gleichzeitig die glattesten sind. Ich öffne meine Skier so weit, dass die Bretter fast eine horizontale Linie und kein V mehr bilden. Der Nachteil an dieser Methode ist, dass ich mich manchmal einem unfreiwilligen Spagat annähere, wenn einer der Skier wieder nach unten rutscht. Mein Talent bei derartigen Turnübungen war schon immer ziemlich begrenzt. Manchmal bin ich kurz davor, ein Bein nicht mehr zu mir heranziehen zu können. Um zu verhindern, dass ich mir von meinen Begleiterinnen aus einer unfreiwilligen Skigymnastikübung heraushelfen lassen muss, gebe ich mich im folgenden mit einem Raumgewinn zufrieden,

den auch sportlich ausschreitende Mäuse schafften. Meine eigenen Trippelschritte mit quer gestellten Brettern erinnern mich selbst an einen Charlie Chaplin auf Skiern.

Glücklicherweise ist Eleganz keine zwingende Voraussetzung für Erfolg. Eine Robbe, die ihren wurstigen Körper prustend und mühselig ans Ufer hievt, zweifelt auch nicht an ihren Methoden. Fabienne beobachtet mich, folgt mit einigem Abstand und kämpft sich in ihrer eigenen Technik vorwärts. An den schlimmsten Passagen stellt sie ihre Skier quer zum Track und stapft mit seitlichen Schritten nach oben. Aus Ankes Sicht sind wir absolut typische Beispiele für übertriebenen Ehrgeiz. Sie beschließt, ihre Skier abzuschnallen und sich die letzten Meter als Fußgängerin durchzuschlagen. Fabienne und ich sind offen für jegliche Variationen des Gipfelsturmthemas - jeder nach seiner Façon.

Fakt ist, dass Anke kaum langsamer ist. So sind wir einige Momente später alle drei zufrieden, es nach oben geschafft zu haben. Kürzlich haben wir von hier aus noch Nordlichter bestaunt - die Aussicht am heutigen Tag ist nicht weniger fantastisch. Der Himmel ist völlig wolkenlos, man meint im Osten bis nach Finnland und im Westen bis nach Norwegen gucken zu können. Definitiv müsste man vor hier oben den höchsten Berg Schwedens, den Kebnekaise, sehen können. Tatsächlich ist der Verlauf der "Skanden", jenes Gebirge, in das der "Kebne" eingebettet ist, unschwer auszumachen. Ohne Fernglas sind wir uns unsicher, bei welchem Gipfel es sich um den Rekordberg Schwedens handelt.

Gen Norden liegt der Torneälv sowie das Dorf Jukkasjärvi. In welche Richtung man auch blickt, zwischen den Wäldern und Waldstücken sind zahllose weiße Kleckse unterschiedlicher Größe auszumachen. Nur bei wenigen der weißen Flecken, die wie vom Himmel gefallene Wolken aussehen, sind wir uns sicher, ob es sich um einen See oder einen Sumpf handelt. Auf jeden Fall aber müssten im göttlichen Tuschkasten die Farben Weiß und Dunkelgrün nahezu aufgebraucht sein. Die meisten der Bäume haben ihren Mantel aus Schnee nach dem Wind der letzten Tage abgeworfen, das Grün der Wälder hat sich erheblich vermehrt, wenn man die Vogelperspektive einnimmt.

Unsere Panoramaausdauer leidet auch heute unter dem ungemütlich pfeifenden Wind. Nach einer knappen halben Stunde fangen wir an zu frösteln und machen uns Gedanken, wie wir überhaupt wieder unfallfrei den Berg hinunter kommen. Schon während des Aufstiegs war uns klar geworden, dass wir nicht den gleichen Weg würden zurück nehmen können. Auf dem steilen, schmalen Track sind die Kurven viel zu eng und der Untergrund viel zu harsch, um eine sichere Abfahrt zu ermöglichen. Das wahrscheinlichste Bremsmanöver ist dort ein frontaler Aufprall auf einen Baumstamm oder Felsen. An seiner südöstlichen Seite fällt der Berg deutlich seichter ab. Allerdings stöbert unser dreiköpfiger Suchtrupp dort vergeblich nach Spuren menschlicher Fortbewegung. Nach kurzer Beratung beschließen wir, dass wir es dennoch auf einen Versuch ankommen lassen wollen. Wenn wir nur erst einmal den steilsten Teil der Berges hinter uns haben, könnten wir uns wieder nach Norden wenden und dem vertrauten Weg hinab folgen.

Unsere anfänglichen Bedenken, "querwaldein" hinab zu fahren, erweisen sich als total überflüssig. In den folgenden zwanzig Minuten genießen wir ein Wintervergnügen, dass eigentlich ausreichender Anlass ist, einen plastischen Chirurgen mit einer Wangenvergrößerung zu beauftragen, damit die Breite des Grinsens besser in unsere Gesichter passt. In einem Kinderbuch wären wir als rotwangige Figuren gezeichnet, die kreuz und quer in einer verschneiten Landschaft durch den Wald sausen, hinter unseren Köpfen schwebten kurze wellige Linien, die die Dynamik unserer Fahrt untermalten. Idyllisch flatterten unsere bunten Schals nach hinten, textlich erschiene etliche Male ein "Hui!" oder "Juhuu!" auf der Illustration.

Es ist ein kaum zu toppendes Wintervergügen. Zunächst tasten wir uns vorsichtig abwärts, dann wächst unser Zutrauen ins eigene Tun von Minute zu Minute. Der tiefe Schnee verlangsamt unsere Geschwindigkeit in idealer Weise. Mit unseren Beinen häufen wir kleine Schneewälle auf, die wir wie Räumfahrzeuge während der Fahrt vor uns herschieben. Je höher sich die kleinen Haufen vor unseren Beinen auftürmen, desto besser bremsen sie uns. Jeder von uns sucht sich seinen eigenen Kurs und versucht die anderen davon zu überzeugen, dass die eigene Route die beste ist. Willkürlich wählen wir Bäume als Slalomstangen aus, steuern in weiten Schleifen zwischen ihnen durch. Größtenteils bleibt das Gefälle seicht. Wenn es zu steil wird, fahren wir einfach eine Weile quer am Hang.

Manchmal werden wir ungewollt doch einmal zu schnell. In solchen Fällen greifen wir einfach seitlich zum nächstbesten Stamm und bremsen uns an ihm aus. Hin und wieder kommen wir dabei aus der Balance und plumpsen in den Schnee. Angesichts des watteartigen Untergrunds, auf dem unsere Skier gleiten, macht selbst das Hinfallen Spaß. So muss es sich anfühlen, wenn Engel auf ihrer Wolke ausrutschen. Längst haben wir den ursprünglichen Plan vergessen, uns im Verlauf wieder Richtung Track zu orientieren. Um keinen Preis der Welt würden wir diese ungezähmte Route früher verlassen als notwendig. Wir könnten stundenlang so weiter machen und kriegen eine Ahnung davon, warum Pulverschneevergnügen bei vielen Skifahrern so hoch im Kurs ist. Als wir schließlich unten ankommen, blitzt aus drei Augenpaaren pure Lebensfreude. Oh, wie schön ist nicht nur Panama!

Unsere Routenwahl nach zufälliger Eingebung hat uns auf eine ausgedehnte Sumpffläche geführt, die südlich der Strecke liegt, der wir auf dem Hinweg gefolgt sind. Einige hundert Meter lang wühlen wir uns im Gänsemarsch durch den Tiefschnee vorwärts, als echter Gentleman gehe ich voran und spure eine Loipe für die Damen. Irgendwo im Hinterkopf meine ich zu wissen, dass am Rand der freien Fläche ein nicht markierter Track verläuft, den ein Schlittenhundeführer auf seinen Runden benutzt. Kurz darauf entdecken wir die Fahrspur, halten eine kleine Rast ab und folgen ihr dann. Sie mündet nach einer Weile auf uns bekannten Wegen, so dass wir nach einer weiteren halben Stunde unseren Ausgangspunkt am Schneemobil erreichen und dort eine sehr, sehr schöne Tour zum Abschluss bringen.

Die Chancen auf gelungene Ausflüge sind auch aus meteorologischer Sicht in dieser Jahreszeit besonders groß. Der März ist durchschnittlich der niederschlagsärmste Monat in der Gegend um Kiruna. Wir genießen die sonnige Tage und jagen die Highlights der Saison.

Allein in der Wildnis: Planung, Kopfkino, Pannen

Mitten im April packt uns Torschlusspanik im Hinblick auf all jenen Winterspaß, den wir eigentlich unbedingt noch erleben wollten. Mist! Eine Übernachtungstour mit Schlittenhunden wird schon einmal ins Schmelzwasser fallen. Die meisten Guides bieten solche Fahrten nur bis Ende März an. Dafür sind nicht nur die Schneeverhältnisse ausschlaggebend. Für Huskys ist Anstrengung bei Plustemperaturen wie ein Beachvolleyballturnier im Hochsommer, bei dem die Teilnehmer zum Tragen von Daunenjacken verpflichtet sind. Schlittenhunde erbringen ihre Höchstleistungen bei etwa minus fünfzehn Grad. Nur wenn das Thermometer Minustemperaturen anzeigt, fühlen sie sich richtig fit.

Auch das Zelten in der Schneelandschaft sieht nach dem erlebten Fiasko einer unsicheren Wiederholung entgegen, unsere Ausrüstung ist immer noch nicht um Schneeheringe ergänzt worden. Entschlossen fassen wir einen anderen Plan ins Auge - wir wollen eine Zwei-Tages-Tour durch die Wildnis mit dem Skooter machen.

Bei diesem Vorhaben drängt ebenfalls die Zeit. Wir werden gewarnt, dass die schwere Schneedecke, die uns Frau Holle kürzlich auf die Landschaft gelegt hat, ihre Tücken habe. Im April fließe reichlich Tauwasser von den Bergen auf die tiefer liegenden Seen, dieses laste dann mit dem Neuschnee zusammen auf den gefrorenen Schichten. Über kurz oder lang würden sich die Eisdecken unter dem zunehmenden Gewicht einige Zentimeter absenken. Dabei entstünden Risse im Eis, durch diese wiederum werde Wasser an die Oberfläche gepresst. Mitunter käme es vor, dass - von einem Tag auf den anderen - das Wasser einen halben Meter hoch auf dem Eis stehe.

Dass sich an einigen Stellen Nässe auf dem Eis sammelt, ist uns bereits aufgefallen. Besonders tückisch ist Wasser, das sich unter einer kaschierenden Schneeschicht verbirgt. Gerät man mit einem Motorschlitten auf solch sulzigen Belag, ist die Fortsetzung der Fortbewegung akut gefährdet. Das Antriebsband des Skooters kann sich im Schneematsch festsaugen wie ein Klopömpel auf einer nassen Fliese. Um das größtmögliche Sicherheitspaket für unser Abenteuer zu schnüren, rät man uns, am frühen Morgen auf Tour zu gehen. Die nächtlich immer noch vorherrschenden Minusgrade ließen die obersten Lagen aus Matsch oder Wasser wieder gefrieren. Morgens könne man problematische Passagen meist noch bewältigen.

Einem frühen Aufbruch steht jedoch entgegen, dass Moritz vormittags noch die Schulbank drückt. Unseren Sohn hatten wir erst überzeugen müssen, dass sich eine Teilnahme an der Tour lohnen könnte. Grundsätzlich meidet er es, zu viel seiner kostbaren Freizeit mit seinen Eltern zu verunreinigen. Die deutlich niedrigere Anzahl an Regeln und Ermahnungen sprechen aus seiner Sicht eindeutig dafür, schwerpunktmäßig die Gesellschaft Gleichaltriger zu suchen. Erst der Hinweis darauf, dass es die vorerst letzte Gelegenheit dieser Art sein werde, eine Fahrt durch die Wildnis zu unternehmen, hatte ihn umgestimmt.

Wir brechen an einem Freitagmittag auf und haben Glück, dass es in der Nacht zuvor knackige Minusgrade gegeben hat. Das erhöht unsere Chancen auf gut befahrbares Terrain. Als ich den zweiten Skooter abhole, den ein Freund uns für die Tour leiht, erfahre ich, dass sogar am frühen Morgen noch minus dreizehn Grad auf dem Thermometer abzulesen waren. Die Wettergötter scheinen uns gewogen.

Unsere Route wird durch eine Gegend führen, in der jede Menge Rentiere, Elche, Wölfe und Bären zu Hause sind - Menschen hingegen nicht. Ab der Siedlung Jukkasjärvi, die wir nach etwa drei Kilometern passieren werden, sind es über sechzig weitere Kilometer bis zur nächsten menschlichen Ansiedlung. Pannenpotential ist reichlich vorhanden. Die Strecke ist uns völlig unbekannt. Wie gut werden die Tracks sichtbar sein? Nach windigen Tagen - und es ist windig gewesen - sind Fahrspuren oft verdeckt.

Angesichts dieser Voraussetzungen ist ein zweites Schneemobil ein kaum verzichtbarer Sicherheitsfaktor. Die denkbaren Szenarien für den Ausfall einer Maschine sind vielfältig: Eine Panne, ein Unfall oder schlicht ein gravierender Fahrfehler, bei dem sich der Skooter sein eigenes Schneegrab schaufelt und in einer Schneewehe oder einem tiefen Loch feststeckt. In solchen Fällen haben wir mit dem Zusatzfahrzeug die Chance, Hilfe zu holen oder uns notfalls zu dritt darauf zu quetschen, um den eisigen Fängen der Subarktis zu entkommen. Ein bis zu dreißig Kilometer langer Fußmarsch im Tiefschnee gehört nicht zu den Erlebnissen, die wir uns herbeiwünschen.

Beim Erwerb unseres Schneemobilführerscheins hatten wir eine Liste erstellt, die bei Trips in der Einöde unbedingt mitgeführt werden sollten. An die wichtigsten Dinge auf dieser Liste können wir uns sogar erinnern: Ersatzkeilriemen, zusätzliche Zündkerzen, eine Schaufel, ein Seil, „K-Sprit“ (ein Frostschutzmittel für den Vergaser), „T-Röd“ (ein Starthelfer). Wir sind zunächst unentschlossen, ob wir auch eine Benzinreserve mitnehmen sollen. Die Tankanzeige unseres Skooters hat kürzlich den Geist aufgegeben. Außerdem betanken wir den Skooter aus undurchsichtigen Kanistern, die keinen eindeutigen Rückschluss auf die eingefüllte Menge erlauben. Beides Argumente, die für eine Extradosis Sprit zu sprechen scheinen.

Das Problem ist, dass wir keinen guten Platz finden, an dem wir ein Reservebehältnis unterbringen könnten. Benzin hat die ungute Eigenschaft, sein Aroma großzügig zu verteilen. Notgedrungen vertrauen wir auf unsere analytischen Fähigkeiten: Wenn unsere Beobachtung stimmt, dass eine Tankfüllung uns über hundert Kilometer weit trägt, die Strecke maximal siebzig Kilometer weit ist, die Route markiert ist und wenn wir ein GPS als weitere Navigationshilfen mit uns führen, müsste eine rechnerische Reserve von etwa dreißig Kilometern doch definitiv reichen!? Ich bestehe darauf, die Antwort auf diese Frage in Gruppenarbeit zu finden. Schließlich verzichten wir auf einen Reservekanister und verstauen alles andere auf den beiden Fahrzeugen. Es kann losgehen!

Die ersten Meter verlaufen durch vertrautes Gelände. Wir fahren durch den Wald, der sich nördlich hinter unserem Haus ausbreitet. Als wir dessen Rand erreichen, sind klare Indizien für den bevorstehenden Ausklang des Winters zu erkennen. Monatelang war das vor uns liegende kurze Straßenstück unter dem Schnee verborgen, jetzt spiegelt sich die Mittagssonne auf einem feucht-schwarzen Asphalt. Es bleibt nur die Augen-zu-und-durch-Methode. Das Knirschen der über den Untergrund raspelnden Schlittenkufen ist kaum angenehmer als das Kreischen von Bohrern in einer Zahnarztpraxis. Wir verdrängen unser Unbehagen - wenn es stimmt, was man uns gesagt hat, hält das Hartplastik der Skooterkufen einiges aus.

Das schauderhafte Schmirgeln auf dem blanken Straßenbelag endet am Ufer des Torneälvs, dort halten wir kurz an und studieren das Terrain mit Blicken. Die direkte Verbindung über den Fluss wirkt inzwischen alles anderes als vertrauenerweckend. In der Mitte des Torneälvs hat sich eine riesige Lache aus Schneematsch und Wasser gebildet. Wir schauen uns um und entdecken eine schmale Spur, die jemand als Alternative zur ehemaligen "Hauptstraße" über den Fluss angelegt hat. Die Route führt in einer kleinen Schleife gen Westen, bevor sie auf der anderen Seite des Ufers mündet. Vorsichtig tuckern wir auf dem engen Streifen vorwärts, bedacht darauf, nicht von der Linie der "Pfadfinder" abzuweichen. Problemlos erreichen wir die Gegenseite. Es folgt eine bucklige Fahrt über ein Landstück, dessen Wellen durch unzählige Skooterfahrten geformt worden ist.

Kurz darauf erreichen wir den Rand des Sautusjärvi. Der gewaltige See ist sehr breit und sehr lang. Wir haben ihn bereits etliche Male mit dem Skooter befahren. Heute fühlt es sich dennoch *anders* an. Wenn man auf einer sieben Kilometer langen Fahrt über einen zugefrorenen See Wasser entdeckt, verhallt die Stimme der eigenen Vernunft fast ungehört: "Das Eis ist noch über einen Meter dick. Die Nässe wird durch kleine Risse nach oben gedrückt, die viel zu schmal sind, als dass ganze Skooterbesatzungen durch sie hindurch passen". Wasser bei Tauwetter *nicht* mit dünnem, brüchigen Eis zu assoziieren ist fast so schwer wie einer Ehefrau zu glauben, die eine total harmlose und plausible Erklärung für das Erscheinen eines nackten Mannes im eigenen Schlafzimmerschrank liefert.

Die Gelassenheit mancher Einheimischer geht uns definitiv ab. Unser Vermieter hatte uns - quasi mit einem Achselzucken in der Stimme - schon diverse Male erklärt, dass es kein Problem sei, falls man mal auf kleinere Löcher im Eis treffe. Man müsse dann nur den Gashebel des Skooters voll durchdrücken und sause dann *in der Regel* einfach über das offene Wasser hinweg. Solche Dialoge haben eine ähnliche Wirkung auf uns wie das Studium der Gebrauchsanweisung für den Fallschirm während eines turbulenten Fluges in einer Propellermaschine. Die enthaltenen Informationen sind so untrennbar mit ihrem Schreckensszenario verbunden, dass ihr eigentlicher Inhalt immer wieder vom eigenen Kopfkino überblendet wird: Wir sehen uns nicht tollkühn über offenes Wasser hinweg preschen. In unseren Fantasien sinken wir mitsamt Skooter auf den Grund des Sees hinab, während das Licht über uns, das durch das Loch im Eis fällt, immer schwächer wird.

Wir sind froh, dass uns bei der Querung des Sees keine Überraschungen erwarten, die den Puls in die Höhe treiben. Der Track ist gut zu erkennen. Sogar die Schneedecke neben der Fahrspur scheint problemlos zu tragen. Zwei Fahrer brausen an uns vorbei und scheren sich keinen Deut um die Markierungen, mit denen die Route über den See abgesteckt ist. Das stiftet Moritz sofort zur Nachahmung an. Er verlässt die Piste und führt Selbstversuche auf dem nicht präparierten Schnee durch. Anfänglich etwas argwöhnisch folgen unsere Blicke seinem Ausflug ins Unbekannte. Es scheint aber tatsächlich kein Problem zu sein. Der geliehene Skooter, den unser Sohn fährt, hat einen deutlichen stärkeren Motor als unser eigener. Die ebenen Eisflächen der Seen drängen sich für Wettfahrten auf. Kein im Schnee versteckter Fels oder Baumstumpf kann bei hohen Geschwindigkeiten für Unwucht sorgen. Einige Zeit flitzen wir Seite an Seite über das Eis. Moritz genießt es, lässig grüßend in einer Wolke aus Schneestaub an uns vorbeizuschießen und seinen Geschwindigkeitsvorteil immer aufs Neue zu demonstrieren.

Nachdem wir das gegenüberliegende Ufer des Sees erreicht haben, geht es im Wechsel durch Sümpfe und kurze Waldabschnitte. Kleine sulzige Passagen sind auf den Sumpfflächen zu sehen, aber diesen weichen wir problemlos aus.

Das am häufigsten gehörte bzw. nicht gehörte Wort auf Fahrten mit unseren röhrenden Zweitaktern ist vermutlich das gebellte „Waas?“. Die Motorlautstärke, der Fahrtwind sowie die Helme sorgen für ein Hörvermögen, das einem fast tauben Achtzigjährigen zur Ehre gereicht. Trotz der situativ bedingten Schwerhörigkeit, unter der wir als Trio gerade leiden, gellt Ankes Kreischen bis an meine Ohrmuschel, als ich den ersten Fahrfehler des Trips begehe.

Ich fahre eine Rechtskurve mit etwas zu viel Geschwindigkeit an, verfehle die Fahrspur und gerate mit der linken Kufe in den Tiefschnee. Augenblicklich geraten wir in eine bedrohliche Schräglage. Wir schaffen es noch, reflexartig vom Skootersitz in die Höhe zu schnellen, aber unsere aufrechte Position bleibt ohne Wirkung auf den Ausgang der Ereignisse: Zwei Stäbchen mit weit aufgerissenen Augen folgen dem Neigungswinkel des Skooters wie leblose Puppen. Wir Türme von Pisa haben weder die Geistesgegenwart noch die Dynamik, eine Kurskorrektur durch schnelle Gewichtsverlagerung nach rechts zu erreichen. Man merkt, dass wir nicht mehr die Jüngsten sind. Das Schneemobil bohrt sich in die Schneemassen neben der Piste und kommt mit einem Ruck zum Stehen. Sekundenlang müssen wir den Schock verdauen, dann schalte ich den Motor aus.

So ein Mist, die erste Panne nach noch nicht einmal fünfzehn Kilometern. Wir steigen ab und nehmen das Malheur in Augenschein. Wir umkreisen unser Fahrzeug, das plötzlich weit davon entfernt ist, eines zu sein. Die Patsche, in der wir stecken, ist ganz schön tief - bis zur Mitte der Oberschenkel versinken wir im Schnee. Vor dem Schneemobil ragt ein kleiner Busch aus dem Schnee empor, offensichtlich war er das Tüpfelchen auf dem I, das unsere Fahrt beendet hat. Es scheint kaum möglich, über den Strauch hinweg zu fahren. Obwohl der Rückwärtsgang im Tiefschnee eigentlich nie die Lösung des Problems darstellt, probiere ich ihn in Ermangelung anderer Optionen aus. Ich hatte recht. Der Rückwärtsgang hilft nicht weiter. Das Schneemobil ruckelt nur wenige Zentimeter nach hinten, dabei gräbt sich sein Heck noch tiefer in den Schnee. Ich lege den Vorwärtsgang ein, drücke aufs Gas und versuche, das Hindernis ohne den Ballast einer zweiten Person zu überwinden. Wieder eine Niete.

Zwischenzeitlich hat Moritz, der vorausgefahren war, bemerkt, dass wir in der Klemme sitzen. Er stellt seinen Skooter ab und eilt uns zur Hilfe. Allerdings werden wir es auch zu dritt nicht schaffen, den halb im Weiß verschwundenen Skooter zur Seite zu heben. Also muss unsere Schaufel zum Einsatz kommen. Wir beginnen, den Schneeberg abzutragen, der sich vor dem Band und den Kufen gebildet hat. Schnell sind wir außer Atem. Schneeschippen erweist sich mal wieder als Schwerstarbeit, wenn man gezwungen ist, die Schaufel teilweise in Brusthöhe zu schwingen, weil man selbst tief im lockeren Untergrund versinkt. Dennoch kommen wir gut voran, da wir uns abwechseln. Schon nach wenigen Minuten sind wir alle der Meinung, dass sich ein erneuter Fahrversuch lohnt. Ich will mich auf das Schneemobil setzen, doch Moritz hält mich ab.

Der Jüngste im Bunde hat inzwischen die weitreichendste Erfahrung mit solchen Situationen. Dafür sorgen seine Tiefschneeausflüge mit abenteuerlustigen Altersgenossen. Anke meldet sich zu Wort: "Lass' doch Moritz als Erstes versuchen, der kann so was ganz gut!". Etwas widerwillig überlasse ich ihm die Rolle des Krisenmanagers. Offenbar einer dieser zahlreichen Vater-Sohn-Momente, in denen man sein eigenes Ego dem Erziehungsauftrag hintan stellen muss.

Ohne sich auf den Skooter zu setzen, schmeißt Moritz den Motor an und drückt dosiert den Gashebel, während er neben dem Fahrzeug her stapft. Zunächst scheint gar nichts zu passieren, dann setzt sich das Schneemobil mit einem Ruck in Bewegung und überwindet kurz darauf mit einem Satz das Hindernis. Betont lässig kniet sich Moritz mit einem Bein auf den Sitz und vollendet sein Werk, indem er er routiniert auf den Track zurücksteuert.

Wir klatschen ihm Beifall, aber offenbar reicht ihm sein Erfolg nicht. Im Überschwang seiner fahrerischen Überlegenheit beschließt er die Aktion mit der herablassenden Frage „Wie konntet ihr Euch hier überhaupt festfahren!?" Anke und ich wechseln stumm Blicke und gehen nicht darauf ein. Statt dessen ziehe ich meine Stiefel aus, um den eingedrungenen Schnee herauszuschütteln. Ich bin gerade dabei, die Schaufel und das Gepäck wieder auf dem Träger festzuzurren, als ich mitbekomme, dass jetzt Moritz ein Problem hat.

Anke ist schon zu Moritz voraus gegangen, der sein Schneemobil etwa zweihundert Meter von uns entfernt abgestellt hatte. Als ich dort ankomme, erinnert die Situation zumindest entfernt an das eben Erlebte. Nur der kleinere Teil seiner Maschine befindet sich noch auf dem Track. Als verantwortungsbewusster Waldverkehrsteilnehmer hatte Moritz den Weg nicht blockieren wollen und war bewusst in den unbefestigten Schnee gefahren. Schließlich sei das Zeitfenster für die Bergung des elterlichen Skooters unvorhersehbar lang gewesen und es hätten jederzeit andere Fahrer auftauchen können. Beim Versuch wieder festen Boden unter die Kufen zu bekommen hat unser Jüngster bereits alle seine fahrerischen Tricks verpulvert. Auch sein Motorschlitten steckt fest.

Im Schnee zu graben scheint nicht das Erfolgsrezept für diese Panne zu sein. Wir versuchen, zuerst das Heck, dann das Vorderteil der 250 kg-Maschine nach und nach auf festeren Untergrund zu wuchten. Mit vereinten Kräften gelingt es uns, den Skooter einige Zentimeter zu bewegen. Zumindest eine Kufe und ein Teil des Antriebsbandes finden Halt auf komprimiertem Schnee, als wir den definitiven Bergungsversuch starten. Zu zweit steigen Moritz und ich auf die eine Seite des Skooters und lehnen uns soweit es geht nach rechts, um den Motorschlitten wieder auf Kurs zu bringen. Es gelingt. Unser Körpergewicht dirigiert das Fahrzeug in die richtige Richtung. Moritz gibt vorsichtig Gas und steuert langsam zurück auf den Track. Zufriedenheit macht sich breit: Beide Skooter sind innerhalb kurzer Zeit wieder fahrtüchtig. Moritz' Skooter Know-how und unsere Einsatzbereitschaft ergänzen sich. Gemeinsam sind wir stark!

Der folgende Abschnitt führt uns fünf Kilometer auf einem sich windenden Weg in das Flusstal des Vittangiälven. Die Fahrspur ist sehr wellig, in einem einzigen Auf und Ab überwinden wir einen kleinen Hügel nach dem anderen. Nicht nur das macht die Strecke unglaublich malerisch. Gesteinsbrocken liegen zwischen den Bäumen, als hätten Riesen Murmel mit ihnen gespielt und sie dann einfach liegen gelassen. Etliche Felsen tragen ihre Restschneedecke keck wie eine schräg auf dem Kopf sitzende Mütze. Erste Moose werden zwischen den Schneeflächen sichtbar und sorgen für grüne Farbkleckse in der noch überwiegend weißen Landschaft.

Unvermittelt tickt Anke mich an und bedeutet mir, dass ich sofort anhalten muss. Sie hat einen Auerhahn entdeckt, der wenige Meter von unserer Fahrspur entfernt im Wald hockt. Ich folge ihrem Finger mit Blicken und sehe ihn schließlich auch. Es ist Balzzeit, die Hähne streifen auf der Suche nach Weibchen durch die Wälder. Ihre Aggressivität in dieser Zeit ist legendär. Es existieren zahlreiche Videos im Netz, die zeigen, wie hormontriefende Männchen sogar Menschen attackieren. Schuld an ihrem Verhalten ist ein exorbitant hoher Testosteronspiegel, der dafür sorgt, dass die Hähne beim geringsten Anlass rot sehen. Der gesichtete Vogel, der plötzlich auffliegt, scheint noch über Reste einer Impulskontrolle zu verfügen. Er sucht lieber das Weite. „Mein erster Auerhahn!“ konstatiert Anke mit leuchtenden Augen. Woraufhin - wie als Antwort auf ihre Feststellung - erneut schwerer Flügelschlag zu hören ist und ein zweiter Auerhahn davonflattert. Dem dunklen Gefieder nach zu urteilen ebenfalls ein männliches Exemplar. Wahrscheinlich haben wir gerade das Duell zweier Rivalen gestört. Vielleicht ist einer von ihnen gar nicht böse, dass wir den Kampf torpediert haben.

Offenbar sind die Vögel nur der Vorspann zu weiteren Tiersichtungen. Einige hundert Meter weiter machen wir die ersten Rentiere zwischen den Bäumen aus; als wir unseren Weg fortsetzen, erscheint eine kleine Gruppe von ihnen direkt vor uns auf dem Track. Eine der Fragen bei unserer Skooterführerscheinprüfung hatte gelautet, wie man sich verhalten soll, wenn man auf Rentiere trifft. Antwort: Den Motor abstellen und warten, bis sich die Tiere getrollt haben.

Soweit zur Theorie. Das Problem an dieser Lösung: Während des Winters bleiben die Tiere aus Gründen der Kraftersparnis sklavisch auf dem Track und bewegen sich oft nur im Zeitlupentempo, weil sie nach Essbarem unter der Schneedecke an der Seite stöbern. Der Schnee des Tracks selbst ist zu fest, um darunter Futter zu finden. Wenn man sich in einem solchen Fall regelkonform verhält, kann es passieren, dass man stundenlang wartet, ohne dass sich irgendetwas grundlegend an der Situation ändert. Bei Temperaturen von minus zwanzig Grad kann diese Rücksichtnahme so zu einer ernsthaften gesundheitlichen Gefährdung des Skooterfahrers werden.

Die meisten Einheimischen empfehlen ein zügiges Überholen der Rentiere, um den Stress für die Tiere zu minimieren. Das klingt einfacher, als es ist - das lernen wir heute. Wenn man durch einen Wald oder über unübersichtliches Gelände fährt, kann ein Überholmanöver unmöglich oder gefährlich sein. Während wir die kleine Sumpfebene vor Erreichen des Vittangiälven überqueren, verhindert die Sorge um unsere eigene Sicherheit bei zu schneller Fahrt zunächst eine Durchführung des Plans. Mit schlechtem Gewissen treiben wir die Tiere einige hundert Meter vor uns her, bevor wir eine vertrauenswürdige Schneefläche erreichen. Dann brausen wir entschlossen näher an sie heran. Als die Hinterteile der letzten Tiere fast zum Greifen nahe sind und ich etwas nach links ausschere, trollen sich die Verfolgten endlich einige Meter nach rechts und wir können die für alle Beteiligten ungewollte Jagd beenden.

Erleichtert blicken wir uns um, wo die Gruppe im Tiefschnee verharrt. In solchen Momenten werden die Nachteile offenbar, die das Befahren der Wildnis mit Geländefahrzeugen nach sich zieht. Es gibt keine menschliche Technik, die ohne Kollateralschäden für die Natur auskommt. Teile des schwedischen Skooterregelwerks sollen die Interessen samischer Rentierbesitzer wahren. Allerdings nutzen die Samen in heutigen Zeiten auch längst keine Rentierschlitten mehr, um ihre Herden zusammenzutreiben. In extrem unwegsamen und weitläufigen Gegenden setzen sie neben Schneemobilen und Quads sogar Hubschrauber ein. Unser schlechtes Gefühl bleibt dennoch. Wir beruhigen uns mit der Tatsache, dass die schlimmste Jahreszeit für die Tiere längst vorbei ist und seit einigen Wochen relativ mildes Wetter herrscht. Da müsste ein Ren eigentlich ausreichend Kraft für eine kurze Joggingrunde haben.

Bevor wir den Vittangi überqueren, der jetzt als etwa vierzig Meter breiter Fluss vor uns liegt, erinnere ich mich an das, was mir Erik, ein Bekannter, als Ratschlag auf den Weg gegeben hatte. Als ich ihn gefragt hatte, ob das Eis des Flusses uns und unsere Skooter noch tragen werde, hatte er gemeint: „Du kannst ja vorher das Eis zu Fuß testen!“ „Wenn Du einbrichst, brauchst Du keine Angst zu haben, der Fluss ist nicht so tief, Du wirst nicht sterben.“ Na dann.

Der schmale Vittangi hat eine relativ lebhafte Strömung. Je stärker die Strömung eines Flusses, desto kurzlebiger ist seine Eisdecke. Insgesamt widerspricht Eriks Empfehlung allem, was wir bisher gehört haben. Diverse Male hatte man uns erklärt, dass dünnes Eis schneller unter dem Gewicht eines Menschen als unter der Last eines Skooters einbricht, was insbesondere auf die hohen Geschwindigkeiten der Fahrzeuge zurückzuführen ist. Mit den PS-stärksten Maschinen kann man selbst auf dem Wasser fahren. Abgesehen davon: Der Trost, nicht zu sterben, ist schwach. Eine Weiterfahrt mit eiskalten Füssen ist so erstrebenswert wie die Teilnahme an einem Nacktrodelwettbewerb bei minus dreißig Grad Celsius. Vielleicht ist Eriks Ratschlag so ausgefallen, weil *er* uns den zweiten Skooter geliehen hat. Lieber nasse Füße bei uns, als dass sein Skooter im Flusseis geparkt wird.

Vom Ufer aus sehen wir keine fünf Meter von der zur Flussquerung vorgesehenen Stelle eine sichelförmige Fläche von offenem Wasser. Andererseits führen frische Skooterspuren über das Eis. Wir hoffen inständig, dass die nicht von einem übermütigem Teenager stammen und fahren mit unserem eigenen Skooter als Erstes los. Moritz soll erst einmal warten. In zügigem Tempo queren wir das Eis und erklimmen die kleine Böschung, die auf der anderen Seite liegt. Unser Sohn folgt ebenso rasant auf Eriks Maschine. Wieder eine Herausforderung bestanden!

Es geht weiter. Moritz leistet gerade Führungsarbeit, als wir plötzlich ein Stoppschild sehen, unter dem ein Pfeil nach links zeigt. Was soll das denn? Die vertrauenerweckenden roten Wegkreuze führen geradeaus weiter, also folgen wir ihnen. In diesem Augenblick nehmen wir eine Brücke wahr, in deren Richtung der Pfeil offenbar gewiesen hat. Es dämmert uns: Das „bro“ , das unter dem „Stopp“ gestanden hatte, heißt möglicherweise „Brücke“!? Schon sehen wir vor unseren inneren Augen einen Siebzehnjährigen mitsamt Skooter im Eiswasser versinken. Wir preschen Moritz hinterher, während wir abwechselnd gegen den Lärm der Motoren anschreien, um ihn zu warnen - hat er den Sinn der Schilder verstanden?

Unsere Verfolgungsjagd endet am Ufer des Flusses, an dem Moritz auf uns wartet. Er zeigt sich genervt von so viel elterlicher Sorge und so wenig Vertrauen in seine eigene Urteilskraft. Na ja, irgendwie wissen wir ja, dass er recht hat, aber man kann schließlich nicht erwarten, dass wir die Bilder in unserem Kopf immer unter Kontrolle haben. Unsere Aufregung relativiert sich, nachdem wir den vor uns liegenden Fluss gemustert haben. Das Gewässer ist nur wenige Meter breit und die Eisdecke weist im Gegensatz zum Vittangi kein einziges Loch auf. Machbar, beschließen wir und brausen ans gegenüberliegende Ufer, ohne uns weiter mit Angstszenarien aufzuhalten.

Zunächst geht es weiter durch waldige Abschnitte, dann öffnet sich die Landschaft. Wir passieren mehrere Ebenen, unter deren weißer Oberfläche sich Sümpfe und Seen abwechseln. Unserer Durchschnittsgeschwindigkeit kommt dies zugute. Der Track ist gut befahrbar, keine Unebenheiten bremsen uns. Obwohl wir bereits anderthalb Stunden unterwegs sind, haben wir gerade einmal die Hälfte der Strecke absolviert. Unsere Pannen und die kurvigen Waldwege haben für ein langsames Vorankommen gesorgt. Auch wenn die Skooter achtzig Stundenkilometer fahren können, die Reisegeschwindigkeit im Gelände liegt eher bei zwanzig oder dreißig.

Bisher sind wir noch keiner anderen Person begegnet. Wir teilen den "Tobaksleden" (wie dieser Track offiziell heißt) bisher nur mit

Auerhähnen, Schneehühnern und Rentieren. Daher umgibt uns völlige Stille, als wir bei einer Schutzhütte die Motoren abstellen, um eine Rast abzuhalten. Vom Vorhandensein des Häuschens wussten wir vorher nichts - was allerdings kein Wunder ist, weil es weit ab der üblichen touristischen Pfade liegt. Es gibt noch nicht einmal eine Wanderkarte für diese Region zu erwerben.

Eine geheime Stuga in einem versteckten Winkel Lapplands. Die Hütte liegt an einem Waldrand, das Gelände vor ihr fällt etwas ab. Wir können über die Bäume hinweg bis zur nächsten Hügelkette schauen. Herrlich! Sollte uns irgendwo auf der noch zu befahrenen Strecke eine Panne ereilen, hätten wir hier eine weitere Möglichkeit, um Unterschlupf zu finden - und zwar eine sehr romantische.

Schilder haben uns bereits vorher informiert, dass wir in einen Naturpark vorgedrungen sind. Dass wir bald mit noch mehr Rentieren rechnen müssen, wird klar, als wir eine Absperrung durchfahren. Ein buntes Durcheinander aus Stangen, Plastiksäcken und Tüchern hängt von oben herab, überspannt von einer niedrigen Schnur. Wir müssen uns unter dem baumelnden Allerlei wegducken, drängen es bei der Passage auseinander. Danach steige ich vom Skooter und ordne die Stangen wieder, damit keine Lücke bleibt, die ein Rentier zur Flucht ermuntert.

Bei der Weiterfahrt treffen wir schon bald auf die nächste Herde. Glücklicherweise ist das Gelände diesmal besser geeignet für ein Überholmanöver, nur kurz scheuchen wir die Tiere vor uns her und dann vom Track. Inzwischen sind wir schon beinahe fünfzig km von den Gefilden entfernt, die wir kennen. Immer noch sind wir keiner Menschenseele begegnet, nur Warnschilder mit Aufschriften wie „Överfart på egen risk“ (Überfahrt auf eigenes Risiko) oder - noch prägnanter - „Achtung, gefährlich!“ zeugen davon, dass sich ab und an Kreaturen ohne Fell und Gefieder hierher wagen.

Ein mulmiges Gefühl lösen Streckenabschnitte aus, in denen die Skooterspuren etliche Meter weit von der Trackmarkierung abweichen. Folgt man der Spur oder den offiziellen Vorgaben? Fast immer vertrauen wir darauf, dass die Abdrücke im Schnee von jemandem stammen, der seine Sinne beisammen und einen triftigen Grund für die alternative Routenwahl hatte. Dann drücken wir den Gashebel entschlossen durch und sind froh, wenn wir unfallfrei wieder auf dem vorgesehenen Weg landen. Hin und wieder begleitet ein erschrockener Schrei meiner Frau einen der Abstecher von der Piste, wenn wir dabei etwas in Schräglage geraten. Wir gewöhnen uns bald an, solche Passagen im Stehen zu fahren, da Ausgleichsbewegungen dann besser möglich sind.

Auf dem letzten Abschnitt der Tour häufen sich Stellen, an denen ein Fahrfehler ziemlich fatal wäre. Unmittelbar neben der Fahrspur sind wasserhaltige Löcher zu entdecken, die uns wie finstere Augen anzustarren scheinen. Sollten wir in einen der metertiefen Krater geraten, hätten wir keinerlei Chance, unsere Skooter dort wieder heraus zu bekommen. Wenn wir vorausfahren, tasten Anke und ich uns vorsichtig an solch gruseligen Töpfen vorbei und hoffen inständig, dass der jugendliche Teil der Truppe seine Lust an Geschwindigkeit unter Kontrolle hat. Moritz beweist jedoch, dass er ein sehr gutes Gespür für Situationen hat und schlägt ebenfalls ein moderates Tempo an, wenn er voraus fährt.

Gut vermummt. Beißend kalter Fahrtwind verlangt nach warmer Kleidung.

Knapp daneben ist auch vorbei.
Wenn man vom Track abkommt, rächt sich das schnell.

Allein in der Wildnis: Tiefschneestunts und Elektrizitätslehre

Nachdem wir eine Ebene nach der anderen durchquert haben, gelangen wir zu einem lichten Wald, der sich einige Kilometer vor uns auf einer Anhöhe ausbreitet. Von der Erhebung haben wir eine ausgezeichnete Sicht auf die Umgebung. Irgendwo dort unten muss unser Zielort liegen. Auf der gegenüberliegenden Seite des Tales ist eine weit entfernt liegende Bergkette auszumachen, die in Gipfelnähe mit einer dicken Haube aus Schnee überzogen ist. Davor ein hügeliges Waldgebiet, das die Ebene gen Osten begrenzt.

Wir nehmen uns einige Minuten, um das Panorama zu genießen. Anschließend folgen wir weiter der Strecke, die sich zwischen den Bäumen nach unten schlängelt. Auch die dritte Begegnung des Tages mit einer Rentierherde bringen wir zu einem Ende, bei dem es auf keiner der beiden Seiten zu Toten oder Verletzten kommt. Langsam kriegen wir Routine. Schließlich gelangen wir zu einer Stelle, an der die Markierungen im Tiefschnee zu versinken scheinen. Wir halten verunsichert. Ich krame mein GPS hervor und es wird klar, dass wir den roten Kreuzen, die uns bis hierher geleitet haben, weiter treu bleiben sollten. Eine abweichende Skooterspur beschreibt einen Bogen nach links, ich folge ihr einige Meter zu Fuß, aber sie scheint diesmal nicht wieder auf unserer Piste zu münden, sondern in eine gänzlich andere Richtung zu führen.

Während wir zögern, unsere Fahrt fortzusetzen, nehmen wir hinter uns Motorengeräusche wahr. Die ersten Menschen, die wir seit drei Stunden zu Gesicht bekommen! Ich überlege, mich bei Ihnen zu vergewissern, ob der Track uns nach Övre Soppero bringen wird. Mit einem Begrüßung auf den Lippen würde ich die Konversation einleiten. Die Wörter warten noch auf ihre Geburt, ich schaffe ich es gerade noch, die Hand zum Gruß zu heben, da sind die Fremden schon wieder in einer Wolke aus Schnee und Lärm verschwunden. Die virtuelle Sprechblase über meinem Kopf bleibt bis auf drei Punkte leer.

Die beiden Raser bestätigen unsere Vorahnungen. Ihre Fahrzeuge wühlen sich tief durch die vor uns liegenden weißen Schichten, versinken dabei fast zur Hälfte im Schnee. Einer der beiden gerät kurzzeitig aus der Balance. Ich sehe schon meine Chance kommen, die Frage nach der Route doch noch loszuwerden, falls er vom Skooter purzeln sollte. Gerade als ich das denke, gewinnt er sein Gleichgewicht zurück. Schade.

Unglücklicherweise helfen uns die frisch anlegten Spuren kein bisschen, weil sie nicht in unsere Richtung führen. So wird klar, dass der fahrerisch anspruchsvollste Teil der heutigen Strecke einige Meter vor uns beginnt. Moritz fühlt sich auf dem Leihskooter bei der anstehenden Tiefschneefahrt unwohl, da dieser schwerer und damit schlechter zu dirigieren ist. Wir tauschen die Maschinen. Moritz fährt in moderatem Tempo voran, verlagert ständig sein Gewicht von einer Seite zur anderen und sorgt damit für Grip auf dem weichen Untergrund. Souverän bewältigt er die ersten Meter und schaut sich dann wartend um.

Der geliehene Schlitten, auf dem Anke und ich jetzt sitzen, hat zwar - wie schon erwähnt - den stärkeren Motor. Er ist aber auch schwerer, folgt dadurch träger den Bewegungen des Fahrers und das Antriebsband hat seine besten Jahre längst hinter sich. Zu zweit ist die "Wiegefahrt"-Methode im Tiefschnee viel schlechter umzusetzen. Sie setzt absolut harmonisierte Pendelbewegungen zwischen Fahrer und Beifahrerin voraus. Außerdem lastet das Gewicht zweier Menschen auf dem Skooter. All diese Fakten verlangen nach einer Strategie, die sich klar von Moritz' Technik unterscheidet. Weder wir als Team noch unser Schneemobil sind für derartige Feinheiten geeignet. Mit dem Erfahrungshorizont vieler persönlich im Fernsehen beobachteter Hollywood-Stunts reiße ich am Gashahn, trommle alle Pferdestärken wach, die unter dem Blech unsere Skooters verborgen sind, und brause in fast maximaler Beschleunigung los.

Ich hoffe, dass uns die hohe Grundgeschwindigkeit über den lockeren Untergrund tragen wird. Das größte Risiko ist, dass wir in einem riesigen Bogen vom Skooter katapultiert werden, falls wir auf irgendein

Hindernis treffen, das arglistig unter dem Schnee lauert. Während der Schneesaison fällt man in Lappland ja meistens weich...

Wir flitzen seitlich am erstaunten Moritz vorbei und wirbeln eine Schneegischt auf, die sich sehen lassen kann. Ab und an spüren wir festeren Schnee unter uns. Etliche Bodenwellen lauern uns auf, schütteln uns durch und sorgen für gellende Untermalung aus Ankes Mund. Manchmal spüren wir, wie sich das Heck des Skooters plötzlich stark absenkt. Schnell presse ich in diesen Fällen den Gashebel mit meiner Daumenkuppe an den Lenker, bis ich vor meinem geistigen Auge sehe, dass sich das vom Handschuh verborgene Fingerendglied weißlich verfärbt. Zuverlässig schiebt sich die Maschine nach dem Absacken wieder weiter nach oben. Ich beginne gerade, an unserer Tiefschneefahrt Gefallen zu finden, als sie nach einigen hundert Metern endet. Die Schneeverwehungen werden kleiner und kleiner, parallel ist der Track immer klarer zu erkennen. Wir können offenbar wieder unsere gewohnte Reisegeschwindigkeit annehmen.

Moritz schließt zu uns auf. "Ich habe gelernt, dass man im Tiefschnee gerade nicht so halsbrecherisch schnell fahren soll!" meint er. Ich schwanke kurzzeitig, ob ich scherzhaft behaupten soll, dass das die Technik für Fortgeschrittene war oder ob ich ihm ein "Liebes Kind, bitte nicht nachmachen!" zukommen lasse. Schließlich sage ich gar nichts. Ich habe einfach keine Lust, ihm zu erklären, dass das vermutlich die einzig erfolgversprechende Methode mit unserem Skooter war. Nicht von ungefähr hatte er das Fahrzeug tauschen wollen.

Wir knabbern inzwischen an den letzten Kilometern. Bevor wir unsere Wildnisexpedition als gelungenes Abenteuer begreifen können, ist eine letzte Frage zu klären: Wird das Eis des etwa achtzig Meter breiten Flusses unmittelbar vor unserem Ziel Övre Soppero befahrbar sein? Vor dem Start unserer Tour hatte ich mich auf virtuellen Landkarten schlau geklickt. Notfalls könnten wir das Wasser einige Kilometer stromabwärts auf einer Brücke überqueren, falls uns das Eis nicht mehr sicher erschiene.

Wir stehen am Ufer und mustern das Flusseis von einem kleinen Abhang aus. Keine Alarmglocke schrillt. Weder Skooter, die zur Hälfte im Eis stecken, noch freies Wasser sind zu sehen. Etwas rechts von der Strecke ist ein kleines Loch auszumachen, aber wir denken, dass das am ehesten von einem Eisfischer stammt. Es sind jede Menge Fahrspuren zu erkennen, die schräg zum Dorf am gegenüberliegenden Ufer verlaufen. Insgesamt kein Grund, die Überfahrt als waghalsige Trapeznummer einzustufen und das Sicherheitsnetz einer Brückenquerung auszupacken. Dennoch bläuen wir Moritz ein, dass er zügig fahren soll, dass wir dicht beieinander bleiben und dass wir erst anhalten, nachdem wir das andere Ufer erreicht haben. Trotz allem fühlt es sich besser an, auf bekannten Eisflächen zu fahren. Nach unser elterlichen Predigt geht es los. Alles läuft wie geplant.

Problematischer als die letztlich unspektakuläre Flusspassage sind einige Minuten später die finalen Meter zu unserer Herberge. Mehrere Zäune und Wälle behindern die Anfahrt, wir recken die Hälse, um einen Weg zu finden, müssen am Ende aber doch noch einmal mit unseren Skootern über den blanken Asphalt raspeln. Dass wir über die Europastraße 45 schleifen, kommt uns dabei nicht in den Sinn. Das 300-Personen-Dorf verzeichnet aktuell eine Verkehrsdichte wie auf einer nordfriesischen Hallig. Nur zur Zeit des sommerlichen Nordkaptourismus wird sich dieses Bild ändern. Dann sind prall gefüllte Reisebusse und zahlreiche Wohnmobile auch auf diesen entlegenen Straßen Lapplands zu entdecken.

Es ist gut, dass dies noch Monate entfernt liegt. Die Schneemobile benehmen sich auf dem Asphalt wie schlecht dressierte Hunde und folgen unseren Richtungsanweisungen höchst widerwillig. Wenn ich den Lenker zur Seite einschlage, zerrt der Skooter manchmal trotzig geradeaus, da die Kufen keinen Halt auf dem schneefreien Untergrund finden. Verkrampft umklammere ich dann die nutzlose Steuerung, setze zurück und nehme einen neuen Anlauf. Nach mehrmaligem uneleganten Hin und Her erreichen wir schließlich unser Ziel, eine Herberge, die von der örtlichen Kirchengemeinde betrieben wird.

Die ältere Frau am Tresen, die unsere auf schwedisch gedrucksten Worte entgegennimmt und dafür einen Schlüssel zu einer kleinen Unterkunft rausrückt, scheint das Prinzip der Nächstenliebe zu leben. Das Brot, das sie auf Nachfrage verkauft, kostet sehr wenig und ist wohl eigentlich kein zum Verkauf vorgesehener Artikel. Sie berührt uns mit der Frage, ob der Preis in Ordnung und nicht zu hoch sei.

Die christliche Gemeinde in Övre Soppero zählt zu den "Laestadianern". Lars Levi Laestadius war 1844 Begründer der „Erweckungsbewegung“, des „Laestadianusmus“. Seine Eltern waren halb schwedisch, halb samisch. Als Pastor schaffte Laestadius das, was die kirchlichen Missionare zweihundert Jahre lang nicht erreicht hatten, er bahnte den Samen den Weg zum christlichen Glauben. Seine emotionalen Predigten erinnerten die Samen an schamanische Rituale, da sie oft auf einen ekstatischen Höhepunkt zustrebten. Damit traf er den Nerv der indigenen Bevölkerung Lapplands.

Seine Anhängerschaft wuchs schnell. Noch heute erinnert das Altarbild der Kirche in Jukkasjärvi, einige Kilometer von unserem Wohnort entfernt, an das Wirken von Laestadius. Auf dem Gemälde sieht man, wie er Fässer mit Alkohol zerschlagen lässt. Exzessiver Alkoholkonsum unter den Samen war zu Zeiten Laestadius' kein generelles Problem. Allerdings waren sowohl Laestadius' Vater als auch der Vater von Milla Clemensdotter (die den Missionar bei der Entwicklung seiner Lehren maßgeblich unterstützte) alkoholkrank. Laestadianer sind traditionell sehr konservativ. Verhütung und Alkohol sind in ihrer Glaubensauffassung absolut tabu.

In fast öffentlicher Opposition zu dieser Geisteshaltung klimpern wir mit der Weinflasche in unserem Gepäck, als wir unser kleines Apartment aufsuchen. Das ist wonnig warm und gehört uns in dieser Nacht ganz alleine. Wir duschen, essen und lassen unseren Trip Revue passieren. Zur Feier des Tages genehmigen wir uns ein Gläschen. Wir stoßen auf Abenteuer im allgemeinen, die lappländische Wildnis im Besonderen und auch auf Laestadius an. Ohne ihn hätte es die Herberge möglicherweise nie gegeben.

Am nächsten Morgen herrscht strahlender Sonnenschein. Wir stehen zeitig auf, frühstücken und wollen so bald es geht starten, auch um möglichst sichere Schneeverhältnisse vorzufinden. Dieser Vorsatz fällt in sich zusammen wie ein falsch geknoteter Luftballon am Kindergeburtstag, aus dem mit einem furzenden Geräusch die Luft entweicht. Unser Leihskooter springt nicht an.

Ich erinnere mich an die Kurzanweisung zu dem Schlitten, die ich am Vortag von Erik erhalten habe. Er hatte mir den Choke gezeigt, hatte gestanden, dass die Batterie des Fahrzeugs ziemlich hinüber ist und hatte dann behauptet, dass man nach kurzer Chokebetätigung nur einige Male das Startseil ziehen müsse, dann werde der Motor anspringen. Ich habe noch seine Worte im Ohr: „And then you just pull, pull, pull - then it will start!“ Inzwischen sind wir über pull-pull-pull längst hinaus. Nach meiner eigenen sicherlich nicht ganz exakten Zählung sind wir mittlerweile mindestens bei pull-pull-pull-pull-pull-pull-pull-pull-pull-pull-pull-pull-pull-pull-pull-pull-pull-pull-pull-pull-pull-pull-pull-pull-pull-pull-pull-pull-pull-pull-pull-pull-pull-pull-pull-pull-pull-pull-pull-pull angelangt und stehen schwer atmend, verschwitzt und frustriert neben dem bockigen Gerät.

Der Startmechanismus funktioniert wie beim handelsüblichen Rasenmäher, der Motor ist jedoch um ein Vielfaches größer. Anke schafft es kein einziges Mal, das schwergängige Drahtseil herauszuziehen. Moritz und ich wechseln uns ab. Jeder einzelne Zug erfordert einen Kraftaufwand, der etwas für Leute ist, in deren Oberarme unser Bizeps zwei bis dreimal hinein passen würden. Das unerwartete Workout überfordert uns. Wir beschließen, zur Abwechslung unsere Hirne zu martern.

Zunächst tätigen wir einen im wesentlichen ergebnislosen Anruf bei Erik. Bei einer Panne ist Tatenlosigkeit stets das schlechteste Konzept. Um uns gegen das Unglück zu wehren, beschließen wir, die Zündkerzen auszutauschen. Wir stellen dabei fest, dass die Reserveexemplare, die Erik uns mitgegeben hat, so aussehen, als müssten sie auf dem Regal eines Schrottplatzes in der hintersten Reihe stehen. Also montieren wir lieber die Ersatzkerzen aus unserem eigenen Skooter. Zwischendurch hadern wir mit unserem Schicksal: Warum hat Erik uns bloß dieses Schneemobil überlassen, hätte er kein besseres gehabt? Misstraut er unseren Fahrkünsten so sehr, dass er uns nur sein abgewracktestes Modell anvertrauen mochte?

Nach dem Einbau der Taendstifte - wir kramen die schwedische Vokabel aus unserem Gedächtnis hervor - startet der Skooter immer noch nicht. Naja, zumindest haben wir das mit dem Zündkerzenwechsel hingekriegt. Das tröstet uns allerdings nur kurz. Erste Anflüge einer Kapitulation machen sich im Krisenstab breit: Sollen wir einen Anhänger mieten, die zur Hälfte nutzlosen Offroadvehikel aufladen und nach Hause fahren? Mehrheitliche Empörung im Familienforum beantwortet diesen Vorschlag: Schwarz verloren?!? Niemals! Wir müssen und werden eine Lösung finden.

Wir schauen uns die Batterie des Skooters an. Der schwächelnde Stromspeicher ist so versteckt platziert, dass der Minuspol sehr schwer erreichbar scheint. Oder schaffen wir es doch, die Klemmen eines Starthilfekabels zu platzieren? Unser eigenes Schneemobil springt zuverlässig an und verfügt über eine leistungsstarke Batterie, die ich vor einigen Monaten eigenhändig eingebaut hatte. Von ihr aus könnten wir den Startfunken überspringen lassen. Wird das funktionieren? Um das herauszufinden, müssten wir erst einmal ein Überbrückungskabel haben. Wir suchen die Tankstelle auf, die - tack så mycket - auch sonnabends geöffnet ist. Dort fragen wir nach dem Werkzeug und hoffen insgeheim, der Mann hinter dem Tresen würde uns eins leihen. Wir haben seine Geschäftstüchtigkeit offenbar eklatant unterschätzt. Sein Finger deutet stumm auf die Auslage, in der sich das Gesuchte befindet.

Widerwillig werden wir zu Konsumenten. Sicherheitshalber verhören wir unser Gegenüber noch, ob die Klemmen auch gut an Skooterbatterien anzubringen seien. Der Mann hinter Tresen bejaht mit treuherzigem Blick. Unsere Skepsis bleibt und ist gerechtfertigt - wie sich vor Ort zeigt. Die Starthilfe weist stinknormale Klemmen auf, die sich trotz hartnäckigen Gewragels nicht am Minuspol befestigen lässt. Nur der Pluspol ist erreichbar.

Obwohl ich mich an wenige Dinge aus dem schulischen Physikunterricht erinnern kann, bin ich mir sicher, dass der Lehrer kein einziges Mal die Versuchsanordnung eines Stromhalbkreises abgefragt hat. Der Kreis hat in der Elektrizitätslehre einen ähnlichen Stellenwert wie das Kreuz im Christentum. Sollen wir den Skooter einer radikalen Operation unterziehen, die Batterie ausbauen, nur um alle Kontakte erreichen zu können? Plötzlich schließt sich ein Schaltkreis in meinem Oberstübchen, ein Funkenregen entsteht und eine imaginäre Birne leuchtet über meinem Kopf hell auf: Wir könnten die Klemme mittels eines Stromleiters so verlängern, dass der kontaktscheue Pol sich der elektrische Polonaise nicht widersetzen kann. Zum Beispiel - der Glühfaden meiner Idee platzt vor Stolz und Helligkeit - mit einem Schraubenschlüssel, an dem wir die Klemme dann befestigen würden.

Kurz darauf beginnen das technische Werken (Schulnote drei bis vier). Moritz startet unseren eigenen Skooter. Wir beziehen Posten vor den Polen der Batterien, jeder hat ein bis zwei Kontakte zu betreuen. Ich führe den Maulschlüssel an den schwer erreichbaren Pol. Als wir den E-Starter des zweiten Schlittens betätigen, röchelt der Anlasser zunächst nur einige müde, unwillige und sehr spannende Umdrehungen. Dann hustet der Auspuff plötzlich eine dunkelgraue Wolke aus, das Drehgeräusch wird unvermittelt schneller und der Motor springt an. Ein Sechser im Lotto hätte uns kaum glücklicher machen können. Breites Grinsen macht sich auf unseren Gesichtern breit, wir schauen einander strahlend an und lauschen den harmonischen, geradezu symphonischen Klängen zweier ohrenbetäubend dröhnender Zweitakter. Zufrieden mustern wir unsere erfolgreiche elektrische Versuchsanordnung noch einen kleinen Moment, dann bauen wir sie ab.

Wir kommen nicht umhin, dem Raffzahn an der Tankstelle noch mehr Geld in den Rachen zu werfen. Wir müssen den Benzindurst unserer Maschinen stillen. Ist es eigentlich auch in Lappland verboten, bei laufendem Motor zu tanken? Wir wollen das Happy End unserer Fahrzeug-Reanimation nicht aufs Spiel setzen und schauen uns gar nicht erst nach Verbotsschildern um. In einem Flammenball explodierende Tankstellen gibt es doch eh nur in Actionfilmen. Als das Tuckern des Schneemobils mitten bei der Spritbefüllung ungewollt erstirbt, rechnen wir mit erneuten Komplikationen beim nachfolgenden Start, aber die Batterie fühlt sich nach der Fremdzündung offenbar noch hinreichend erfrischt.

Im Gefühl der Unbesiegbarkeit machen wir uns auf den Rückweg. Der Sonnenschein sorgt für zusätzlich gute Laune, ebenso wie die Tatsache, dass wir mit der Strecke nun schon vertraut sind. Wir überwinden den Fluss, die Tiefschneepassagen, fahren gekonnt an den gefährlichen Löchern vorbei. Selbst die Rentierbegegnungen sind an diesem Tag kaum der Rede wert.

Wie am Vortag machen wir Rast an der Hütte, die auf halber Strecke liegt. Da wir über das Startkabel *und* über das Wissen verfügen, wie man der streikenden Skooterbatterie beikommt, trauen wir uns sogar, beide Motoren abzustellen. Wir genießen das gelungene Potpourri aus Fahrspaß und Wildnis in tiefen Atemzügen. In der plötzlichen Stille spüren wir die Schönheit der Landschaft noch intensiver und genießen es, die weiße Wunderwelt ganz für uns allein zu haben.

Nach einem kleinen Picknick geht es weiter. Ohne Murren starten beide Motoren. Uns erwarten jetzt die Waldstücke mit den vielen kleinen Bodenwellen. Wir schlagen ein deutlich forscheres Tempo als noch am Vortag an. Manches Mal lassen die vom Gelände verabreichten Schocks unsere Zähne aufeinander schlagen. Also probieren wir eine neue Technik. Wenn sich die ganze Skooterbesatzung erhebt und der hinten Sitzende sich an der an der Schulter des Vordermanns festkrallt, können wir auf die Tube drücken, ohne dass unsere Bandscheiben jammernd davon berichten.

Das Hüpfburg-Gefühl ist passé, das Befahren der Buckelpiste fühlt sich unvermittelt wie Sport an. Die Knie leicht gebeugt sausen wir mit vom Helm verborgenen breiten Grinsen durch den Wald, gelegentlich ertönt ein freudiges Juchzen hinter mir. Macht das Spaß! Wenn unsere Oberschenkel anfangen zu brennen, gönnen wir uns eine kurze Pause im Sitzen, fahren etwas langsamer. Sobald sich unsere Muskeln erholt haben, erheben wir uns wieder und setzen elegant über die nächsten Kurven und Wellen. Ein kleines Wettrennen entsteht zwischen uns und Moritz, schade nur, dass das einspurige Terrain zwischen den Bäumen keine Überholmanöver gestattet.

Unsere neue Methode sorgt dafür, dass wir schon bald vertrautes Terrain erreichen. Innerhalb der letzten vierundzwanzig Stunden haben sich die sulzigen Flächen noch erheblich vergrößert, kurz vor Erreichen des Sautusjärvi klafft ein riesiger neuer Krater neben dem Track, der definitiv erst ein paar Stunden alt ist. Mit einem leichtem Schaudern sausen wir an ihm vorbei.

Der Rest ist Routine. Hochzufrieden erreichen wir unser Ziel in dem Bewusstsein, dass wir auf dem letzten Drücker unterwegs waren. In einer Woche wäre eine solche Tour wohl nicht mehr möglich gewesen. Die strahlende Sonne beißt unvermindert große Stücke aus der Winterlandschaft. Die Schneebretter auf den Dächern haben sich längst über die Kante geschoben und hängen wie Knollennasen von Comicfiguren nach unten. Dachlawinen haben einen kleinen Wall auf beiden Seiten unseres Hauses aufgetürmt. Erste Brauntöne schimmern an Straßenrändern. Die Dominanz des winterlichen Weiß nimmt Tag für Tag ab. Wir sehen es mit Bedauern. Wer hätte bei unserer Ankunft im August des Vorjahres gedacht, dass wir nach über sieben Monaten Schnee immer noch nicht genug vom Winter in Lappland haben?

Auf Bärensafari: Angst vor der eigenen Courage?

Monatelang hat der lappländische Winter uns mit zahlreichen Freizeitmöglichkeiten verwöhnt. Jetzt, da der Schnee vom Dach rutscht, das Eis der Seen taut und es in allen Ecken und Winkeln zu tröpfeln und fließen beginnt, müssen wir uns nach neuen Abenteuern umschauen. Per Zufall stolpere ich im Netz über einen Anbieter, der die Beobachtung und die Fotografie von Bären in ihrer natürlichen Umgebung verspricht.

Ich habe schon erwähnt, dass zahlreiche Hinweise und Berichte dafür sprechen, dass Meister Petz auch in den Wäldern, die an Alttajärvi grenzen, zu Hause ist. Wir sind überwiegend froh, die Bären noch nie persönlich zu Gesicht bekommen zu haben. Unsere Gedanken verirren sich jedoch immer wieder zu ihnen. Als wir Moritz einmal fünf Tage allein in Alttajärvi zurück lassen müssen, weil der Ruf der Pflichten zeitgleich für mich und Anke ertönt und wir zusammen nach Deutschland fahren, geistert ein Bär, der sich nachts an den Fenstern der Hütte zu schaffen macht, durch die Fantasie des einen oder anderen Familienmitglieds.

Nach vielen Monaten unkomplizierter Nachbarschaft mit skandinavischen Bären scheint es an der Zeit, einen unvoreingenommenen Blick auf die bisher Unsichtbaren zu werfen. Allerdings liegt der Ort, der für sich und für das angeleitete Belauern der Tiere wirbt, unmittelbar an der finnisch-russischen Grenze. Es sind von uns aus fast 700 Kilometer Fahrt dorthin. Wir wollen im Vorfeld entscheiden, ob wir den Mut dazu aufbringen, uns dem größten Landraubtier der Welt freiwillig zu nähern. Sich auf eine stundenlange Anfahrt begeben, um dann vor Ort einen Rückzieher zu machen, wäre idiotisch.

Wir fischen nach allen Details, die sich im Netz verfangen haben und studieren die Bilder und Informationen des Veranstalters. Die Beobachtung der Bären findet aus sog. "Hides" heraus statt. Der Begriff "Hides" ("Verstecke") kann und soll gar nicht verbergen, dass es sich lediglich um Bretterverschläge handelt. Ihre Grundfläche beträgt etwa drei mal zwei Meter, sie sind ca. anderthalb Meter hoch. Die meisten der fragil wirkenden Bauwerke sind strategisch um einen kleinen Weiher gruppiert und verfügen über horizontal verlaufende, verglaste Sichtschlitze, die spähende Blicke in mindestens drei der vier Himmelsrichtungen zulassen. Etwas unterhalb der der schmalen Fenster sind nebeneinander mehrere mit grünem Stoff ummantelte Aussparungen in die Bretterwand eingearbeitet. Die Tücher wiederum haben in zentraler Position ein Loch, in dem ein Kameraobjektiv Platz finden kann. Vorausgesetzt, man ist multitaskingfähig, kann man gleichzeitig oben gucken und unten fotografieren.

So viel zum Beobachtungsposten. Und die Bären? Warum scheint der Umgang mit den Raubtieren in hiesigen Gefilden so anders? Einige Jahre zuvor hatten wir etwas Wildniserfahrung in Kanada gesammelt. Egal, in welcher Region wir dort unterwegs waren, man wurde nicht müde, Touristen vor den Grizzlys zu warnen. Wanderern im nordamerikanischen "Bear country" (Bärenland) wird empfohlen, sich in der Natur laut zu unterhalten, zu singen und zu pfeifen. Das soll zufällige Begegnungen mit Bären vermeiden. Bären haben sehr gute Ohren. In einigen Gegenden fordern Rangern sogar eine Mindestgruppenstärke von vier Personen ein, bevor sie die Besucher in die Landschaft entlassen. Die Erfahrung zeige, dass Bären Gruppen dieser Größe nicht angreifen.

Ein Abstecher in die Wildnis war in diesen nordamerikanischen Gegenden ohne "Bärenspray" undenkbar. Unmittelbar nach unserer Landung in Kanada hatten wir uns eines gekauft, was nur gegen Vorlage des Personalausweises möglich gewesen war. Bärenspray fällt in Kanada unter das Waffengesetz. Es gilt als hoch effektive Waffe zur Raubtierabwehr. Als Wirkstoff enthält es stark konzentrierten Pfeffer, der mit Klebepartikeln durchmischt ist und auf diese Weise für geraume Zeit an den sensiblen Schleimhäuten haften bleibt.

Voraussetzung für die Wirksamkeit des Sprays ist allerdings seine korrekte Anwendung. Man muss - unter Beachtung der Windrichtung - das aufdringliche Tier auf drei bis fünf Meter an sich herankommen lassen. Erst wenn eine ausreichend geringe Distanz hergestellt ist, soll man einen halbkreisförmigen Abwehrnebel in Richtung Bär sprühen. Beim Studium der Gebrauchsanweisung war mir der Gedanke gekommen, dass man das Spray in den Supermärkten eigentlich im Kombipack mit einem Fleckentferner vertreiben sollte. Dass man ein Reinigungsmittel für die eigene Unterwäsche braucht, nach dem sich ein Bär bis auf fünf Meter genähert hat, liegt für mich auf der Hand.

Wie dem auch sei: Ein aggressiver Bär wird durch den beißenden Pfeffervorhang mit ausreichender Sicherheit vertrieben. Das Spray ist prinzipiell sogar meist sicherer als eine Schusswaffe. Es ist ziemlich schwer, einen Bären mit Schüssen komplett außer Gefecht zu setzen. Verletzte, also auch angeschossene Bären sind aber besonders aggressiv. Insofern kann ein Gewehr den Ausgang einer Bärenattacke sogar verschlimmern.

Diese Komplikation ist für das Pfefferkonzentrat aus der Dose nicht beschrieben. Allerdings andere. Im Rahmen unserer damaligen Tour in der kanadischen Wildnis hatten wir von einem unfreiwilligen Selbstversuch eines Anwenders erfahren, der kürzlich für Gesprächsstoff gesorgt hatte. Ein Camper hatte einen Bären, der sich den Regeln zur sozialen Distanzierung in der kanadischen Wildnis nicht verpflichtet gefühlt hatte, mit einem gezielten Sprühstoß zur Raison bringen wollen. Ich kann nicht sagen, aus welcher Richtung in diesem Fall der Wind gekommen war - es ist aber auch egal. Der Fehler des Mannes war gewesen, dass er die Dose in der Aufregung offenbar falsch herum hielt. Anstatt dem Bären eine Ladung zu verpassen, sprühte er sich selbst eine satte Portion Reizgas ins Gesicht. Er musste ins Krankenhaus eingeliefert werden, wo man drei Tage lang gegen seine vorübergehende Blindheit kämpfte. Der Bär selbst hatte ihm keinen Schaden zugefügt. Durch die Pfefferwolke, die den Unglücklichen umgeben hatte, war dem Tier offenbar schnell klar geworden, dass es sich um einen viel zu stark gewürzten Menschen handelte. Wir würden ja auch nichts anrühren, was einem schon vor dem ersten Bissen die Tränen in die Augen treibt.

Im Gegensatz zu Nordamerika ist Bärenspray in Skandinavien noch kein Alltagsgegenstand. In einer schwedischen Studie ging man den Gewohnheiten der nordeuropäischen Bären auf den Grund. In der Untersuchung hatte man sich den Tieren bewusst genähert, um ihre Reaktion auf menschliche Annäherungen zu analysieren. Resultat: In mehr als neun von zehn Fällen, wenn Bären einen Menschen witterten, hatten sie Reißaus genommen. Ab und an waren ältere Bären, die gerade im Dickicht faulenzten, auch einfach liegen geblieben, nach dem Motto "Der ist von alleine gekommen, der geht bestimmt auch von alleine wieder weg!". Bei den experimentellen Begegnungen war es kein einziges Mal zu einem Angriff gekommen.

Am naheliegendsten ist, dass es sich um erlerntes Verhalten handelt. In Skandinavien wurden Bären im Laufe der Jahrhunderte schon immer intensiv bejagt. Insbesondere die Samen, die ihre Rentiere schützten, ließen sich auf keinerlei Kompromisse gegenüber den Raubtieren ein. Über Generationen lernten die Jungtiere von ihren Bärenmüttern, dem Homo sapiens aus dem Weg zu gehen. Die "schüchternen" nordeuropäischen Bären haben also mindestens genauso viel Angst vor den Menschen wie wir vor ihnen.

Gibt es etwas, das mehr Mut machen könnte, als diese Erkenntnis? Wir haben immer noch keine hundertprozentig klare Vorstellung von den Details bei dem finnischen Angebot zur Bärenbeobachtung (Wo werden beispielsweise unsere Aufpasser sein, wenn wir in den Holzkisten sitzen?). Dennoch beschließen wir, den Bären auf den Pelz zu rücken. Die Veranstalter werden hoffentlich wissen, was sie tun. Damit sich die weite Anreise lohnt, buchen wir gleich zwei Nächte, in denen wir uns auf die Lauer legen wollen.

Erst im Nachhinein verstehen wir, warum es so viele Wildbeobachtungsstationen in der Nähe des ehemaligen eisernen Vorhangs gibt. Die Situation erinnert an das "grüne Band" der einstigen deutsch-deutschen Grenze. Auch dort gibt es ein überdurchschnittlich hohes Vorkommen seltener Tier- und Pflanzenarten. Überall, wo der Mensch nicht hinkommt, scheint es der Natur besonders gut zu gehen. Für Bären ist das Niemandsland zwischen Finnland und Russland ein idealer Rückzugsort.

Inzwischen ist es Mitte Mai. Wir fragen Moritz, ob er mit uns kommen will. Der zieht es vor, die Zeit mit seiner Freundin zu verbringen und freut sich offenbar über eine sturmfreie Bude. Der Tag, an dem wir uns auf den Weg machen, hat schon auf der Anreise seine dramatischen Momente. Die Flüsse, die wir auf unserer Autofahrt ins östliche Nachbarland zu Gesicht bekommen, sind ähnlich aufgewühlt wie wir selbst. Aufgrund des Tauwetters ist fast jedes Ufer überschwemmt, Wassermassen tragen Schaumkronen und rasen in einem atemberaubenden Tempo stromabwärts. An einer Flussgabelung halten wir eine Rast ab. Wir überwinden uns, über eine schmale Brücke zu gehen, die zu einer kleinen Insel inmitten des tosenden Flusses führt. Offenbar müssen wir uns der ersten Mutprobe des Tages aussetzen. Das Dröhnen des hinabstürzenden Wassers unter uns ist wie der Trommelwirbel eines Orchesters, der zum Schlussakkord des Tages überleitet.

Längst sind wir kribbelig geworden. Die Spannung steigt, als wir unseren Weg fortsetzen und einige Zeit später auf eine Straße einbiegen, an der die russische Grenze ausgeschildert ist. Warnschilder behaupten, dass an der gesamten Strecke eine Videoüberwachung stattfindet. Keine Menschenseele ist zu sehen. Eine fast gespenstische Ruhe liegt über der Landschaft. Unser Vorhaben ist so unwirklich wie die Tatsache, dass wir nur einige Kilometer von Russland entfernt sind. Eine Grenzerfahrung wartet auf uns - auch im übertragenen Sinn.

Der letzte Teil der Strecke führt über einen unbefestigten Schotterweg. Unser Wagen schaukelt auf und ab, während wir in langsamer Fahrt ein Schlagloch nach dem anderen abarbeiten. Nach anderthalb Kilometern auf der buckligen Piste haben wir das Ziel erreicht. Ein Schriftzug auf einem einfachen hölzernen Brett überspannt eine Einfahrt und lässt keine Zweifel zu, dass wir hier richtig sind.

Nachdem wir das Auto geparkt haben, betreten wir das Gebäude, das am ehesten danach aussieht, als könnten wir dort einen der

Verantwortlichen treffen. Eine Frau, die einsam vor ihrem Notebook sitzt, schaut kurz auf, als wir eintreten. Wir grüßen sie und mustern sie verstohlen. So ausdauernd wie ihre Blicke am Monitor kleben bleiben, scheint sie nicht zum Personal zu gehören. Neugierig lassen wir zunächst unsere Blicke durch den kleinen Raum schweifen. Die Fotografien, die an den Wänden hängen, regen zum Träumen an: Bären im Wald, am Weiher, beim Fressen, beim Laufen, mit ihren Jungen.

Während wir die Bilder studieren, erscheint niemand, der sich für unsere Anwesenheit interessiert. Prinzipiell mögen wir Orte, die Gäste nicht direkt beim Empfang mit zahlreichen heruntergeleierten Begrüßungsformeln und Anweisungen überschütten - wie etwa an einer Hotelrezeption (Knips: Lächeln an, Schnatter-schnatter, Knips: Lächeln aus). Aber dass jetzt gar keiner Notiz von uns nimmt, ist irgendwie auch doof. Unschlüssig sehen wir uns um, bis uns die Dame am PC erlöst und auf eine Tür hinter einem kleinen Tresen deutet: „In der Küche ist jemand.“ Dankbar folgen wir ihrem Fingerzeig, nähern uns der Tür und lassen ein „Hello?“ erschallen.

Das runde Gesicht einer Frau erscheint im Türrahmen. Sie lächelt uns freundlich an, während wir sie darüber informieren, dass wir für die Nacht reserviert haben. Nickend bestätigt sie unsere Behauptung und winkt dann einen schlaksigen jungen Mann zu uns, der sich offenbar auch in der Küche aufgehalten hat. Ich schätze sein Alter spontan auf etwa zwanzig Jahre. Er wirkt schüchtern. Als sich seine Lippen bewegen, lesen wir sein leises "Hello!" mehr von ihnen ab, als dass wir es hören. Er trägt einen blousonartigen hellgrauen Jogginganzug und fordert uns jetzt mit einer kleinen Geste auf, mitzukommen.

Mittlerweile sind wir etwas irritiert von der konsequenten Wortkargheit, die unser Begrüßungskomitee an den Tag legt. Anscheinend haben wir uns aber schon angesteckt: Schweigend folgen wir dem Jüngling, der den Raum verlässt und dann Kurs auf das Nebenhaus nimmt. Es wäre noch geschmeichelt, das Gebäude, das wir kurz darauf betreten, als rustikal zu bezeichnen. Später erfahren wir, dass es Teil einer ehemaligen Grenzanlage war. Finnische Wachmannschaften sind von hier aus zu ihren Patrouillen aufgebrochen, die Grenze liegt nur etwa einen Kilometer entfernt.

Zu dritt erklimmen wir die Stufen ins erste Stockwerk, wo unser Führer die Tür zu einem schlauchartigen Zimmer aufstößt und auf zwei Betten deutet. Es ist alles andere als ein Vier-Sterne-Unterkunft, aber in dieser Nacht haben wir ohnehin Besseres vor als zu schlafen. Morgen früh werden wir wohl so erledigt sein, dass das Komfortlevel uns nicht stören wird. Mit einer weiteren Handbewegung deutet unser schweigsamer Zeremonienmeister auf eine kleine Nasszelle, einen Wasserkocher, eine Kochnische und will sich dann offenbar zum Gehen abwenden. Hastig feuere ich einige Worte ab, die wie ein Torpedo in die minutenlange Pantomime fahren: „Wann werden wir uns treffen? Und wo?"

Gespannt warten wir auf die Geburt einer Antwort. Einige der Vokabeln, die der junge Mann herauspresst, scheinen tatsächlich aus einer Steißlage befreit worden zu sein - so mühsam wie sie herauskommen. Dann registrieren wir seinen starken Akzent und uns geht ein Licht auf. Unser Gegenüber stammt offenbar aus Russland. In seiner schulischen Grundausbildung dürfte Englisch kaum vorgekommen sein. Falls die Frau in der Küche seine Mutter ist - was wir inzwischen annehmen - , gilt für sie das Gleiche.

Als wir kurz darauf beim Abendessen sitzen, taucht Onni auf und spült mit vielen Worten die Einsilbigkeit seiner linguistisch gehandicapten Angestellten weg. Onni ist der Gründer und Leiter des kleinen Betriebes, dessen Dienste wir in Anspruch nehmen. Bevor wir ihn kennenlernen, waren wir unsicher, ob der Name für einen Mann oder eine Frau steht.

Das Namensrätsel löst sich mit Onnis Erscheinen in Sekundenschnelle auf. Onni ist geschätzte 65 Jahre alt, freundlich-interessiert und weiß genau, was seine Besucher von ihm erwarten. Die Bearspotting-Gemeinde ist mehrheitlich fotografisch ambitioniert, bereits auf seiner Homepage erteilt Onni Ratschläge zur Wahl des geeigneten Kameraobjektivs.

Bevor er sich weiter unseren Tagträumen widmet, die einheitlich vom Bären-Schnappschuss des Jahres handeln, bittet Onni, dass wir die Regeln für seine Hides zur Kenntnis nehmen. Ein vorgedruckter Zettel instruiert uns. Zwischen fünf Uhr abends bis sieben Uhr morgens sind Gespräche und Geräusche absolut zu vermeiden. Rauchen und Alkohol sind streng verboten, ebenso wie das vorzeitige Verlassen der Verstecke. Und wenn wir mal für kleine Mädchen oder Jungs müssen? Für die Notdurft gebe es einen Eimer in einer Nische im Eingangsbereich.

Knapp zwanzig Hides hat Onni zur Auswahl. Auf Grundlage einer Karte hatten wir uns bereits bei der Buchung für den Verschlag mit der Nummer Eins entschieden. Er scheint die beste Rundumsicht zu gewähren. Die einzig weitere Teilnehmerin des Briefings, das Onni gerade veranstaltet, interessiert sich für den gleichen Unterstand. Es ist die Frau, die wir bei unserer Ankunft im Versammlungsraum getroffen hatten. Wir erfahren, dass sie aus der Schweiz ist. Onni weist unsere Mitbewerberin darauf hin, dass wir dieses Hide schon vor Wochen "reserviert" haben und daher den Vorzug bekämen. Er tröstet sie damit, dass die anderen Verstecke definitiv auch ihre Vorteile hätten. Beispielsweise gelängen von anderer Stelle aus oft bessere Nahaufnahmen, da sich die Bären dort manchmal bis auf drei Meter näherten. Wie uns die Mimik der Eidgenossin in diesem Moment verrät, scheint sie selbst gar nicht zu wissen, ob sie sich *das* wünschen soll. Wir verstehen ihren Zwiespalt. Schließlich kann man sich nicht darauf verlassen, dass jeder Bär über die traditionelle Neutralität der Schweizer Bescheid weiß. Mittlerweile wissen wir, dass wir uns diese Nacht nur zu dritt auf die Lauer legen werden.

Als Onni mit seinen Instruktionen fertig ist, uns ein gutes Gelingen wünscht und sich verabschiedet, fällt uns eines auf. Er hat uns gar nicht verraten, in welchem Hide er oder einer seiner Mitarbeiter zu finden sein wird. Statt dessen hat er uns lediglich erklärt, welches der Verstecke über ein Notruftelefon verfügt. Über das Telefon sei immer jemand erreichbar. Allmählich bahnt sich eine Erkenntnis ihren Weg. Offensichtlich ist das der Deal: Drei im Nahkampfverhalten mit Raubtieren völlig untrainierte und nicht wirklich hartgesottene Mitteleuropäer werden in dieser Nacht ganz alleine mit den Bären sein. Kein finnischer Ranger wird seine schützende Hand über uns legen. Onni wird sich lieber in sein Bett legen. Wir wissen noch nicht einmal, wo genau sein Bett steht und ob neben seinem Nachttisch immer ein Gewehr an der Wand lehnt. So geht das hier also. Schluck.

Nach Onnis Instruktionen schnappen wir uns den Proviantrucksack mit belegten Broten, Keksen, Kaffee und Tee, der draußen an der Wand lehnt und uns zugedacht ist. Als wir in unserem Zimmer angelangt sind, gehe ich aus Unsicherheit noch einmal den Inhalt meines privaten Rucksacks durch, obwohl ich mein Equipment erst wenige Minuten zuvor eingepackt habe. Wie seltsam unser Gedächtnis mitunter funktioniert. Zum Beispiel scheinen sich einige der Dinge, die ich über Bären gelesen habe, viel leichter einzuprägen als andere. Stellen sie sich auf die Hinterbeine, sind sie bis zu drei Meter groß. Ihr Gebiss zählt zweiundvierzig überwiegend scharfe Zähne. An ihren riesigen Tatzen sitzen Krallen, die bis zu acht Zentimeter lang werden können...

Kurzzeitig frage ich mich, ob wir uns nicht lieber für andere Tiere hätten interessieren sollen. Zum Beispiel Lemminge: Wenn ich so darüber nachdenke, weiß ich über die putzigen kleinen Viecher so gut wie gar nichts. Warum zieht es uns ausgerechnet in die Nähe solch gefährlicher Tiere? Vermutlich aus dem gleichen Grund, aus dem es ein Lemming nirgendwo zum Wappentier gebracht hat. Bären hingegen zieren als Figur die Wappen zahlloser Städte und Länder. Unsere Faszination folgt einer jahrhundertealten menschlichen Neigung. Die urtümliche Kraft der Bären, ihre dominante Stellung in der Hackordnung der Natur und ihre riesenhafte Gestalt beeindrucken - gerade auch in heutigen Zeiten.

Von der majestätischen Erscheinung eines Braunbären ist der zivilisierte Mensch oft meilenweit entfernt. Man stelle sich nur einen durchschnittlichen Mittvierziger mit Bierbauch, schütterem Haar, käseweißen Beinen in einer schlecht sitzenden kurzen Hose, Sandalen und weißen Tennissocken am Grill vor. Oder Frauen, die beim Schwimmbadbesuch schnaufend durchs Wasser pflügen und dabei Badekappen mit Blumenknospenimitaten zur Schau tragen. Nach der Beobachtung solcher Mitmenschen wächst das Bedürfnis nach stolzen, würdevollen Kreaturen fast zwangsläufig.

Selbst in unserer Sprache hat der Bär traditionell einen festen Platz. Wir haben Bärenhunger, manche haben Bärenkräfte, einige sind bärbeißig, ab und an leisten wir einander Bärendienste. Ob es jetzt eher Margarete Steiff oder Theodore Roosevelt zu verdanken ist, sei dahingestellt[5]: Seit über hundert Jahren dringt das größte Landraubtier der Welt auch zur Fantasie der jeweils neuesten Generation vor. Stoffbären sind aus den meisten Kinderzimmern nicht mehr wegzudenken. Auch ich hatte als Knirps einen Teddy, der ein leises brummendes Geräusch ertönen ließ, wenn man ihn Rumpfbeugen vollführen ließ.

Bekanntlich bereitet das Ausleben des Spieltriebs ja auf die Herausforderungen des Erwachsenseins vor. Ich habe in diesem Fall jedoch berechtigte Zweifel, dass sich die Kindheitserfahrungen mit meinem Kuscheltier eins zu eins in die Wirklichkeit übertragen lassen. Rumpfbeugen scheinen jedenfalls nicht zu den arttypischen Verhaltensweisen von Braunbären in freier Wildbahn zu gehören. Außerdem brummen sie offenbar meist nur dann, wenn sie kurz davor sind, ihr Gegenüber anzugreifen. Insofern wäre es uns viel, viel lieber, wenn die Bären, die wir heute Nacht möglicherweise zu Gesicht bekommen, ähnlich schweigsam sind wie der junge Russe, der uns gleich zu den Unterständen führen soll.

Um exakt fünf Uhr nachmittags geht es los. Die wichtigsten Pfeiler in Onnis Sicherheitskonzept sind Geräuschlosigkeit, Standorttreue nach Ankunft im Versteck und Pünktlichkeit. Die Bären folgten in

---

5 Über den Siegeszug des Teddybären in den Haushalten der westlichen Welt gibt es eine deutsche und eine amerikanische Lesart. In der einen Variante wird es Margarete Steiff zugeschrieben, dass Stoffbären so populär wurden, in der anderen sieht man das Wirken des amerikanischen Präsidenten Roosevelt als entscheidend an.

dieser Gegend einer inneren Uhr. Sie wüssten, dass Zweibeiner in der Nähe sind. Sie wüssten aber auch, wann die Menschen von der Bildfläche verschwinden. Unser stummer Guide erinnerte mit seinem gemessenen Schritt und den auf dem Rücken verschränkten Armen an einen Staatspolitiker, wenn er keine Jogginghose und Gummistiefel trüge. Ein zehnminütiger Fußmarsch ist zu absolvieren. Noch einmal wird uns klar, wie sehr sich unser momentanes Verhalten von den Gepflogenheiten in Kanada unterscheidet. Ein nicht unbeträchtlicher Teil der dortigen Risiken bei Bärenbegegnungen ist allerdings menschengemacht.

Auch wir haben auf unserem Streifzug durch das nordamerikanische Land Touristen beobachtet, die Erfahrungen, die sie mit den heimischen Meerschweinchen gemacht haben, auf das gefährliche Raubtier übertragen wollen. Wir haben Autofahrer gesehen, die trotz überall positionierter Warnschilder, genau dies nicht zu tun, gesichteten Tieren Futter hinwarfen, um sie so in Pose für ein tolles Erinnerungsbild zu bringen. Assoziieren solche Bären den Homo sapiens mit Nahrungsangebot, nähern sie sich das nächste Mal von selbst dem Menschen und fragen unter Umständen unter Einsatz eines Prankenhiebes nach weiteren Leckereien. Mit derartigen Bildern im Kopf und in dem Wissen, dass wir in dieser Nacht auf uns alleine gestellt sind, führe ich heimlich ein Bärenspray im Rucksack mit. Dessen Haltbarkeit ist zwar schon seit einigen Monaten überschritten und eine Anwendung bewegte sich im Graubereich der hiesigen Gesetze, aber das wäre uns im Falle eines Falles egal. Ein bisschen zusätzliche Sicherheit kann nicht schaden.

Der schmale Pfad, den wir im Gänsemarsch entlang gehen, ist teilweise noch vom Schnee bedeckt. Es geht zunächst durch ein kleines Waldstück. Dann erreichen wir eine Anhöhe, von der aus unser Ziel schon zu sehen ist. In der Senke unter uns liegen der kleine Weiher und die Unterstände, die mehrheitlich am Rande des Wassers gebaut sind. Wir steigen eine Holztreppe hinab, balancieren auf wackligen Bohlen über eine sumpfige Fläche, dann stehen wir vor einem der Bretterkästen. Auf einen Fingerzeig des jungen Mannes hin verschwindet zunächst die Schweizerin in einem zugewiesenen Hide, etwa zwanzig Meter weiter wiederholt sich seine Geste. Er deutet auf unseren Unterstand. Zu unserem Erstaunen lässt der passionierte Schweiger noch ein kaum hörbares „Good Luck!“ zwischen seinen Lippen entweichen und schlendert dann gemächlich den Weg zurück. Wir schlüpfen in das Innere der dünnen Holzhaut, die uns in den folgenden Stunden von allen hungrigen Raubtieren trennen soll. Ich mustere die Konstruktion mit zwiespältigen Gefühlen. Der zarte Verschlag würde einem ernst gemeinten Angriff eines wütenden Bären sicher nicht lange standhalten können. Wie angewiesen entledigen wir uns zuerst unserer Schuhe und platzieren sie im Eingangsbereich. Entgegen böswilliger Mutmaßungen ist das keine geruchliche Abschreckungsmethode gegenüber eindringenden Bären, sondern aus Sauberkeitsgründen so gedacht.

Wie schon erwähnt, ist unser Beobachtungsstand niedrig gebaut. In halb gebückter Haltung packen wir alles Notwendige aus, damit wir - wenn es darauf ankommt - möglichst wenig Geräusche verursachen. Alles muss griffbereit sein! Wir fördern die Kameras zu Tage, legen das Fernglas bereit. Zwei Plastikstühle stehen auf der einen Seite, an der anderen „Wand“ sind schmale Matratzen übereinander gestapelt. Auf ihnen liegen bunt durcheinander gewürfelt Schlafsäcke sowie einige Kissen und Decken. Wir sind froh, unsere eigenen Schlafsäcke mitgebracht zu haben. Sie sehen doch etwas wärmer aus als die, die hier zu finden sind. Anke fädelt ihr Kameraobjektiv in das dafür vorgesehene Loch der grünen Stoffs, mit dem in Brusthöhe die kleinen Aussparungen aller vier Seiten ausgekleidet sind. Die Kamera selbst ruht auf einem kleinen Brett. Schon bei leichtem Wind beulen sich die Tücher ins Innere des Unterstands und machen uns klar, dass uns an diesen Stellen nur ein bisschen Textil von der Außenwelt trennt.

Dann beginnt das lange Schweigen. Wir beziehen jeweils Stellung an verschiedenen Sichtschlitzen. Anke schaut vornehmlich nach Osten, ich taste mit meinen Blicken den Süden und den Westen ab. Wir sitzen rechtwinkelig zueinander. Den kleinen Weiher vor uns schätze ich auf zehn Meter Breite und vierzig Meter Länge, gen Süden und Norden liegt eine Lichtung mit wenigen, überwiegend abgestorbenen Bäumen. Westlich von uns ist ein breiter Streifen sumpfiger Wiese auszumachen.

Hochkonzentriert sondieren wir das Terrain, besorgt, in die falsche Richtung zu schauen, falls Meister Petz uns seine Aufwartung macht. Wir vermeiden jedes Geräusch, bewegen uns im Zeitlupentempo, um auch das Rascheln unserer Kleidung zu vermeiden. Selbst unsere Atmung scheint flacher zu sein als sonst. Wir sind gespannt wie ein Flitzbogen - werden wir Glück haben? Bei unserer Bärensafari im kleinsten Kreis hat niemand eine Sichtungsgarantie ausgesprochen. Hin und wieder durchbricht aufgeregtes Entengeschnatter oder hektischer Flügelschlag die Stille. Der Weiher vor uns dient verschiedenartigem Federvieh als Lande- und Startbahn.

Anderthalb Stunden lang sind Vögel die einzigen Tierbegegnungen, die wir haben - wenn man von einer Spinne absieht, die ihre Klimmzüge im Bereich eines Sichtschlitzes vollführt. Dann ändert sich die Atmosphäre auf der Lichtung von einer Minute zur anderen. Eine Traube von Möwen und Krähen flattert herbei. Nervös fliegen die Vögel hin und her und lassen immer wieder Rufe ertönen. Es wirkt so, als ob sie warteten. Wir blinzeln in das Abendlicht und fragen uns, ob die flatterhaften Gesellen irgendetwas wahrnehmen, das wir nicht sehen.

Dann geschieht es. Direkt gegenüber von uns, auf der anderen Seite des Weihers liegt eine kleine Anhöhe, die von Felsen gesäumt ist. Dort beginnt der Wald mit einigen Büschen und kleineren Bäumen. Ich habe mich fast schon an das nervöse Gewusel des Federviehs gewöhnt, als sich unvermittelt ein behaarter Kopf an dieser Stelle durch das Gestrüpp schiebt. Uns stockt der Atem, als der restliche Körper des Bären folgt. Das Tier ist nur fünfundzwanzig Meter von uns entfernt. Ohne zu zögern klettert es die kleine Böschung hinunter und kommt zielstrebig in unsere Richtung. Mit weit aufgerissenen Augen und klopfenden Herzen wechseln Anke und ich einen kurzen Blick: Was für ein grandioser Moment!

Gerade als wir das denken, steigert sich die Trockenheit in unseren Mündern noch. Ein weiterer Bär erscheint am Waldrand. Das massige Tier ist etwa anderthalb Mal so groß wie das erste. Es bewegt sich deutlich langsamer. Witternd bleibt der Koloss einen Augenblick lang auf dem Absatz stehen, wendet seinen Kopf langsam hin und her. Er strahlt eine Mischung aus Machtbewusstsein und Vorsicht aus. Als auch er sich an den Abstieg macht, hören wir das Klappern eines großen Steins unter seinen Pranken. Andauernd lässt der Bär seine Blicke über die Lichtung schweifen, kurzzeitig bleiben seine Augen an unserem Versteck hängen. Uns stockt der Atem, wir verhalten uns mucksmäuschenstill. Wir möchte definitiv nicht erleben, dass dieser Riese wütend wird. Zumindest nicht auf uns.

Onni hatte uns verraten, dass man manchmal das Beben des Bodens spürt, bevor man die Bären überhaupt sieht. Das passiere, wenn die Bären nahe am Hide vorbeigingen. Dass die Welt ins Wackeln gerät, wenn solche Giganten auf Trab kommen, ist uns sofort plausibel. Darüber zu lesen, dass ein Tier bis zu drei Meter groß wird, ist wie einen Drei-Meter-Turm in der Schwimmhalle von weitem zu sehen. *Wir* stehen jetzt gewissermaßen *auf* dem Sprungbrett und haben den Eindruck, dass sich irgendjemand bei den Maßen fürchterlich vertan hat. Das sind doch mehr als drei Meter! Ehrfürchtig sehen wir die Muskelgruppen der Bären arbeiten, während sie auf der anderen Seite des Weihers umherstreifen. Mittlerweile bin ich mir sicher, dass wir gerade ein Weibchen und ihren Liebhaber beobachten. Während die weiblichen Braunbären meist um die 150 kg wiegen, können ausgewachsene Männchen ein Gewicht von 300 kg erreichen. Der Kraftprotz muss daher ihr Partner sein. Normalerweise sind alle männlichen Tiere Einzelgänger, die Toleranz für die Anwesenheit eines weiteren Bären lässt sich nur durch den Fortpflanzungstrieb erklären.

Wenn es uns nicht längst erläutert worden wäre, warum sich die Bären so zuverlässig hierher verirren, verstünden wir es allein durch die Aufführung, deren Zeuge wir jetzt werden. Das Weibchen eilt voraus und dreht gekonnt eine der Steinplatten um, unter der es Fleisch wittert. Kaum dass der Köder freigelegt ist, ist er auch schon in ihrem Maul verschwunden. Eilig läuft sie danach einige Meter weiter und sucht nach dem nächsten Happen. Immer wieder gehen ihre nervösen Blicke dabei zurück zum dominanten Partner. Daher die Hektik. Wer zuerst kommt, mahlt zuerst. Sie braucht einen gewissen Vorsprung, sonst gingen alle Leckereien, die zu finden sind, an das dominante Männchen.

Auch die Rolle der Möwen und Krähen wird klar. Kreischend und flatternd streiten sie sich mit ihren Artgenossen um kleine Reste oder Herabgefallenes. Das macht auch das Konzept von Onnis Bärensafari noch plausibler. Die Köder werden unter schweren Platten versteckt, die ausschließlich Bären mühelos hochheben können. Legten Onnis Leute die Fleischbrocken ungeschützt in die Landschaft, wären sie längst von anderen hungrigen Mäulern verspeist worden. Das Bären-Duo arbeitet sich in einer Schleife von Fleck zu Fleck. An einer Stelle sind sie so nah, dass wir inmitten des Lärms, den die Möwen veranstalten, sogar hören, wie das Männchen schnuppernd die Luft einsaugt. Immer wieder fördert eine ihrer Tatzen etwas geschickt unter einem Versteck hervor, dann verschwindet das Pärchen im Wald auf der anderen Seite und lässt uns ungläubig staunend zurück: Ist das wirklich real gewesen?

Braunbären verbringen - so hatten wir unser Wissen vorbereitend vermehrt - etwa neunzig Prozent ihrer Wachzeit mit Nahrungssuche, sie können an einem Tag bis zu anderthalb Kilogramm an Gewicht zunehmen. Wir sind uns einig, dass angesichts dieser Fähigkeit zur Völlerei, die beiden ruhig etwas länger hätten suchen können. Schließlich haben sie nicht annähernd alle Köder entdeckt. Allerdings fühlt sich der Ursus arctos - wie der Braunbär in Schlausprech heißt - auf einer Lichtung nie rundherum wohl. Wann immer möglich, sucht er den Schutz des Waldes. Wenn die Lichtung dann noch - wie in unserem Fall - penetrant nach Mensch riecht, nimmt seine Toleranz weiter ab.

Onni hatte uns klar gemacht, dass die Bären sehr wohl riechen und hören, dass die kleine Bretterbude, in der wir uns gerade aufhalten, mit Zweibeinern verunreinigt ist. Insbesondere der Geruchssinn der Tatzenträger sei legendär gut. Die ortskundigen Bären hätten lediglich gelernt, dass Kistenmenschen - wie wir es jetzt sind - unter dem Strich total harmlos sind.

Unser nächtlicher Bärenbeobachtungsposten scheint ziemlich fragil.

Die Bären nähern sich bis auf wenige Meter.

Mäuse, Bären und eine verärgerte Frau

Wir haben etwa eine Stunde Zeit, das Erlebte zu verdauen. Dann nehme ich ein kaum hörbares Flüstern meiner Frau wahr. Sie spricht so leise, dass ich nicht verstehe, was sie sagt. Nur ihr leicht vorwurfsvoller Tonfall erreicht mich. Meine Blicke folgen ihrem Finger. Ich kapiere: Sie bemängelt, dass ich den neuen Bären nicht längst entdeckt habe, obwohl er auf *meiner* Seite erschienen ist. Was für eine haarsträubende Vernachlässigung meiner Späherpflichten! Jede Sekunde ist kostbar!

Gebannt beobachten wir den Neuankömmling. Auch bei diesem Muskelberg dürfte es sich um ein Männchen handeln. Während seine beiden Vorgänger einen eher gräulichen Pelz hatten, hat er eine gleichmäßig dunkelbraune Färbung. Der Bär wirkt noch abgeklärter und erfahrener. Unaufgeregt geht er die Stellen ab, an denen Futter versteckt sein könnte. Als er eine der sumpfigen Flächen überquert, dringen die Geräusche seiner ins Nasse patschenden Tatzen bis zu uns. Die Füße, die er vom Boden hebt, ziehen einen dekorativen kleinen Wasserschweif mit nach oben. Sofort ist Ankes fotografischer Ehrgeiz entfacht - das sind die Bilder, von denen sie immer geträumt hat...

Die ganze Landschaft ist mittlerweile in ein mildes Abendlicht getaucht, das stachelt die Dokumentationslust meiner Frau zusätzlich an. Auch die Rückansicht der Bären hat ihren Reiz. Anke haben es die Unterseiten der Bärentatzen angetan. Die ledrigen dunklen Sohlen glänzen im Licht der Abendsonne, als der Bär von uns weg trottet. Da die Füße des Bären nass sind, sieht es aus, als ginge er auf vier fluffigen Lakritzkissen. Generell haben die Tiere ein markantes Gangbild, bei dem sie mit seitlich ausholenden Beinbewegungen vorwärts stapfen - Passgang nennt sich das, habe ich gelernt.

Unser aktueller Besucher ist unerschrockener als seine Vorgänger. Er nähert sich unserem Unterstand bis auf etwa zehn Meter. Gemächlich schreitet er das Areal ab. Als ich einmal zu ungeschickt an einem der Kameralöcher nestele und ein Geräusch verursache, geht nur ein kurzer registrierender Blick des Tieres in unsere Richtung, dann widmet er sich wieder der Futtersuche. Um sein Maul herum hat sich ein schaumiger Speichelrand gebildet.

Der Bär tut uns den Gefallen, den Weiher komplett zu umrunden. Kurzzeitig ist er unseren Blicken entzogen. Dann sehen wir, wie er auf westlicher Seite mehrere bisher unentdeckte Fleischportionen zu Tage fördert. Offensichtlich ist er hervorragend trainiert für das Nahrungsquiz, das zur Aufgabe gestellt ist.

Unvermindert entspannt trollt sich der Fellträger nach seiner ausgiebigen Show in die Richtung, aus der er gekommen ist. Dort treibt er sich einige Minuten im Randbereich des Waldes herum, ist zwischendrin immer mal wieder nicht zu sehen. Wir sind verblüfft, wie wenige Bäume und Sträucher ausreichen, um die riesige Kreatur zu tarnen. Der Gedanke, den wir auf Wanderungen schon oft hatten, wird neu aufgelegt: „Wer weiß, wie viele Bären hier gerade in der Nähe sind?!“

Das aktuelle Exemplar entschließt sich - wieder aus dem Wald hervortretend - zu einer Ehrenrunde, die wir nur innerlich lautstark bejubeln. Erneut trottet er an uns vorbei. Nachdem er die Lichtung halb überquert hat, stellt er noch klar, was er von seinen penetranten Beobachtern hält. Er wendet uns sein Hinterteil zu und kackt uns einen gewaltigen Bärenfladen vor die Nase. Nach diesem abschließenden Statement verschwindet er in Richtung Sonnenuntergang.

Schon drei Bären und wir sind gerade einmal knappe drei Stunden im Dienst! Zufrieden grinsen wir einander an. Was für ein tolles Abenteuer. Das Einzige, was der guten Laune abträglich ist, ist die Kälte. Mit schwindendem Sonnenlicht nimmt sie deutlich zu. Längst haben wir uns schon die Hüttenschuhe angezogen, die wir aus gegebenem Anlass nur noch Tatzenschoner nennen. Windböen tragen dazu bei, dass unser Denken um den Begriff „Hechtsuppe“ kreist.

Was nützt schon die Kältedämmung eines Hauses, wenn die Tür weit offen steht: Zwar sind die unteren fünfzig Zentimeter unseren Verstecks von innen mit Isomatten ausgekleidet, aber das ist nicht mehr als eine fürsorgliche Geste. Der Wind pfeift durch die Löcher, die dem Fotografieren dienen.

Ankes beschließt, eigene Maßnahmen zur Kälteabwehr zu ergreifen. Auf ihren Beinen liegen mehrere Decken übereinander, die Mütze hat sie sich tief ins Gesicht gezogen, der Pulloverkragen ist weit aufgestellt. Dennoch bleibt es ungemütlich. Der Bewegungsmangel, der der Geräuschvermeidung dient, tut sein Übriges.

Plötzlich haben wir Anlass, unsere Körperstarre zu lösen. Wir vernehmen ein leises, kratzendes Geräusch, ein huschendes Etwas. Reflexartig irren unsere Blicke zunächst auf der Lichtung umher. Dann entdecken wir die Quelle der Laute im Inneren unseres Verstecks. Eine Maus, die wir eigentlich umgehend „Jippi Brown“[6] hätten taufen sollen, erklimmt todesmutig unter unseren Augen einen der auf dem Boden stehenden Rucksäcke. Sie hat schon die Hälfte der erforderlichen fünfzig Höhenzentimeter geschafft.

Der Nager hat es auf den Proviant abgesehen, den uns der Veranstalter mitgegeben hat. Wahrscheinlich findet er es total ungerecht, dass hier alle anderen Tiere gefüttert werden - nur er nicht. Ob er sich über eine der Käsestullen oder einen Riegel hermachen will, finden wir nicht heraus. Ohne lange nachzudenken stampfe ich meinen Protest auf den Boden unserer winzigen Hütte und verscheuche die Maus - und möglicherweise ein Dutzend Bären. Einige Minuten später startet der risikofreudige Nager einen erneuten Versuch, so dass ich einen (diesmal

6 In einer seiner Geschichten stellt Janosch die verlogene Maus "Jippi Brown" vor. "Jippi Brown" behauptet gegenüber den Mitmäusen eines Dorfes, dass sie über Superkräfte in ihren Barthaaren verfüge und Sheriff in Texas gewesen sei. Mit Hilfe der Barthaare habe sie im Wilden Westen reihenweise Banditen, Indianer und Löwen zur Strecke gebracht. Die Maus lügt so fantasievoll, dass sie anfängt, an ihre eigenen erdachten Heldentaten zu glauben - bis sie fast vom Dorfkater gefressen wird.

leiseren) Wirbel meiner Fäuste auf der Matratze niedergehen lasse, unter dem er letztlich verschwindet. Meine Frau folgt diesen Ereignissen extrem aufmerksam und meint dann, dass sie sich durchaus vorstellen kann, die ganze Nacht wach zu bleiben...

Nachdem Jippi Brown verschwunden ist, passieren wieder spannende Dinge außerhalb unseres Unterschlupfs. Charakterlich ist der vierte Bär des Abends das genaue Gegenteil von seinem Vorgänger. Nervös trabt er die ganze Zeit in sicherem Abstand zu unseren Verstecken, sucht immer wieder Schutz im Wald. Er traut sich noch nicht einmal in die Nähe der Futterdepots. Immer wieder wendet er seinen Kopf in alle Richtungen und hebt witternd seine Schnauze. Seine Statur ist deutlich schmächtiger als die der vorherigen Bären.

Plötzlich hält der Bär abrupt inne, wendet auf den Hintertatzen und verschwindet wie ein geölter Blitz im Dickicht des Waldes. Wir staunen über die Schnelligkeit des Tieres. Der manchmal behäbig wirkende Gang täuscht. Bären erreichen Geschwindigkeiten von über fünfzig Stundenkilometern. Das Doping, das Menschen eine erfolgreiche Flucht vor diesem Raubtier ermöglicht, muss erst noch erfunden werden. Sogar Elche mit ihren langen Beinen ziehen beim Wettlauf mit dem Ursus arctos regelmäßig den Kürzeren. Wir rätseln hinterher, was genau den Bären vertrieben hat. War es der Geruch eines Artgenossen?

In den nächsten Stunden sehen wir noch zwei, drei Mal Bären, die für kurze Zeit in größerer Entfernung am Waldrand auftauchen und nur mit dem Fernglas zu erkennen sind. Als wir die Hoffnung schon fast aufgeben wollen, tut sich doch noch einmal etwas. Auch der letzte Bär des Tages hat keine so massige Statur, ist aber deutlich cooler als das Nervenbündel, das uns zwei Stunden vorher besucht hat. Wie schon zuvor erweisen sich die lärmenden Möwen als verlässlicher Indikator für das Nahen des Tieres. Vor dem Erscheinen unseres persönlichen Gute Nacht-Teddys war die Sonne untergegangen und hatte knallig rote Töne an den Himmel und auf die spiegelnde Oberfläche des kleinen Weihers gemalt. Ein wunderschönes Bild, mit dem die Natur die Tiererscheinungen einrahmt. Wir genießen die Abendstimmung. Nachdem der Bär sich wieder getrollt hat, nimmt die Helligkeit von Minute zu Minute ab. Immer unschärfer werden die Konturen auf der Lichtung.

Als es ganz dunkel ist, breiten wir die Matratzen aus. Wir sind froh, unsere eigenen Daunenschlafsäcke mitgebracht zu haben. Es scheint uns nicht abwegig, dass auch die Mäuse hin und wieder Onnis Decken und Schlafsäcke nutzen.

Anke besteht darauf, dass ich auf der Seite neben dem Eingang schlafe. Ob meine Aussichten im Nahkampf mit Bären bedeutend besser als die meiner Frau wären, sei dahingestellt. Sicher ist aber, dass die Maus irgendwo in der Nähe der Tür ihr Loch hat.

Ich bin zunächst der Einzige, der schlafen kann. Unfreiwillig hält Anke Wache. Erst als ich nach knapp zweieinhalb Stunden die Augen aufschlage, ist Anke beruhigt und kommt selbst zu etwas Schlaf. In der Zwischenzeit laufen meine Blicke Patrouille in der Morgendämmerung um uns herum.

Gegen vier Uhr morgens begibt sich auch Anke wieder auf ihren Späherposten. Angesichts der Umstände wäre es unpassend, von "Nachtruhe" zu sprechen, wenn man an die zurückliegenden drei bis vier Stunden denkt. Wir kippen uns eine Tasse Kaffee hinter die Binde. Die Thermoskanne leistet uns gute Dienste, das Wasser ist noch warm. Trotz des Kaffees blinzeln wir auch danach mit schweren Lidern in die tierleere Wildnis. Es geschieht nichts Spannendes mehr, morgens um sieben machen wir uns absprachegemäß auf den Rückweg zu Onnis Anwesen.

Ängstlich hatte sich am Vorabend die Eidgenossin erkundigt, ob die Bären nicht ausgerechnet dann auftauchen könnten, wenn wir uns auf den Rückweg machen. Gelassen (und nicht wirklich beruhigend) hatte Onni geantwortet, dass nur die Bären, die sehr spät aus dem Winterschlaf erwachen, sich teilweise noch nicht an seinen Stundenplan hielten. Die anderen in der Regel schon. Wir verdrängen den Gedanken, dass insbesondere Bären, die aus dem Winterschlaf erwacht sind, von einem bohrendem Hunger gequält werden.

Obwohl die Erfahrungen der Nacht dafür sprechen, dass sich jede Menge Bären zwischen den Bäumen verstecken, gehen wir den kurzen Weg zu den Häusern unbegleitet zurück. In kommenden Nacherzählungen der Ereignisse wird die Mehrzahl der Lauschenden erstaunt sein, wie sehr wir bei der Bärenbeobachtung auf uns allein gestellt sind. Der einzige „Guide“, mit dem wir es bisher zu tun hatten, war der wenig robust wirkende junge Russe, der gerade erst dem Zahnspangenalter entwachsen ist. Ansonsten beruht unser gesamter Schutz auf kleinen Bretterbuden und Onnis unerschütterlichem Glauben an seine überwiegend gut getakteten Bären. Vom Bärenspray weiß außer uns niemand.

Ein Blick auf die Umstände von Bärenangriffen hilft, um unser Tun besser einzuschätzen. Nach einer neueren Studie hat es in der Zeit von 1977 bis 2016 insgesamt vierundvierzig Bärenangriffe in Schweden gegeben. In zwei Fällen haben die Attacken dabei zum Tod eines Menschen geführt. Ein Risiko ist also prinzipiell vorhanden. Statistisch liegt es allerdings nur bei etwa einer Bärenattacke in 365 Tagen.

Wenn man sich zusätzlich anschaut, was genau die Gefahr eines Bärenangriffs erhöht, lassen sich eindeutige Faktoren benennen. 75 Prozent der Opfer (33 der 44 Betroffenen) waren Jäger, auch beide Todesopfer waren Jäger. Einer der Verstorbenen wurde vor einer Jagdhütte angegriffen, als er seinen Hund dabei hatte. Von den Autoren der Studie wird unterstrichen, dass oft Hunde für die Eskalation der Ereignisse bei einer Bärenbegegnung verantwortlich sind. In 77 Prozent der Fälle, in denen ein Jäger beteiligt war, hatten Hunde die Bären provoziert.

Für Nichtjäger bestehen im wesentlichen Risiken, wenn man zwischen eine Bärenmutter und deren Nachwuchs gerät oder wenn man Bären beim Winterschlaf überrascht. So war ein zwölfjähriger Junge in eine Bärenhöhle gefallen, während er als Skifahrer weit abseits der Piste unterwegs war. In der Höhle plumpste er auf eine Bärenmutter mit ihren drei Jungen. Das fand Mama Bär verständlicherweise nicht lustig.

Schlussfolgernd lässt sich sagen, dass man erstens nicht auf Bären schießen sollte. Zweitens sollte man nicht seinen Hund auf sie hetzen. Drittens sollte man vermeiden, in ihr Schlafzimmer einzudringen und viertens empfiehlt es sich, Abstand von Weibchen zu halten, die gerade ihre gesamte Kinderschar dabei haben.

Die Wissenschaftler, die die Untersuchung publiziert haben, kommen zu der Empfehlung, dass man Jäger besser ausbilden sollte, bevor sie in einer Umgebung aktiv werden, in der auch Meister Petz wohnt. Zudem betonen die Autoren, dass das Mitführen von Bärenspray - wie in Nordamerika üblich - die eigene Sicherheit in unübersichtlichem Gelände erhöhen könnte.

All das zeigt, dass das Wagnis, das wir eingehen, ziemlich gering ist. Wir haben keine Schusswaffe und keinen Hund dabei. Es gibt hier keine Bärenhöhle, in die wir versehentlich stolpern könnten. Jede überprotektive Bärenmutter, die sich in der Nähe aufhält, dürfte die hiesigen menschlichen Wandergewohnheiten kennen. Und für den ziemlich unwahrscheinlichen Fall der Fälle haben wir immer noch unser Geheimnis auf Pfefferbasis griffbereit.

Ohne Zwischenfall erreichen wir Onnis "Basislager". Nachdem wir die Rucksäcke in unserem Zimmer abgeladen haben, begeben wir uns zum Frühstücksraum. Angeregt diskutieren wir die Ereignisse der Nacht mit der Schweizerin, die wir dort treffen. Erstaunlicherweise hat sie sich sogar getraut, ganz allein zurückzugehen. Als wir Nr. 13 (wie wir die Schweizerin mittlerweile nennen, da ihr Ausguck diese Zahl trägt) von der Maus berichten, schaut sie uns entsetzt an. Ihrer Mimik nach zu urteilen, hätte sie sich eher einem Bären gegenübergestellt, als dass sie es mit einer Maus in ihrem Unterstand ausgehalten hätte. Da ist es gut, dass wir viel kaltblütiger sind. Wir haben noch nicht einmal ernsthaft darüber nachgedacht, in dieser Situation das Nottelefon zu benutzen.

Während wir einander das Best-of der Schnappschüsse präsentieren, saugen wir mit der zweiten Tasse Kaffee das Verhängnis in uns auf. Aufgekratzt durch die gedankliche Nachbereitung des Erlebten und die satte Dosis Koffein wälzen wir uns die folgenden Stunden nahezu schlaflos in den Betten. Der dünne rosafarbene Vorhang vor dem Fenster trägt seinen Teil bei, da er die emsig leuchtende Sonne nicht auszusperren vermag.

Mit schwarzgeränderten Augen und der Körperspannung von Beinahe-Ohnmächtigen finden wir uns pünktlich zum nachmittäglichen Essen ein. Vielleicht verleiht uns die Mahlzeit etwas mehr Energie. Nachdem wir satt sind und auch unseren Proviantrucksack erhalten haben, marschieren wir wieder zu unserem Unterstand. Auf den Symbolrussen als Begleiter verzichten wir diesmal komplett. Onni hatte uns wieder mehrere Hides für die Nacht zur Auswahl gestellt. Trotz der gruseligen Maus haben wir uns wieder für die Eins entschieden, sie scheint uns den besten Rundumblick zu gewähren.

Auf dem Weg zu unserem Beobachtungsposten irritiert uns ein quietschendes Geräusch, das wir zunächst nicht zuordnen konnten. Das Rätsel löst sich, als wir einen jungen Mann mit einer Schubkarre sehen. Aufgrund des Aussehens vermuten wir, dass es Onnis Sohn sein könnte. Die Bärenköder (zu deren Transport die Karre gedient hatte) sind just von ihm ausgelegt worden. Die Laute, die die altersschwache Karre verursacht, sind erwünscht. Sie dienen als eine Art Signal für die wandelnden Pelzberge. Die Bären werden damit zum Essen gerufen. Der Lockvogel mit der Schubkarre flüstert uns diese Informationen zu und empfiehlt uns dann, bereit zu sein.

Das sind wir. Das bleiben wir. In bewährter Manier ordnen wir uns und unsere Mitbringsel an und starren auf die Landschaft. Wie die Möwen, die pünktlich zur Verabredung mit den Bären erscheinen. Nur die Hauptdarsteller bleiben unsichtbar. Während die Vögel ab und an einen Artgenossen attackieren oder Wurzelbüschel im Schnabel spazieren tragen, schieben wir uns Essbares in den Mund, ruckeln mit den Stühlen hin und her und kämpfen schon bald mit einer bleiernen Müdigkeit. Wir starren weiter, so gut wir können. Erst passiert nichts, dann gar nichts und schließlich überhaupt nichts - stundenlang.

Einmal, es muss so gegen sieben Uhr abends sein, mischt sich ein entferntes, leises Brummen unter die Laute der Vögel. Es ist für etwa eine Minute lang zu hören. Dann glotzen wir weiter auf die Enten und die Möwen. Um zehn Uhr abends ist das endgültig langweilig, zumal die Möwen - genauso enttäuscht wie wir - fast alle wieder ausgeflogen sind und die Enten sprachlich extrem limitiert sind. Sie beherrschen nur eine einzige Art des Schnatterns.

Das Verwöhnprogramm des Vortags mit fünf Bären scheint längst nicht mehr erreichbar. Der Mangel an Animation hat dafür gesorgt, dass mir schon am frühen Abend einmal kurz die Augen zufallen. Das hat die auch heute wieder ungemütliche Witterung nicht verhindern können. Am sehr späten Abend, die Dämmerung hat längst eingesetzt, wollen uns zwei Rentiere über den Bärenmangel hinwegtrösten. Wir sorgen uns sofort um sie. Haben die eigentlich eine Ahnung, wie viele hungrige Raubtiere sich hier tummeln? Bilder aus Tierdokumentationen steigen vor unserem geistigen Auge auf. Löwen, die eine Antilope vor laufender Kamera reißen. Wölfe, die ein Karibu zu Tode hetzen. Klar, so ist die Natur.

Dennoch legen wir keinen gesteigerten Wert darauf, dass ein Rentier direkt vor unseren Augen zerfetzt wird. Schließlich ernährt sich Meister Petz zu mindestens siebzig Prozent vegetarisch. Und wir selbst essen auch kein Fleisch. In Kanada hatten wir mal einen Bären entdeckt, der - in einem Meer aus Blumen hockend - ausdauernd Blüten in sich hinein stopfte. *Das* war ein schönes Bild gewesen. Falls die hiesigen Bären Appetit auf Fleisch haben, sollen sie doch - verdammt noch mal - herkommen. In unmittelbarer Nähe unseres Verstecks liegen zahlreiche bisher unentdeckte Köder.

Zu unserer Erleichterung scheinen die Rentiere nach einiger Zeit etwas zu wittern und verschwinden eiligen Schrittes. Kommen jetzt endlich unsere Freunde mit dem dicken Pelz? Wieder Fehlalarm.

Inzwischen fällt es mir noch schwerer, die Augen offen zu halten. Doch dann nehme ich eine Bewegung in etwa fünfzig Meter Entfernung wahr. Ist da was? Konzentriert schaue ich auf die Stelle. Es geht so schnell, dass ich es nicht rechtzeitig schaffe, Ankes Blicke in die richtige Richtung zu lenken. Ich hauche nur ein "Da ist was!" zu ihr hinüber. Ein schwarzes Etwas mit markanten Gesichtszügen starrt zu mir herüber. Ist das ein Bärenjunges? Von der Größe her wäre es möglich, denke ich zunächst. Aber falls das so ist, wo ist dann die Mutter? Kaum dass ich mir diese Fragen gestellt habe, bewegt sich das Tier und reckt seinen Hals. Es setzt sich auf die Hinterpfoten, um sich einen Überblick zu verschaffen. Dann wendet es sich ab und verschwindet wie ein geölter Blitz im Wald. Während es wegrennt, verstehe ich anhand des Laufbildes, was ich da sehe: einen Vielfraß.

Der englische Name für Vielfraße ist „Wolverine“ und klingt viel cooler. Ein Vielfraß ist vergleichsweise klein, die Männchen erreichen ein Maximalgewicht von zweiundreißig Kilogramm. Die Tiere gehören zur Familie der Marder und sind noch scheuer als Bären. In Schweden gibt es etwa 850 Exemplare, im Gegensatz dazu geht man dort von immerhin 3000 Bären aus. Die geringe Zahl an Vielfraßen ist auch auf Wilderei zurückzuführen, die deren häufigste Todesursache darstellt. Insofern ist eine Sichtung des Tieres absolut etwas Besonderes - selbst wenn sie nur wenige Sekunden gelingt. Da Anke der Anblick des Tieres verwehrt bleibt, hadert sie erst einmal mit dem Schicksal.

Von Onni haben wir erfahren, dass ein Konflikt (beispielsweise um einen Kadaver) zwischen einem Wolverine und einem Bär überraschend häufig zugunsten des Marders ausgeht. Ungläubig staunen wir: Ein Vielfraß nimmt es mit diesen Gegnern auf? Tatsächlich. Das - aus Bärensicht - bis zu zehnfach leichtere Tier ist eine Art beißwütiger Hooligan und hat es mit seinen Zähnen auch unter größeren Raubtieren zu einem unheilvollen Ruf gebracht.

Bevor sich der Vorhang der Nacht senkt, besucht uns noch ein Fuchs. Seine Färbung geht teilweise ins Weißliche. Prompt beschließen wir, dass es sich um einen Polarfuchs handeln muss, dessen Fell gerade auf Sommerzeit umgestellt wird. Wir wollen lieber niemanden fragen, ob das stimmen kann. Statt dessen halten wir uns an dem Gedanken fest, dass wir bereits einen Vielfraß *und* einen Polarfuchs gesehen haben. Wir brauchen Trost für die andauernde Abwesenheit der Bären.

Es ist fast Mitternacht, als wir die Hoffnung aufgeben. Es ist mittlerweile zu dunkel, um die Umgebung gut zu erkennen. Außerdem fordert der Schlafmangel seinen Tribut. Wir breiten die Matratzen aus, fädeln uns in die Schlafsäcke und gleiten fast sofort ins Reich der Träume, wo wir unsere Suche nach Bären fortsetzen. Ab und an werde ich in den folgenden Stunden von einem leisen Brummen geweckt. Alarmiert recke ich in diesen Momenten meinen Hals. Ich stelle dann jedes Mal fest, dass der Ursprung der Geräusche direkt neben mir zu finden ist und mit der der Atmung meiner Mitbewohnerin zusammenhängt.

Um 3 Uhr 30 weckt uns ein leiser Ton meines Handys, dessen Wecker ich gestellt hatte. Ich wechsele schlaftrunkene Blicke mit Anke, die einige Sekunden lang zurück stiert und sich etwas aufrichtet. Zum Reden sind wir offenbar beide zu müde. Schon nach kurzer Zeit lässt meine Frau sich wieder zurücksinken. Auch ich suche verzweifelt nach einer Motivation, mich aus dem wärmendem Schlafsack zu schälen. Momentan sehen die Stühle total ungemütlich aus. Erschwerend kommt hinzu, dass ich das zusammengerollte Etwas zu meiner Rechten, das bereits wieder auffällig tief atmet, überwinden müsste, um mich bis zu den unendlich weit entfernten Sitzgelegenheiten durchzuschlagen. Ich beschließe, das Ganze erst einmal gründlich zu überdenken.

Mitten in meinen Überlegungen schlafe ich wieder ein. Irgendwann zwischendrin wache ich noch einmal kurz vom eigenen Schnarchen sowie etwas später von einem Rascheln auf, bei dem ich die Maus als Urheberin in Verdacht habe. Als ich um fünf Uhr morgens erneut die Augen aufschlage, schaffe ich es endlich, mich aufzurichten und auf die Lichtung zu spähen.

Es dauert etwas, bis ich das Bild vollständig in mir aufnehme. Einige Meter von uns entfernt liegt eine von Onnis Steinplatten. Seltsam scheint nur, dass die Platte nicht plan auf der Erde aufzuliegen scheint, irgendwie sieht sie schräg aus. Das war mir gestern Abend gar nicht aufgefallen. Kein Wunder, dass sich jetzt so viele Möwen versammelt haben, die kommen möglicherweise auch ohne Bärenhilfe an den Köder. Deswegen picken sie wohl auch so eifrig. Ich schaue noch einmal hin. In diesem Moment fällt mir auf, dass der Stein falsch herum liegt. Verdammter Mist! Wir haben *mindestens* einen Bären verschlafen!

Anke wird wach, während ich leise Flüche ausstoße. Ich erläutere ihr die Situation. Ihre morgendliche Laune nimmt sofort Tiefkühltemperatur an. Böse schaut sie mich an. Innerhalb weniger Sekunden hat sie den Schuldigen ausgemacht. Hätte sie sich doch selbst einen Wecker gestellt! Vom Alarm meines vorsintflutlichen Handys könne man ja sowieso nicht aufwachen. Trotz meines schlechten Gewissens muss ich sie daran erinnern, dass sie wach gewesen war. Sie hatte mich sogar einige Zeit lang angeschaut.

Nein, sie sei nicht wach gewesen, behauptet sie steif und fest. Davon, dass ich sie später noch einmal geweckt hatte, weiß sie auch nichts mehr. Motto: Wer schläft, sündigt nicht. Wer keinen eigenen Wecker gestellt hatte, erst recht nicht. Schuldig im Sinne der Anklage sei mithin ich. Als Einziger.

Als wir uns vor Augen führen, dass der Bär mutmaßlich erst kurze Zeit vor unserem Erwachen hier war, da die Möwen immer noch so aktiv sind, macht das die Sache kein bisschen besser. Offenbar sind nicht nur Bären in der Lage, sich an Menschen zu gewöhnen. Auch wir haben uns der Situation schon angepasst und haben wenige Meter von einem riesigen Bären entfernt wie ein Murmeltier geschlafen. So wie man als Kind mit seinem Stoffteddy, der irgendwo unter den eigenen Kissen begraben war, auch immer besonders gut geruht hatte. Noch nicht einmal das begleitende Möwengeschrei hat uns wach werden lassen. Wir sind in dieser Nacht zwar total erfolglose, aber andererseits auch sehr abgebrühte Beobachter. Wer kann schon von sich behaupten, neben einem wilden Bären geschlafen zu haben. Ich wüsste allerdings zu gerne, was die Tiere denken, wenn sie Menschen schnarchen hören.

Erwartungsgemäß passiert die nächsten zwei Stunden nichts Nennenswertes mehr. Onnis mutmaßlicher Sohn versucht uns aufzuheitern, als wir mit langen Gesichtern zum Hauptgebäude zurückgekehrt sind. Die Rentiere, die wir gesehen hätten, seien keine „Santa Claus-Rentiere", sie gehörten keinem Züchter. Es müsse sich um wilde Rentiere gehandelt haben, das sei sehr selten. Na toll.

Später lesen wir, dass Bären nicht nur vor einem Angriff sondern auch vor der Paarung manchmal ein leises Brummen ertönen lassen, um den Partner in Stimmung zu bringen. War das der Grund für das Nichterscheinen unserer derzeitigen Lieblingstiere? Hatte das Pärchen vom Vortag unweit von uns eine Nummer in den Büschen geschoben und dem Liebeshunger den Vorzug gegeben? Wie ungerecht! Nächte zuvor waren andere Touristen Zeugen eines waschechten Raubtierpornos geworden und hatten einer Paarung zuschauen dürfen.

Müde legen wir uns nach dem Frühstück hin, um eine kleine Mütze voll Schlaf abzukommen. Dann nehmen wir am späten Vormittag den 700 km langen Heimweg in Angriff, der reichlich Gelegenheit für eine Bilanz bietet. Was für ein wunderbares Abenteuer, das rein gar nichts mit der Atmosphäre in einem Zoo zu tun hatte. Keine verhaltensgestörten, unglücklich inhaftierten Tiere, die zur Belustigung einer Eiscreme-schleckenden Masse am Nasenring vorgeführt werden. Minimal invasiver und maximal vertrauensvoller sanfter Tourismus - Prädikat besonders wertvoll.

Tierisch gemütlich

Mehr als ein halbes Jahr lang war Weiß die dominierende Farbe vor unserer Haustür. Jetzt scheint die Bildregie versehentlich auf den Zeitrafferknopf gekommen zu sein. Ein atemberaubend rasanter Wandel vollzieht sich vor unseren Augen. Kaum ist der Schnee geschmolzen, nimmt der Wachstumswettbewerb um uns herum Fahrt auf. Anfang Mai verschwindet die Sonne noch für knappe sechs Stunden hinter dem Horizont, richtig dunkel wird es trotzdem nicht mehr. Die Sonne steht während der Mitternachtsdämmerung direkt unter dem Horizont und schickt ihre Strahlen über dessen Rand. Das Überangebot an Licht und Wasser ist meteorologischer Superdünger für alle Pflanzen. Birken knospen. Fast von einem Tag auf den anderen wird aus der gräulich-braunen Matte vor unserer Haustür ein hellgrün sprießender Rasen.

Der Fast-Forward-Modus der Vegetation sorgt dafür, dass in unserem Vorgarten ein Wildpark entsteht. Nach dem eintönigen Speiseplan der Wintermonate lechzen die meisten Tiere des Waldes nach einer geschmacklichen Abwechslung. Sie stürzen sich auf jeden zarten Trieb, der ihnen zwischen die Beißer kommt. Wiesen sind in dieser Gegend Lapplands kaum vorhanden. Im Gegensatz zu den Elchen, die in ihren Waldverstecken bleiben, scheuen sich die Rentiere nicht, die Nähe zu menschlichen Behausungen in Kauf zu nehmen, um sich über frisches Gras herzumachen.

Offensichtlich sind auch vor unserer Hütte reichlich Leckerbissen zu finden. Wenn wir morgens die Jalousien unserer Fenster öffnen, reiben wir uns manches Mal die Augen. Äsende Rentiere stehen immer mal wieder nur wenige Meter vom Haus entfernt und gucken ebenso verdutzt zum Fenster hinein wie wir hinaus. Die Geräusche und plötzlichen Bewegungen hinter den Scheiben verunsichern die Tiere kurzzeitig.

Anke, die Tierfotografin in unserer Mitte, stellt in diesen Momenten persönliche Bestleistungen auf, was das Aufstehen angeht. Wie eine zum Boden gebogene Wippfigur auf dem Kinderspielplatz schnellt sie in die Vertikale, sprintet durchs Haus und hat im Rekordtempo ihre Kamera im Anschlag.

Der frisch gebackenen Fotografin gelingt es umgehend, ihren Führungsanspruch mit zerzausten Haaren im Frotteeschlafanzug und Hausschuhen zu untermauern. In einem Tonfall, der keinen Widerspruch duldet, verkündet sie, dass fortan nur noch Flüsterton und Bewegungen im Zeitlupentempo erlaubt seien. Meist tolerieren wir ihren Anschlag auf die Familiendemokratie. Wann hat man schon einmal Gelegenheit, aus dem eigenen Wohnzimmer heraus auf Schnappschussjagd zu gehen und lebendigen Motiven so nah zu kommen. Die manchmal nur ein bis zwei Armlängen vom Fenster entfernten Rentiere erlauben uns ein genaues Studium der Veränderungen, die im Gijre, im samischen Frühling, bei ihnen vonstatten gehen.

Der Fellwechsel der Rentiere findet alljährlich von Mitte April bis in den Juni hinein statt. Ihr Erscheinungsbild erinnert dann zuweilen an einen alten, löchrigen Teppich, den man nur aus Mangel an Gelegenheit noch nicht auf den Sperrmüll gegeben hat. Der dichte Pelz für die kalten Tage löst sich in großen Fetzen ab. Landkartenartige, zerfleddert wirkende Fellkrater bleiben zurück, manche Tiere machen einen fast räudigen Eindruck. Der abgelegte Wintermantel hat einen etwas helleren Ton als die Sommergarderobe, die darunter zum Vorschein kommt.

Die Gräsergourmets vor unserer Haustür sehen glücklicherweise längst nicht so zerlumpt aus wie viele ihrer Artgenossen zu dieser Jahreszeit. Unermüdlich drückt Anke auf den Auslöser, freut sich an der Bildausbeute und an der Tatsache, dass die Tiere so ausdauernd auf unserem Grundstück herumstromern.

Eines der Tiere scheint eine Saisonkarte gebucht zu haben. Nahezu täglich besucht es uns. Während wir das emsige Auf- und Abwippen seiner Oberlippe beobachten, die jeden noch so kleinen Halm abzurupfen versucht, verstehe ich, woher der Ausdruck "frei nach Schnauze" kommt. In einem sich ständig ändernden Zickzackkurs trottet das Ren vor unseren Fenstern hin und her. Eines von vielen Beispielen dafür, dass Chaos das dominierende Prinzip in der freien Wildbahn ist. Wie viele Bäume verdanken ihr Leben einem vergesslichen Eichhörnchen, das die als Wintervorrat vergrabene Eichel bei der Ernte übersehen hat? Je länger ich über solche Tatsachen nachdenke, desto sicherer bin ich, dass mein persönlicher Hang zur Unordnung Ausdruck meiner tiefen inneren Verbindung zur Natur ist. Mein dickschädelige Frau allerdings will solche Argumente in unserem Haushalt nicht gelten lassen. Laien sind das eigentliche Dilemma, mit dem man als Wissenschaftler leben muss.

Zumindest sind wir uns in der Begeisterung für die wochenlang andauernde exklusive Show einig. Ab und an bringt unser Haus-und-Hof-Rentier seine ganze Clique mit. Wenn sich vier, fünf Rentiere gleichzeitig versammeln, wissen wir gar nicht, wohin wir zuerst schauen sollen. In einer Ecke hebt ein Tier witternd seine Nase, ein anderes untersucht die Büsche beim Nachbarn, ein drittes pinkelt gerade einen dekorativen Strahl auf unseren Rasen.

Alle arbeiten derzeit intensiv am Wachstum ihres Geweihs. Rentiere sind die einzige Hirschart, bei der auch die Weibchen eines tragen. Unter anderem hilft es bei der Nahrungssuche im tiefen Schnee. Während die Männchen ihren Kopfschmuck schon im Herbst des Vorjahres abgeworfen haben, verlieren die Rentierdamen ihn erst im März oder April. Jetzt scheint es, als seien die Geweihe mit einem Zaubertrank behandelt worden. Die Hornstangen schießen wie Pilze aus der Stirn, bis zu zwei Zentimeter pro Tag verlängern sie sich. Wir sitzen auf einem Logenplatz in einer Naturdokumentation, die tagtägliche Veränderungen im Aussehen der Hauptdarsteller zeitigt. Dunkelbrauner Bast umkleidet das Gehörn, sorgt für Nährstoffzufuhr und ermöglicht dessen Wachstum. Der Bast sieht so flauschig aus, dass er Plüschtierhersteller inspiriert haben könnte. Waffen im Teddylook.

Rentiere sind nicht unsere einzigen "Haustiere", die derzeit schwer zu kontrollierende Streichelinstinkte wecken. Kleine weiße Büschel mit viel zu langen Haaren und aufgestellten Lauschern hoppeln in unserem Garten hin und her. Ein Suchbild für Sehbehinderte: Die hopsenden Mümmler kümmert ihre Enttarnung nicht, die mit der Schneeschmelze einhergegangen ist. Scheinbar zutraulich drehen Schneehasen ihre Runden. Während sie vom ersten Grün des Jahres in den Bann gezogen sind, fragt man sich, ob mit der Emanzipation von der kalten Jahreszeit nicht ihr Name geändert werden sollte. Im Gegensatz zur verbalen Inklusion der heimischen Schneehühner (die taxonomisch korrekt *Moorschneehühner* gerufen werden), müssen die Schneehasen damit leben, im Sommer einen völlig unpassenden Namen zu tragen.

Immerhin bemühen sich die Betroffenen, nicht übermäßig lange optisch aus dem Rahmen zu fallen. Die Verwandlung beginnt am Kopf, der als allererstes einen Braunton annimmt. Nach und nach folgt der Körperstamm dieser farblichen Vorgabe - nur die Bauchpartie bleibt erst einmal weiß. Logisch. Ein dichteres Bauchfell dürfte in der Subarktis auch im Frühling von Vorteil sein. Da die Hasen außerdem wohl so gut wie nie auf dem Rücken liegen, ziehen sie mit ihrer hellen Unterseite nicht die Aufmerksamkeit übermäßig vieler Feinde auf sich. Erstaunlich finden wir allerdings, dass ausgerechnet die Ohren von Meister Lampe so lange ihre weiße Signalfarbe behalten. War der Schutzgott der Langohren bei der Tierentwicklung leichtfertig? Oder sind die leuchtenden Löffel gewissermaßen die erogene Zone, mit denen die Hasen auf sich aufmerksam machen? Diese Vermutung liegt nahe. Also verbirgt sich hinter dem Wink mit den Lauschern wohl eine Anmache auf Hasenart: "zu dir oder zu mir?". Den kleinen Rammlern tropfen die Geschlechtshormone zu dieser Zeit des Jahres geradezu aus den Poren. Wer nicht wagt, der nicht bespringt.

Das Tierballett in unserem Garten animiert uns zu Schwärmereien, die auch Ove, einen hiesigen Bekannten, erreichen. Der erzählt uns von einer Idee, wie man unsere private Artenvielfalt hinter dem Haus noch vermehren kann. "Wenn ihr einen Salzleckstein kauft, helfe ich Euch, ihn aufzustellen. Elche lieben Salz."

Diese Bemerkung ist ein Brandbeschleuniger für unseren Ehrgeiz als Tierbeobachter und Naturfotografen. Kaum, dass seine Worte verklungen sind, sehen wir im Geiste riesige Elchbullen, deren dampfender Atem im Licht der Mitternachtssonne nach oben steigt. Äsende Elche mit mächtigen Schaufeln würden uns besuchen. Vielleicht sogar eine Mutter mit ihrem Kalb.

Wir suchen den nächstbesten Vorwand, um nach Kiruna zu fahren und einen Salzleckstein zu besorgen. Der Würfel sieht nach einer Zehnjahresdosis Suppenwürze aus, hat Seitenlängen von etwa zwanzig Zentimetern und wiegt schwer in meinen Händen. Die Tage, in denen der weiße Block nutzlos in unserer Hütte herum liegt, sind zäh wie Kaugummi. Ungeduldig warten wir auf den Tag, an dem Ove sein Versprechen einlösen wird.

Ove ist allerdings ein typischer Nordschwede. Er hat gerade so gut wie gar keine Zeit. Mit Beginn der hellen Tage werden alle Bewohner Lapplands von einer Aufbruchsstimmung erfasst. Wie ein Hund, der tropfnass aus dem Wasser steigt, versuchen sie, die monatelange Trägheit der dunklen Jahreszeit vehement abzuschütteln. Auf Nachbargrundstücken entfaltet sich emsige Aktivität. Dächer und Fassaden werden ausgebessert, Häuser gestrichen, Sommermöbel hervorgeholt. Hämmernde oder sägende Heimwerker sorgen für frühlingshafte Hintergrundgeräusche, die uns schon nach kurzer Zeit in Fleisch und Blut übergehen - wie einem langjährigen Autobahnanwohner das ständige Verkehrsrauschen.

Bis in die Nacht hinein nutzen die Einheimischen das Energieplus, das mit der natürlichen Dauerbeleuchtung einhergeht. Auch Ove scheint eine meterlange To-Do-Liste abzuarbeiten. Endlich entdeckt er eine Lücke in seinem Terminplan und kündigt sein Kommen an. Als er mit einer Motorsäge bewaffnet bei uns aufkreuzt, fahre ich hastig in Arbeitshose und Stiefel und trage den Salzstein wie einen Siegerpokal nach draußen.

Für dessen erfolgreiche Platzierung ist ein kleiner Eingriff an der Grundstücksnatur unerlässlich. Dazu hatten wir unseren Vermieter im Vorfeld um Erlaubnis gefragt. Der hatte sich sofort begeistert gezeigt, seine Hütte zu einer Elchwarte umzugestalten. Offensichtlich hofft er, selbst Nutznießer zu werden, wenn wir ihm in einigen Monaten sein Wohnjuwel wieder überlassen. Zwar ist der deutsche Elch-Hype den meisten Schweden nicht ohne weiteres verständlich. Skandinavier sind den Anblick der Riesentiere von klein auf gewohnt. Die grundsätzliche Liebe zur Natur ist bei den Einheimischen jedoch tief verankert. Sie gehört schlicht zur genetischen Grundausstattung der Menschen in Lappland, in dem einsame Landschaften jahrhundertelang der dominierende Sinneseindruck waren.

Unser kleiner Spähtrupp sucht den bestmöglichen Ort, an dem wir unseren salzigen Zauberwürfel platzieren können. Wir wollen sehen können, ohne gesehen zu werden. Dabei kommt uns entgegen, dass Elche sich primär auf ihre Ohren und ihren Geruchssinn verlassen. Die Oberfläche ihrer Ohren ist mehr als fünfzig mal größer als die des Menschen, außerdem können sie ihre Geweihschaufeln wie eine Satellitenschüssel als eine Art Schallverstärker benutzen. Ihre Sehschärfe hingegen ist der des Menschen grundsätzlich unterlegen.

Die Schwachsichtigkeit der Kolosse gibt den Ausschlag. Wir beschließen, einige kleinere Büsche und zwei, drei junge Birken zu entfernen. Ove beruhigt unser schlechtes Gewissen. Das Holz der Birken werde er verfeuern. Die Heizperiode betrage in Lappland praktisch zwölf Monate im Jahr, Brennstoff werde immer gebraucht. Er hat recht, auch jetzt - Ende Mai - haben wir unseren Kamin noch keine Woche gänzlich außer Betrieb genommen. Ohnehin hat Ove das Heft des Handelns fest in der Hand - mit seiner Kettensäge hat er in wenigen Minuten eine Mini-Lichtung geschaffen, die etwa siebzig Meter von unserem Haus entfernt liegt.

Unser Mann fürs Laute lässt das entscheidende Knattern der Säge ertönen. Als Servierhilfe für den Salzleckstein haben wir uns eine etwa zehn Zentimeter starke Kiefer ausgeguckt. Ove kappt den Stamm in über zwei Metern Höhe. So werden nur die hochgewachsenen Elche in der Lage sein, die begehrten Mineralien zu erreichen. Für Rentierzungen wird das Salz nicht erreichbar sein. Gekonnt sägt Ove den verbleibenden Baumstumpf oben spitz zu, so dass er dort nur drei Zentimeter dick ist. Wer so virtuos mit der Kettensäge umgehen kann, braucht auch keine Schnittschutzhose, denke ich. Immer wieder hatte ich etwas besorgt das Outfit von Ove gemustert, der in Gummistiefeln und dünner Jeans erschienen war.

Dann ist es endlich soweit. Mir wird die große Ehre zuteil, den entscheidenden letzten Arbeitsschritt zu vollziehen. Eine im wahrsten Sinne erhebende Tat: Auf den Zehenspitzen stehend versuche ich, den Klotz dorthin zu wuchten, wo er hin soll. Nicht nur mein im Vergleich zu Elchen bescheidenes Längenwachstum erschwert den Erfolg. Zunächst lässt sich die zentrale Aussparung des Salzsteins nicht über das Holz schieben. Erst nach einigen kleinen Korrekturen am hölzernen Aufnehmer gelingt uns eine stabile Positionierung. Andächtig mustern Anke, Ove und ich unser gemeinsames Werk. Wir sind uns darüber einig, dass der prächtigste Elchlutscher ganz Lapplands unmittelbar neben unserem Haus steht. Wenn wir Elche wären, wüssten wir, was zu tun ist.

Dummerweise scheinen die Elche da ganz anderer Meinung zu sein. So oft wir uns in den nächsten Wochen auch die Nase an der Fensterscheibe plattdrücken, so ausdauernd wir auch spähen, die blöden Viecher ignorieren unseren liebevoll errichteten Salzlolli. Das ist besonders ärgerlich, weil wir im angrenzenden Wald ständig auf Elchlosung stoßen.

Von den Hinterlassenschaften der Elche wissen wir aufgrund unserer Spaziergänge im Wald, von denen uns die überfluteten Wege längst nicht mehr abhalten können. Zu verlockend sind die Lichtspiele der Mitternachtssonne. Am liebsten schnüren wir die Wanderstiefel, wenn wir eigentlich ins Bett gehen sollten. Wir genießen es, uns an den meteorologischen Extremen der Region zu weiden. Um zweiundzwanzig Uhr legt die tief stehende Sonne erst richtig los.

Unsere Haustür scheint an manchen dieser Tage nicht nach draußen zu führen. Wenn wir durch sie hindurch schreiten, ist es, als beträten wir das Innere eines gigantischen orangefarbenen Lampions. Unser See wirkt, als sei er in einen roten Rahmen eingefasst. Intensiv schimmern seine Ufer im Kontrast zur dunklen Wasseroberfläche. Die Stämme der Bäume sehen in ihrer leuchtend-beigebraunen Musterung geradezu knusprig aus. Kupferfarbene Häuser erinnern an glühende Kohlenstücke in einem Feuer. Die Landschaft ist mit intensiven Farbtupfern gesprenkelt, kleine Glutnester strahlen aus zahlreichen Winkeln. In dieser Kapelle aus Licht setzen wir andächtig einen Fuß vor den anderen, atmen die Atmosphäre eines überirdischen Laternenumzugs, der einen erhabenen Augenblick nach dem anderen gebiert. Wie ahnungslos sind doch diejenigen, die mit polaren Regionen lediglich die Eigenschaften "kalt" und "dunkel" verbinden!

Wenn wir unsere Gesichter der Sonne zuwenden, werden wir selbst zu wandelnden Leuchtkörpern. Als überdimensionierte Glühwürmchen, die den aufrechten Gang erlernt haben, strahlen wir dann mit allem anderen um die Wette. Es ist ja nach wie vor strittig, ob Goethes letzte Worte wirklich "Mehr Licht!" lauteten. Wäre er an einem Mittsommertag in Lappland gestorben, würde ich mich festlegen: Ein solche Forderung ist in einer Gegend des Lichtextremismus eigentlich nicht denkbar.

Obwohl maximal zwei Drittel unserer Familie gerne Berge hinauf kraxelt, sind wir oft vollzählig, wenn wir uns an diesen Tagen einen noch besseren Überblick auf das Farbenspiel der Sonne verschaffen wollen. Unser wenig spektakulärer Hausberg, der Alttavaara, würde allenfalls auf Lummerland in geografischen Beschreibungen erwähnt werden. Die Bezeichnung "Gipfel" scheint für seinen höchsten Punkt unangemessen prahlerisch, zumal dieser durch ein kleines Transformatorhäuschen ästhetisch verhunzt ist. Dennoch bietet er gute Ausblicke in alle Himmelsrichtungen.

Beim Gedanken an die Mitternachtssonne erscheinen vor dem geistigen Auge Bilderserien, auf denen die Sonne eine sanft geschwungene Parabel vollführt, deren Unterseite gerade so eben auf die Erd- oder Wasseroberfläche aufzusetzen scheint. Anke muss feststellen, dass er gar nicht so leicht ist, dieses Schauspiel in den Kasten zu bekommen. Einerseits braucht es dafür eine flache Landschaft in nördlicher Blickrichtung. Andererseits blendet das Gleißen der tief stehenden Sonne nicht nur unsere Augen, es bricht sich auch zu zahlreichen Prismen in der Kameralinse.

Auch wenn es sich bei der Quelle allen Lebens in unserer Galaxie astronomisch gesehen um einen Stern handelt und Sterne bekanntlich sternenförmig sind: eine anständige Sonne hat auf einem Foto doch bitteschön rund auszusehen. Trotz etlicher Versuche will das Runde nicht naturgetreu aufs Display-Eckige. Das frustriert die ambitionierte Hobbyfotografin. Künftige Recherchen werden ergeben, dass ihr ein sogenannter Sonnenring fehlt. Der muss aufs Objektiv gesetzt werden, um die mittsommerliche Attraktion wunschgemäß einzufangen. Doof, das manche Geschenkideen immer unmittelbar nach einem Geburtstag aufkommen...

Unbeeindruckt von derartigen gedanklichen Exkursen glüht der Wald weiter vor sich hin. Wir setzen den Streifzug fort, wenden die Blicke nach unten. Dort sind alle Sehenswürdigkeiten scharf abgebildet: Zu den ständigen Begleitern unserer mitternächtlichen Ausflüge gehören spindeldürre Wesen. Unsere über zehn Meter langen Schatten sehen aus, als seien wir alle drei Streckbankopfer, die auf Stelzen unterwegs sind. Wenn wir uns etwas vornüber beugen und die Hände zu Klauen formen, entstehen gruselige Gestalten, die man bis zum nächsten Halloween konservieren könnte. Allein die Silhouette von Ankes langgliedrigen Fingern hätte im Mittelalter hinreichend Verdachtsmomente ergeben, um sie der Hexerei zu bezichtigen. Auch profane Hampelmann-Übungen tragen zu unserer Belustigung bei. Ellenlange Arme und endlose Beine klappen in riesenhaften Scherenbewegungen gegeneinander.

Manchmal werden unsere Albernheiten abrupt durch Vogelrufe beendet. Fremdartige Melodien hängen dann in der Luft und erinnern uns auch akustisch daran, dass wir in einer Gegend unterwegs sind, die weit von unseren deutschen Wäldern entfernt liegt. Einer der Piepmätze hat es meiner Frau besonders angetan. Sobald sein Gesang ertönt, breitet sich ein schwärmerischer Ausdruck auf ihrem Gesicht aus. Immer wieder redet sie dann von einer herrlichen Kadenz, die wir gerade zu Ohren bekommen hätten. Ich bin in solchen Momenten doppelt beeindruckt - von den Sangeskünsten des Vogels und der musischen Bildung meiner Frau. Ich lasse mir nichts anmerken und tue einfach so, als wüsste ich, was eine Kadenz ist.

Es ist noch nicht lange her, dass wir uns ganze Nächte um die Ohren geschlagen haben, um wilde Bären zu beobachten. Das Bewusstsein, dass es sich um oft dämmerungsaktive Tiere handelt, ist durch dieses Erlebnis noch einmal geschärft worden: Wir führen bei jedem unserer nächtlichen Abstecher das Bärenspray mit. Unsere Berichte von den überall in Lappland umherstreifenden Raubtieren haben offensichtlich auch Moritz beeindruckt. Immer vergewissert er sich, dass wir nicht unbewaffnet das Haus verlassen. Am liebsten gibt er den Frontmann in unserer Selbstverteidigungslinie und trägt das Pfefferkonzentrat selbst. Auf einigen Gegenlicht-Bildern, die ihn mit dem Bärenspray in Hüfthöhe zeigen, erinnert er an einen Cowboy, dessen Hand schussbereit über dem Holster schwebt. Unser jugendlicher Ranger passt auf uns auf. Wir können uns voll und ganz den Schönheiten des lappländischen Mittsommers zuwenden.

Schneehase im Fellwechsel.

Tiershow im eigenen Garten.

Den flauschig wirkenden Bast auf dem wachsenden Geweih würde man zu gerne mal anfassen.

Im Frühsommer wachsen die Elchschaufeln fast so schnell wie das Gras.

Unsere Hütte soll zur Elchwarte werden.
Wir bringen einen Salzleckstein in einigen Metern Entfernung an.

Lapplands stille Schönheit: Die Sonne über einem See.

Lust und Frust als Extrempendler

Das menschliche Gefühl für Normalität unterliegt einem unaufhörlichen Wandel. Im vorindustriellen Mitteleuropa gehörten das Rattern von Kutschenrädern auf den Straßen und der Geruch nach Pferdemist zum Alltag. In unserer Zeit sitzen sich allmorgendlich Tausende in den U-Bahnen, S-Bahnen und Zügen wortkarg gegenüber und starren wie hypnotisiert auf ihre Smartphones. Blechkarawanen ziehen in der Frühe in die Stadt hinein und nach Feierabend wieder aus ihr heraus. Fast zwölf Millionen Deutsche pendeln von ihrem Wohnort zur Arbeitsstätte, etliche benötigen sogar täglich mehr als zwei Stunden für Hin- und Rückfahrt. Auch ich habe mich erstaunlich schnell an die neuen Gegebenheiten gewöhnt. Im Laufe der Monate ist es selbstverständlich für mich geworden, über 2300 Kilometer vom Arbeitsplatz entfernt zu wohnen. Etwa einmal im Monat reise ich nach Deutschland. Durchschnittlich bleibe ich dort für etwa zehn Tage, mal länger, mal kürzer.

Dieses Konzept geht auf, weil ich in Teilzeit arbeite und darüber hinaus das Kontingent zweier Jahresurlaube in unser Gastjahr gepumpt habe. Ich bin froh, dass ich meinen ursprünglichen Plan, als Arzt in Schweden zu arbeiten, vor dem Start unseres Abenteuers verworfen habe. Die Arbeitsblöcke in Deutschland sind zwar immer wieder anstrengend, aber sobald ich in unserer nordschwedischen Holzhütte angelangt bin, ist das alles sehr, sehr weit weg und daher im Handumdrehen vergessen. Wenn das Beamen endlich erfunden worden ist, würde ich jedem empfehlen, mehrere tausend Kilometer zwischen Arbeitsplatz und Wohnort zu legen. Nur so kann man kann richtig abschalten.

Meine beiden Wirklichkeiten liegen auch emotional weit auseinander. Der Stress und die Hektik des Jobs werden in verlässlicher Regelmäßigkeit von Gefühlen der Abenteuerlust, Neugier, Freude an der Entdeckung und einer tief gehenden Entspannung abgelöst. Das Besondere an meiner Situation ist, dass kein einziger meiner Kollegen weiß, was ich treibe, wenn ich nicht in der Klinik bin. Nur unsere Freunde und Familien wissen um unsere lappländischen Umtriebe.

Die Verschwiegenheit im Kollegium ist "historisch" gewachsen, sie war nicht von Anfang an beabsichtigt. Meinem Naturell folgend kündige ich Pläne meist erst dann an, wenn ich mir hundertprozentig sicher bin, dass sie sich umsetzen lassen. In der Vorbereitung für unseren Auslandsaufenthalt hatte es einige Probleme gegeben, für die wir als Familie zunächst monatelang vergeblich nach einer Lösung gesucht hatten.

Als schließlich feststand, dass alles aufgehen würde, malte ich mir jedoch die potentiellen Bedenken eingeweihter Kollegen aus. Im Geiste hörte ich sie argwöhnen, dass ich unpünktlich oder unzuverlässig zu meinen Arbeitseinsätzen erscheinen könnte. Angesichts der zu bewältigenden Distanz sicherlich auch keine völlig aus der Luft gegriffene Befürchtung. Mich selbst trieb die Frage um, welcher Eindruck entstehen würde, sollte ich tatsächlich einmal krank werden? Misstrauische Seelen könnten vermuten, dass ich mich nicht aus der Fremde hatte losreißen können und blau machte. Ich hatte keine schlafenden Hunde wecken wollen und niemandem aus der Klinik von unserem Lapplandprojekt erzählt. Noch nicht einmal mein Chef weiß Bescheid. Am Ende des Auslandsjahres stellen sich alle Sorgen als unnötig heraus: Ich werde keinen einzigen Tag krank und immer pünktlich zurückgekommen sein.

Bereits nach wenigen Wochen entwickele ich Gefallen an der Heimlichtuerei. Eines Morgens drehe ich früh noch eine ausgedehnte Runde auf Skiern bei minus zwanzig Grad in Alttajärvi. Ich genieße die klare Luft, die Stille und das nicht enden wollende Weiß um mich herum in vollen Zügen. Dann schnalle ich meine Skier ab, fahre die zehn Kilometer mit dem Auto zum Flughafen, der so klein ist, dass es reicht, dort eine dreiviertel Stunde vor Abflug einzutreffen. Gegen ein Uhr mittags klettere ich in den Flieger, steige in Stockholm um, lande in Berlin und komme spätabends zuhause an. Als ich am folgenden Morgen im Krankenhaus zum Dienst erscheine, spüre ich, wie ein Lächeln meine Mimik umspielt, während ein "Wenn die wüssten!" durch meine Gedanken huscht.

Auch wenn der Begriff "Flugscham" zu diesem Zeitpunkt noch nicht in aller Munde ist: Insbesondere wenn wir als Familie für einen etwas längeren Aufenthalt nach Deutschland zurückkehren, versuchen wir so oft wie möglich, mindestens einen Teil der Strecke mit der Bahn zu fahren. Längst haben wir uns heftig in die schwedischen Nachtzüge verliebt. Es gibt Dreier-Abteile, in die man spätabends in Stockholm einsteigt und am nächsten Morgen in der Winterpracht Lapplands aufwacht. Wenn wir die ganze Strecke von Norddeutschland aus mit der Bahn anreisen, brauchen wir etwa siebenundzwanzig Stunden und müssen dabei in Hamburg, Malmö, Stockholm und Boden umsteigen. Das ist zwar eine lange Fahrt, aber wir zelebrieren sie, wann immer es möglich ist. Es hat schon Tradition, dass wir nach dem Erwachen im Nachtzug morgens ins Zugbistro tappen und von dort aus schlaftrunken bei Kaffee und Kanelbullar nach Elchen und Rentieren Ausschau halten.

Trotz unserer Bemühungen, das Fliegen zu vermeiden, ist insbesondere meine CO_2-Bilanz in diesem Jahr nicht gerade vorbildlich. Mit den Buchungsportalen von Fluggesellschaften wie SAS und Norwegian werde ich im Laufe der Monate vertrauter als mir lieb ist. Immer wieder setze ich meinen Flug aus Bausteinen der verschiedenen Anbieter selbst zusammen, ein Umsteigen in Stockholm ist grundsätzlich notwendig, um nach Kiruna zu gelangen. Mal fliege ich von Hamburg, mal von Berlin.

Wann immer es möglich ist, fahre ich mit der Bahn. Unglücklicherweise existiert kein Nachtzug von Norddeutschland nach Schweden. Die Zugverbindungen, die es spätabends in Richtung Stockholm gibt, erfordern zahlreiche Umstiege: Um Mitternacht, nachts um zwei, um fünf Uhr früh. Erst viel zu spät entdecke ich eine bessere Alternative. Wenn man mit dem Zug nach Travemünde fährt, kann man dort eine Nachtfähre erreichen, die früher als jede Bahn Malmö erreicht und Schlafkabinen zu einem erschwinglichen Preis anbietet. Von Malmö aus kann man dann die übliche Zugroute bis nach Kiruna nutzen.

Wir haben uns bewusst (aus meiner Sicht) bzw. notgedrungen (aus Sicht meiner beruflich selbständigen Frau) gegen ein echtes "Sabbatjahr" entschieden. Der Reiz unserer Variante liegt für uns gerade darin, Abenteuer und Entdeckerfreude kreativ mit den Alltagspflichten zu verbinden. Finanziell lässt sich das Ganze viel leichter gestalten. Außerdem wäre es ungerecht gewesen, Moritz zur Schule zu schicken und keine eigene To-Do-Liste zu haben. Es mag Leute geben, die den verlockenden Duft der großen weiten Welt bis zur Rente ignorieren können. Wir gehören nicht dazu.

Meine persönliche Statistik ergibt am Ende des Jahres, dass ich insgesamt elf Mal hin und her gereist bin. Knapp zwei Drittel des Jahres (exakt 236 Tage) werde ich in Lappland verbracht haben, in der restlichen Zeit habe ich in Deutschland gearbeitet. Anke wird es auf etwa 270 Tage Lapplanddosis bringen. Moritz ist Rekordhalter, was die Anwesenheitszeiten angeht, und kommt auf rund 300 Tage.

Es ist nicht nur ein symbolischer Akt, der mein (wegen der vielen Flugmeilen) schlechtes Gewissen gegenüber der Umwelt beruhigen soll: Meine Fahrtstrecke zur Arbeit in Deutschland, die zwanzig Kilometer lang ist, bestreite ich in diesem Jahr - so oft es geht - mit meinem Rad. In den Wochen, in denen ich mich zeitgleich mit Anke in Deutschland aufhalte[7], bleibt mir oft gar nichts anderes übrig. Schließlich steht eines unserer beiden Autos in Lappland. Das verbleibende Fahrzeug müssen wir gerecht teilen. Auch in der dunklen, nassen und kalten Jahreszeit melde ich mich freiwillig als Radfahrer. Das formt den Charakter und beweist außerdem, dass es doch noch Gentlemen gibt.

Unvorhersehbare Komplikationen beim Pendeln zwingen mich dazu, meine Extremsportler-Qualitäten neu zu entdecken. Es passiert, als wir zu dritt in Deutschland sind. Ich muss im Krankenhaus arbeiten, Anke hat Gerichtstermine und Moritz begleitet uns, da er seine schwedischen Schulferien nutzen will, um seine Autoführerscheinausbildung in der Heimat voranzutreiben. Meine beiden Lappland-Komplizen sind früher als ich abreisebereit und wollen sich an einem trüben, grauen

7 Überwiegend arbeitet meine Frau in diesem Jahr per Home Office. Zu einigen Gerichtsterminen muss sie jedoch persönlich erscheinen, so dass auch sie insgesamt fünfmal in diesem Jahr nach Deutschland reisen muss.

Novembertag wieder auf den Weg nach Lappland machen. Ihr Flug ist ab Berlin gebucht. Am Vortag ihres Aufbruchs ereilt uns die Nachricht, dass ein Lokführerstreik alle Zugverbindungen aus unserer Region in die Hauptstadt kappen wird.

Fieberhaft entwickeln wir eine Problemlösung. Meine beruflichen Ketten lassen mir nicht genug Spielraum, ich werde die familiäre Vorhut nicht zum Flughafen fahren können. Auch lässt sich auf die Schnelle kein Freund finden, der diese Aufgabe übernehmen könnte. Also werden Anke und Moritz selbst mit unserem Auto fahren, das sie dann auf einem Parkplatz in Flughafennähe abstellen wollen. Ein Zweitschlüssel soll es mir ermöglichen, den PKW wieder von dort abzuholen. Als mein freies Wochenende naht, ist ein Ende der Verkehrsmittelsabotage durch die Lokführer allerdings in weiter Ferne. Ich beschließe, die hundertachtzig Kilometer von unserem Wohnort bis nach Berlin zu radeln. Das Fahrrad will ich nach meiner dortigen Ankunft im Auto verstauen und so wieder zurückkehren.

Mein Arbeitskalender verlangt es, dass ich die Rückholaktion an einem einzigen Tag über die Bühne bringe. Einige Jahre zuvor hatte ich es geschafft, unzureichend trainiert mit dem Liegerad von Deutschland aus bis zum Nordkap vorzudringen. Seit dieser Zeit weiß ich, dass man sich Superkräfte bloß einbilden muss, um sie zu erlangen.[8] Am Tag der Notoperation an unserem Pendlerkonzept läuft es zunächst erstaunlich gut. Ich habe Havelberg passiert und über hundert Kilometer meines Pensums absolviert. Kurz darauf werde ich jedoch Opfer eines weiteren Anschlags auf die Infrastruktur. Eine Brücke über die Havel ist aufgrund von Bauarbeiten gesperrt. Erstens ist sie die einzige Brücke weit und breit, so dass zusätzliche dreißig Kilometer Radfahren notwendig wären, damit ich wieder auf den rechten Weg fände. Zweitens gibt es am Wochenende noch nicht einmal einen Verantwortlichen, den ich mit Baustellenhütchen bewerfen oder zumindest lautstark beschimpfen könnte. Ich bin ganz allein in meinem Elend. Havelberg liegt bereits

8 Ausführlich geschildert wird das Ganze in dem Buch "Ich lieg dann mal los!" - siehe auch Seite 260.

fünfzehn Kilometer hinter mir, hätte man nicht weit vorher irgendeinen Hinweis geben können, der über die Sperrung informiert?! Erst einen Kilometer vor der Barriere hatte ich ein Schild entdeckt.

Da ich mit der Tour an die Grenzen meines eigenen physischen Leistungsvermögens gehe, fühlt sich die Überraschung an wie ein gut gezielter Tritt in die Weichteile. Meine vage Hoffnung, dass ein schmaler, nicht im Bau befindlicher Streifen der Brücke zumindest Fußgängern und Radlern die Querung ermöglicht, zerschlägt sich schnell. Als ich in südlicher Richtung weiter an der Havel entlang fahre, entdecke ich ein Wehr. In meiner Verzweiflung halte ich und überlege, ob ich mit meinem Rad unterm Arm über die schmale Mauer an die andere Seite des Ufers balancieren könnte. Zum Glück hält mich ein spärlicher Rest Vernunft davon ab, sonst hätte das wohl ein ziemlich nasses Ende genommen.

Nach zwanzig erzwungenen Kilometern in die falsche Richtung erreiche ich Rathenow. Endlich kann ich dort den Fluss überqueren. Es kommt noch besser. Von Rathenow aus wird trotz des Streiks eine Stunde nach meiner Ankunft ein Zug nach Berlin abfahren. Ich nehme das unverhoffte Angebot des Nahverkehrs an, immerhin habe ich bereits fast hundertvierzig Kilometer in den Beinen. So gelange ich zwar auf anderem Weg als geplant nach Berlin. Abends erreiche ich dennoch zufrieden mit Rad und Auto wieder unser Zuhause. Schließlich haben wir allen Widrigkeiten des Bahn- und Straßenverkehrs getrotzt.

Einige Monate später leidet Anke unter den Nebenwirkungen unseres geografischen Sonderstatus', als sie allein nach Deutschland reisen muss. Ich soll derweil beim schulpflichtigen Moritz bleiben und das Haus in Alttajärvi hüten. An dieser Stelle tut es mir leid, mit einem Einschub Vorurteile befeuern zu müssen, aber die Realität lässt mir keine andere Wahl. Meine Frau ist in der Lage, sich in einem Dorf mit zehn Straßen hoffnungslos zu verirren. Will sagen: Als in der Schule Geografie unterrichtet wurde, war sie gerade Kreide holen. Ungefähr sechs Jahre lang am Stück.

Kurioserweise kam eines Tages bei Anke die Idee auf, sich für die Sportart Orientierungslauf zu interessieren. Das ist dieser Geländelauf, bei dem die Wettbewerber mittels einer Karte in der Hand auf schnellstem Weg eine Strecke durch unübersichtliches Gelände finden müssen. Als meine Frau von einer eigenen Teilnahme träumte, war ich versucht zu sagen: „Mach' doch lieber Bungeejumping, warum willst Du denn einen für Dich so gefährlichen Sport ausprobieren?!" Erleichtert stellte ich einige Zeit später fest, dass ihr Einfall Resultat einer Tageslaune war und nicht zu einem echten Plan heranwuchs. Meine Frau wäre wahrscheinlich als Orientierungsläuferin regelmäßig für den Einsatz von Suchmannschaften verantwortlich gewesen und hätte schnell die Schlagzeilen lokaler Berichterstattung erobert: „Läuferin schon wieder vermisst!"

Ihrem mangelnden Navigationstalent ist es zuzuschreiben, dass Anke vor längeren Reisen immer von einer gewissen Nervosität befallen wird. Sie will die Heimfahrt für die anstehende Arbeitsepisode per Bahn antreten. Wichtig für meine geliebte potentielle Irrläuferin ist dabei, dass nur drei planmäßige Umstiege in Stockholm, Kopenhagen und Hamburg vorgesehen sind. Das macht ihr Mut, nicht verlorenzugehen. In der Woche vor ihrem Aufbruch schneit es ausgiebig. Ausgerechnet am Tag vor ihrer Abfahrt zieht ein Sturm über die Region hinweg. Der Wind rüttelt an unserer Hütte, deckt die Plane von unserem Skooter ab und bläst alle Schneemützen von den Bäumen. Als wir abends aus dem Fenster schauen, stieben riesige Schneeschwaden umeinander und beschränken die Sicht auf wenige Meter. Am nächsten Morgen ist der Pfad zu unserem Holzschuppen, den ich am Vortag geschaufelt hatte, nicht einmal mehr zu erahnen. Ich muss unsere Auffahrt räumen, damit das Auto es zur Straße schafft.

Nachdem wir den Bahnhof erreichen, lenkt ein Piepton unsere Aufmerksamkeit auf Ankes Handy. Eine SMS. Die schwedische Bahn kündigt eine um zwei Stunden verspätete Abfahrt des Zuges an. Prompt weiten sich die Pupillen meiner Frau. „Zwei Stunden!?!" Ihr Anschluss in Stockholm soll eine Stunde nach ihrer dortigen Ankunft abfahren. Unser Plan droht schon vor dem Start zu scheitern. Wir wollen es zunächst nicht wahrhaben und rufen eine Servicenummer der schwedischen Bahngesellschaft an. Man teilt uns mit, dass die Zugstrecke im bergigen Teil zwischen Narvik und Kiruna von massiven Schneeverwehungen blockiert sei. Man sei fieberhaft dabei, sie wieder frei zu bekommen. Bisher allerdings ohne durchschlagenden Erfolg. Wir müssten mit *mindestens* zwei Stunden Verzögerung rechnen, erklärt die Stimme am anderen Ende der Leitung.

Zunächst hoffen wir noch, dass der Zug möglicherweise Zeit aufholen könnte. Bei Aufenthalten in den Bahnhöfen sind in Schweden meist einige Minuten Puffer eingerechnet und über Nacht könnte die Bahn ja vielleicht etwas schneller fahren als sonst. Minute um Minute vergeht, ohne dass die Einfahrt des Zuges angekündigt wird. Wenigstens ist es in der Wartehalle im Abfahrtsgebäude kuschelig warm. Irgendwann verabschiede ich mich von Anke mit dem Vorsatz, am heimischen PC eine Problemlösung zu erarbeiten. Das ist dringend notwendig. Anke tritt schließlich ihre Reise mit einer über vierstündigen Verspätung an.

Und jetzt? Eine spätere Zugverbindung nach Deutschland gibt es zwar, aber man müsste bereit sein, sich nachts stundenlang auf zugigen Bahnhöfen herumzudrücken, müsste dort auf Anschlüsse warten und käme dann erst gegen vier Uhr morgens am übernächsten Tag an. Eine wenig einladende Variante. Ich hechele die Flüge durch, die von Stockholm aus starten. Die sind jedoch entweder ausgebucht oder horrend teuer oder kommen zu spät abends in Berlin an, so dass es keine Bahnverbindung mehr nach Niedersachsen gäbe.

Schließlich kommt die rettende Idee. Ich suche nach Flügen, die von Stockholm nach Kopenhagen oder Malmö gehen. Beides sind Städte, durch die Ankes Bahnverbindung verlaufen sollte. Wenn es uns gelingt, einen passenden Flug zu finden, könnte sich meine Frau an Bord ihres ursprünglichen Anschlusszuges retten. Und tatsächlich: Es gibt noch Plätze auf einem SAS-Flug nach Kopenhagen, der ca. siebzig Minuten vor Ankes geplanter Zugabfahrt in der Stadt landen soll. Die Spannung steigert sich ins Unerträgliche. Wird Anke das Flugzeug in Stockholm erwischen und schafft sie es dann auch noch rechtzeitig vom Flughafen in Kopenhagen zum Bahnhof? Für meine rudimentär orientierte Frau ist es der pure Horror, sich unter Zeitdruck alleine in der Fremde zurechtfinden zu müssen. Ich sitze vor meinem Laptop, klicke im Netz herum und versuche Anke - wie bei einem Computerspiel - aus der Ferne zu lenken: In welcher Frequenz fahren die Züge vom Flughafen zum Hauptbahnhof? Wie lange brauchen sie für die Strecke? Wo genau im Flughafen befindet sich die Gleise, auf denen sie abfahren? Wo kriegt sie die Tickets für die Bahn?

Per Email oder SMS informiere ich meine weibliche Spielfigur jeweils über das Ergebnis meiner Recherchen. Wird meine Lara Croft die Mission "Train Rider" zu einem erfolgreichen Ende bringen? Ich stöbere abwechselnd auf den Informationsseiten des Stockholmer und des Kopenhagener Airports. Die erste Hürde ist übersprungen, als Anke das Flugzeug in Stockholm erreicht. Zum Glück reist sie nur mit leichtem Gepäck und muss keinen Koffer aufgeben. Alles hängt jetzt davon ab, ob die Maschine planmäßig startet und landet. Irgendwann recke ich jubelnd die Arme nach oben - die Flugankunft in Kopenhagen findet sogar zehn Minuten vor der Zeit statt.

Auch der Rest funktioniert. Anke findet den Fahrkartenschalter am Kopenhagener Airport, den Bahnhof, das richtige Gleis, steigt in den richtigen Zug ein, an der richtigen Haltestelle wieder aus und kommt mit einem Zeitpuffer von fünfzehn Minuten am Kopenhagener Hauptbahnhof an. Sieg auf ganzer Linie! Wie ursprünglich geplant, erreicht Anke um zweiundzwanzig Uhr abends heimische Gefilde. Um den nach der massiven Verspätung strapazierten Nerven Rechnung zu tragen, verspricht die schwedische Eisenbahn sogar die Rückerstattung des Ticketpreises und hält diese Ankündigung zumindest halbwegs ein.

Im Nachhinein sind wir hochzufrieden mit uns, wenn wir den Kampf gegen derartige Unwägbarkeiten gewinnen. Es gibt jedoch nicht nur Hürden, die übersprungen werden müssen. Je routinierter ich werde, desto mehr gelingt es mir, das Pendeln zu zelebrieren. Im Frühsommer komme ich zusammen mit meinem Kumpel Ecki auf die Idee, einen

Teil meiner Rückreise nach Lappland als Motorradtour durch Südschweden zu gestalten. Für mich ist das absolutes Neuland, ich habe weder einen Motorradführerschein, noch bin ich jemals wirklich als Beifahrer unterwegs gewesen. Unser Trip beginnt Mitte Juni: Nachdem wir beide tagsüber noch gearbeitet haben, fahren wir nachmittags mit dem Motorrad nach Rostock, wo wir uns auf die Nachtfähre nach Trelleborg einschiffen.

Um sechs Uhr morgens werden wir von der Schiffsdurchsage geweckt und knattern bald darauf von Bord. Vor uns liegt das taufrische Schweden, die Sonne lacht vom Himmel. Trelleborg wirkt noch schlaftrunken, außer uns ist kaum jemand unterwegs. Gemächlich fahren wir durch die Straßen und verlassen das Städtchen in nördlicher Richtung, wo sich die Landschaft schnell weit öffnet. Wir lassen die Blicke über grüne Wiesen, rapsgelbe Flächen und Äcker schweifen. Noch immer gilt Schonen, die südlichste Provinz Schwedens, als „Kornkammer" des Landes.

Es ist Samstag, kein morgendlicher Berufsverkehr stört die Idylle. Schweden ist fast anderthalb mal so groß wie Deutschland und nur zehn Millionen Einwohner teilen sich diese Fläche. Hier sind Landstraßen noch das, wonach sie klingen. Wir genießen die Fahrt durch die beschauliche Gegend. Als wir uns der Studentenstadt Lund nähern, beschließen wir, dem bisherigen Augenschmaus einen Gaumenkitzel hinzuzufügen. Es wird höchste Zeit, unsere knurrenden Mägen mit einem Frühstück zu beruhigen. Wir lassen uns in einem Café nieder und genießen dort Kaffee, Brötchen und das ein oder andere Süßteilchen. Das ist so gemütlich, dass es hinterher schwer fällt, sich wieder aufzuraffen.

Irgendwann stemmen wir uns ächzend von den Sitzen und steigen aufs Motorrad. Auf dessen Lenker haben wir mittlerweile eine veraltete Landkarte befestigt. Allerdings scheinen nur noch deren Ortsnamen mit der Realität übereinzustimmen. Sämtliche Straßenziffern sind offenbar in den letzten zwanzig Jahren geändert worden. Egal. Unsere Fahrt ins Grüne ist gefühlt fast eine Fahrt ins Blaue. Wir haben zwar einen Zielort, aber den Weg dorthin können wir frei wählen. Schwerpunktmäßig navigieren wir nach der Position der Sonne, grobe Stoßrichtung ist Nordosten. Wir landen auf einer Route, die sich längere Zeit um einsame Gehöfte schlängelt und nach einer Weile sogar in unbefestigten Belag übergeht.

In einer kleinen Ortschaft müssen wir eine Kolonne von Oldtimern passieren lassen. Typisch schwedisch. Am Wochenende werden Spaßfahrzeuge auf den Straßen vorgeführt. Ecki ist begeistert über die skandinavische Vorliebe für alte Autos. In manchem Vorgarten ist eine ganze Armada von Karossen zu bewundern, die Ehegatten der Autonarren scheinen enorm tolerant zu sein. Wo die Deutschen sich mit Gartenzwergen und Blumenkübeln zufrieden geben, inszenieren manche Schweden ganzjährige Gebrauchtwagenschauen auf ihren Grundstücken. Unsere Routenwahl nach Sonnenstand gibt uns ein Pippi-Langstrumpf-Gefühl. Eigentlich fehlt nur noch ein Limonadenbaum und Konrads Spezialkleber: Kaum befahrene Straße mit der Sonne im Rücken - los geht's! Einladende Route mit dem gleißenden Himmelsball zur Rechten - let's fetz! Nur gelegentlich werfen wir einen Blick auf die Landkarte, um abzuschätzen, ob wir noch in der richtigen Richtung unterwegs sind.

Glücklicherweise haben wir uns in der Bäckerei mit Vorräten versorgt. Mittags steigt aus unserer Körpermitte ein unüberhörbares Quengeln auf, das nach einer Zweitfütterung verlangt. Als wir in eine Senke hineinsteuern, kommt ein Dorfteich mit einer kleinen Wiese ins Blickfeld. Ich wedele Ecki richtungsweisend vor dem Visier herum. Das Fleckchen scheint wie gemalt für unsere Bedürfnisse. Während wir auf einen Sandweg einbiegen, quakt eine alarmierte Entenmutter ihren fünf kleinen Federknäueln die Ohren voll und verschwindet dann mit ihnen im sicheren Ufergestrüpp.

Schnell ist die Picknickdecke entrollt. Wir folgen unserem speziellen Ordnungssinn, der sich frei von irgendwelchen Störfeuern zu voller Pracht entfaltet und verteilen die Bikerkluft wahllos und großflächig im Gras neben uns. Die Wiesenhalme kitzeln unsere nackten Füße. Wir breiten unseren Proviant vor uns aus und fallen über die restlichen Brötchen her, als hätten wir seit Wochen nichts gegessen. Die Morgensonne betont emsig den unmittelbar bevorstehenden Sommeranfang und sorgt für angenehme Temperaturen. Trägheit überkommt uns. Irgendwann schrecken wir beide von einem archaischen, irgendwie schnorchelnden Laut auf und gucken einander an. Wir können uns nur mühsam einigen, aus welchem der beiden anwesenden Rachen das eben gehörte Geräusch stammte.

Bei der Weiterfahrt verändert sich die Landschaft nach und nach. Inzwischen begleiten uns Småland-typische Ausblicke, die zum Anbeißen schön sind: Wälder, in die vorzeitliche nordische Gottheiten zahllose Findlingssteine hinein gekegelt haben. Von Moos übersäte Steinwälle, die mitten im Forst irgendwas von irgendwas abgrenzen. Einsame, bunte Häuser mit liebevoll hergerichteten Kleinoden auf den Grundstücken. Und natürlich Seen aller Größen, fast immer mit leicht zugänglicher Badestelle.

Die Gegend wird immer waldiger und hügeliger, wir folgen den sanften Schwüngen der Strecke. Ein Blick auf die Straßenkarte zeigt uns, dass noch etwa eine Stunde Fahrt vor uns liegt. Also wird es Zeit, der Einladung eines der Seen zu folgen. Wir halten an einem „Badplats“, rufen zwei älteren Damen, die ihre dortige Rast gerade beenden, ein „Hej-Hej!“ zu und tunken zunächst einmal unsere Füße ins Wasser. Etwas von uns entfernt weigern sich mehrere Schwimmer erfolgreich, die Messmitteilungen wahrzunehmen, die deren Kälterezeptoren hektisch an die Zentrale funken. Wie „warm“ mag das Wasser sein? Zwölf Grad? Oder gar wohlige dreizehn Grad? Wenn frühsommerliches Baden in Seen das Aufnahmeritual ist, um dem erlauchten Kreis der unerschrockenen Wikinger beizutreten, wollen wir die Prozedur dieser Tage auch noch absolvieren. Erst einmal gilt es jedoch, unsere Fahrt zu Ende bringen.

Gegen fünfzehn Uhr nachmittags erreichen wir den Campingplatz, der in einem kleinen Örtchen namens Urshult liegt. Die im Vorfeld reservierte Hütte, die wir nach Instruktionen über Ort und Funktionsweise von Küche und Sanitärgebäude in Besitz nehmen, ist äußerlich eine graue Maus. Ihr Pragmatismus überzeugt jedoch. Vier Stockbetten, ein Tischchen mit einigen Stühlen, ein kleines Regal, eine Kochplatte, Geschirr und Töpfe - das übliche „Weniger ist mehr!“. Auch Ecki verliebt sich umgehend in die schwedische Hüttenkultur: „Warum gibt es so was in Deutschland nicht?“ formt sich sein hadernder Vorwurf an unsere heimischen Campingplatzbetreiber.

Wenig später nehmen wir den Einmalgrill in Betrieb, den wir uns im Supermarkt gekauft haben. Ecki hieß in unserer Schulclique auch „El Rabatti“, er ist ständig auf der Suche nach dem billigsten Preis. Er studiert Sonderangebote wie ein Insektenforscher seine Lieblinge. Wenn es irgendwie geht, versucht er immer einen Preisnachlass auszuhandeln. Insofern ist es nicht verwunderlich, dass er den eigentlich geplanten Kauf eines Sacks Grillkohle in letzter Sekunde zu verhindern weiß (einen Klappgrill im Miniaturformat haben wir in entschlossenem Tatvorsatz mitgeschleppt). „Guck mal!“ sagt er, „den Einmalgrill gibt es mitsamt Brennmaterial und Anzünder noch preiswerter als die Tüte Holzkohle!“ El Rabatti hat seine Regentschaft auf Schweden ausgeweitet! Erst die spätere Kritik meiner Frau macht mir bewusst, wie wenig nachhaltig unser Kaufverhalten war.

Wir schaffen es mühelos, unsere Gedankenlosigkeit noch weiter zu steigern. Dabei helfen Getränke, die unsere Lebern stundenlang vor gerade noch lösbare Aufgaben stellen. Inzwischen hocken wir vor dem Grill, umklammern mit der einen Hand das improvisierte Grillwerkzeug und führen in schöner Regelmäßigkeit mit der anderen Hand Trinkgefäße zum Mund. Neben uns heizt das aufgebockte Motorrad die Träume für den kommenden Tag an. Wir sind die Echtausgabe der freiheits- und abenteuerlustigen Kerle, von denen in den Zigaretten-Werbungen nur geträumt wird! Dennoch verzichten wir auf einen abendlichen Sprung in den See. Reicht ja, wenn der interne Flüssigkeitshaushalt stimmt. Der Beginn des nächsten Morgens könnte allerdings nicht entschlossener sein. Unmittelbar nach dem Erwachen stürmen wir in Badehose zum See, zögern kaum eine Sekunde und stürzen uns ins Wasser. Mit einem weithin hörbaren Geräusch saugen wir dabei die

Luft ein. Durch ein paar standesgemäße Schwimmrunden sichern wir uns den Status als Helden des Morgens. Dann frühstücken wir und setzen unseren Weg fort.

Die Seelandschaft des Åsnen dehnt sich in Nord-Süd-Richtung etwa dreißig Kilometer lang aus. Einmal führt nur ein schmaler Steg aus Land durch das Gewässer, das uns an dieser Stelle zu beiden Seiten umgibt. Weder Massentourismus noch Massentierhaltung versauen die Stimmung. Wir sehen friedlich grasende Pferde, Schafe, die den Anblick unseres Motorrades gelangweilt zur Kenntnis nehmen und Kühe, die faul und hingebungsvoll wiederkäuen. Felder wechseln sich mit Wiesen ab, auf denen Wachstumsanarchie zu herrschen scheint. Zahlreiche Wildblumen bilden dort Farbtupfer zwischen den Grünschattierungen der Gräser. Wir sind auch heute wieder in einem Werbeprospekt für Schwedenurlaube gelandet.

Das Einzige, was den Fahrspaß gelegentlich mindert, ist der Wind, der uns um die Ohren pfeift. Nachdem wir das Städtchen Alvesta durchquert haben, fahren wir in einem nordwestlich davon gelegenen Waldgebiet auf einem Bergkamm entlang. Dort versuchen Böen vergeblich, Ecki von der Ideallinie abzubringen. Mein Frontmann hält den Lenker gut fest. Auf eine unfreiwillige Motocross-Nummer haben wir keinen Bock, die Bäume machen deutlich mehr Spaß, wenn man nicht mit siebzig Stundenkilometern frontal gegen sie knallt. Auch die Elchwarnschilder, die zu sehen sind, legen eine Geschwindigkeitskontrolle nahe. Die 500 kg-Tiere haben ein extrem unangenehmes Nahkampfverhalten im Straßenverkehr, selbst bei besser gepanzerten Gegnern als uns.

Ein kleiner Dorfsee spricht am Nachmittag eine Einladung zur Rast aus, die wir unmöglich ausschlagen können. Es lohnt sich. Während wir unser Picknick abhalten, beschließt eine der Kühe von der gegenüberliegenden Wiese, sich ein Erfrischungsbad zu gönnen. Oder ist sie um die Haltbarkeit der Milch in ihrem Euter besorgt und nutzt das kühle Wasser verbraucherfreundlich zu Konservierungszwecken? Für eine sichere Verhaltensdeutung haben wir viel zu selten Rinder erlebt, die in Hanglage mit privatem Swimming Pool wohnen.

Während wir uns auf der Decke liegend am Schauspiel erfreuen, denke ich darüber nach, dass ich mittlerweile schon eine gewisse Routine als Beifahrer habe. Bei Begegnungen mit anderen Motorradfahrern schwenkt meine lässig zum Gruß abgewinkelte linke Hand fast von allein in Position. Hinter dieser offenbar internationalen Geste scheint sich eine Vielzahl extrem pointierter Mitteilungen zu verbergen: „Hej Mann, hast ja auch 'n Bike! Fährt sogar! Geil. Check unseren Hobel aus! Cool, oder?! Guck' Dir die trüben Tassen in ihren Blechschüsseln an! Wenn die wüssten, was sie verpassen. Gut, dass wir wenigstens Spaß haben! Na denn, Alter! Muss weiter! Hau rein und gute Fahrt!"

Andere Begegnungen entlang der Piste fallen *noch* wortreicher aus. Als wir an einer Kreuzung unsicher sind, welche Richtung wir einschlagen sollen, hält sofort eine anderes Motorrad neben uns. Der Fahrer klappt sein Visier hoch und bietet seine Dienste als mobiler Wegweiser an. Die Schweden kümmern sich um tumb umhertapsende Touristen. Am Vortag hatten wir einen kurzen, letztlich erfolgreichen Kampf mit einer Benzinzapfsäule gefochten, die unsere Kreditkarte nicht zielführend verdauen wollte. Fürsorglich hatte ein Einheimischer gewartet, um sicher zu sein, dass das Problem gelöst ist. Im unverbindlichen Kontakt mit Fremden kann man den Schweden definitiv kein mangelndes Einfühlungsvermögen vorwerfen.

Nach unserem Päuschen fahren wir Kilometer um Kilometer an weiteren Postkartenmotiven vorbei - ist landschaftliche Hässlichkeit hier unter Strafe gestellt? Falls ja - uns soll es recht sein. Nachdem wir ungefähr 150 km durch Småland gekurvt sind, fangen wir an, nach verheißungsvollen kleinen roten Dreiecken auf der Landkarte zu linsen. Diese zeigen die Existenz eines Campingplatzes an. Wir beginnen, zielorientierter zu navigieren: Für diese Nacht haben wir uns noch keine Bleibe ausgeguckt. Kurz darauf entdecken wir einen Campingplatz. Fast ohne zu zögern rollen wir auf das Areal, das den hierzulande üblichen Qualitätskriterien folgt und direkt an einem See liegt. Wir passieren gerade einen Wohnwagen, der nach Dauercampern aussieht, als uns die Geste eines Mannes Einhalt gebietet. Ecki stellt den Motor ab. Unser Gegenüber könnte in Deutschland problemlos eines dieser T-Shirts mit der Aufschrift „Bier formte diesen Körper“ oder „Bier rein (Pfeil nach oben), Bier raus (Pfeil nach unten)“ tragen. Wäre er ein LKW, müsste er definitiv eine Schwerlastkennzeichnung an seiner Rückfront tragen.

Der etwas strenge Blick des Dicken hellt sich sofort auf, als ich gestehe, dass wir die Rezeption suchen. Möglicherweise habe ich auch behauptet, dass ich die Rezeption koche. Suchen („Söker“) klingt in meiner Aussprache immer ein bisschen wie Kochen („Köker“). Seinem historischen Vorbild Ludwig XIV. folgend („L'état, c'est moi!“) deutet der Mann auf seinen beeindruckenden Körperstamm - aha, er ist die Rezeption! Ich weite meine Erklärungen aus, indem ich behaupte, dass ich für diese Nacht eine Hütte kochen will. Jetzt scheine ich vollends sein Freund zu sein, der Trick mit dem gestammelten Schwedisch ist famos! Bereitwillig überlässt uns der Campingplatz-Obelix eine sehr behagliche Stuga und denkt sich obendrein noch einen Rabattpreis für sprachbehinderte Touristen aus. Unser Glück ist vollkommen. Der See trägt plätschernde Laute zu uns, das Abendlicht malt Bilder an den Himmel. Wir lassen uns seufzend auf den Stühlen vor unserem Häuschen nieder, nachdem wir uns in der Gemeinschaftsküche ein Mahl gebrutzelt haben. Ecki führt einen Mini-Lausprecher mit sich, der das Format eines Make-up-Döschen nur unwesentlich übertrifft. Den schließen wir an sein Smartphone an und runden den Tag mit unserer privaten Late Night-Beschallung ab.

Den folgenden Tag beginnen wir wieder mit der Harte-Männer-Nummer im See. Täuschen wir uns, oder ist es noch zwei oder drei Millimeter kälter als am Morgen zuvor? Egal, wir schaffen einige Schwimmzüge und fühlen uns so lebendig, wie man sich nur fühlen kann. Nach Brötchenkauf, Frühstück und Endreinigung geben wir den Schlüssel wieder ab. Der Mann mit Schlüsselgewalt hat sein adipöses Erscheinungsbild bereits auf den Aufsitzmäher gewuchtet und dreht auf ihm kräfteschonende Runden über den Platz. Offenbar hat er große Angst, auch nur eine einzige der zahlreichen Kalorien zu verlieren, die seinen Körperkern umgeben. Wir vergessen nicht, ihm ein Lob für den schönen Campingplatz auszusprechen, bevor wir losfahren. Er freut sich sichtlich.

An diesem Tag scheint Tierschau zu sein. Kraniche stapfen über mit bunten Blumen gesprenkelte Wiesen. Eine Gänsepaar watschelt mit ihrer Brut als Kolonne in unser Gesichtsfeld, als hätte es ein Lehrvideo von Konrad Lorenz studiert. Immer wieder Schafe, Rinder und Pferde, die zufrieden mit Gott und der Welt ihre Nasen in die Gräser stecken. Gewürzt mit den bewährten Zutaten der Vortage (Sonnenschein und ruhige Straßen im idyllischen Südschweden) genießen wir die zunächst streng westlich verlaufende Fahrt. Da sowohl Ecki als auch ich einen Termin mit dem öffentlichen Personenverkehr einzuhalten haben, navigieren wir geradewegs in Richtung Göteborg.

Trotz sonnigen Wetters fröstelt mein Frontmann, der Wind hat gegenüber gestern eher noch zugenommen. Obwohl Ecki immer noch so spindeldürr ist wie in seiner Jugend, genieße ich als Hinterbänkler den Windschutz, für den er sorgt. Ecki hingegen nutzt die mittägliche Pause am unvermeidlichen See auch zu seiner Wiedererwärmung. Wir wenden uns unserem Proviant zu und beobachten eine Gruppe von Segelschülern, die dabei ist, ihre Boote klar zu machen. Bei soviel Aktivität um uns herum hält es uns nicht lange auf der Wiese. Ein letztes Mal genießen wir eine verschlafene Route. Ein letztes Mal überrascht mich Ecki mit einem unvermitteltem Halt. Er hat wieder ein Auto entdeckt, das ihn zum Träumen anregt. Er leiert Eckdaten zum Oldtimer herunter, während ich vergeblich versuche, mir zu merken, was er sagt. Autos finde ich so spannend wie Briefmarkensammlungen.

Schließlich beginnt eine funktionale Reststrecke von dreißig Kilometern auf der Autobahn, dann erreichen wir Göteborg. Ich verabschiede mich von Ecki, der hier eine Fähre Richtung Dänemark besteigen und von dort zurück nach Deutschland fahren will. Ich selbst habe noch etwas Zeit, bevor mein Nachtzug nach Kiruna kommt. Also schlendere ich ein wenig durch Göteborgs Innenstadt, esse ein Eis, genieße das bunte Treiben und hänge dem kurzen Motorrad-Intermezzo in Gedanken nach: So macht Pendeln Spaß!

Mittsommer - wenn die Sonne nicht schlafen geht

Lappland hat einen ausgeprägten Hang zu Übertreibungen, das unterstreicht der Juni nur noch einmal. Nach den winterlichen Kälteextremen, den Schneemassen und der wochenlangen Dunkelheit der Polarnacht ist der aktuelle Lichtwucher nur ein weiteres Beispiel. Im Dezember mussten wir einen Kampf gegen die Müdigkeit führen, jetzt ist wiederkehrende Schlaflosigkeit ein Thema.

Nächtlich verschließen wir alle Jalousien. Ich vergrabe meinen Kopf so tief es geht in den Kissen und wälze mich dennoch manches Mal glockenwach im Bett hin und her. In welche Richtung ich mich dann auch drehe - es ist wie verhext: Irgendein Sonnenstrahl findet durch irgendeine Ritze immer den direkten Weg auf mein Gesicht und hält mich wach. In besonders gleißenden Nächten kramt Moritz die Schlafbrille hervor, die sich nach einem Langstreckenflug in seinem Besitz findet. Eigentlich ist die Namensgebung für das Utensil paradox: Eine Brille, mit der man schlechter sehen kann.

Trotz der wenig überzeugenden Sprachlogik handelt es sich um ein absolut sinnvolles Hilfsmittel. Menschliche Augenlider fangen nur einen Bruchteil der Lichtquanten ab, mit denen das Dauerfeuer der Sonne unseren Schlaf-Wach-Rhythmus derzeit durcheinander wirbelt. Es gilt als erwiesen, dass der menschliche Schlaf seit der Erfindung der Glühbirne durchschnittlich um etwa eine Stunde abgenommen hat. In den "weißen Nächten" Lapplands braucht es keine künstliche Lichtquellen, um Schlafstörungen zu erklären. Für die wochenlange Sabotage unserer Schlafarchitektur ist der Sonnengott persönlich verantwortlich.

Ich habe schon erwähnt, dass viele Einheimischen aus der Not eine Tugend aus der Not machen und ihre fehlende Müdigkeit dafür nutzen, liegengebliebene Arbeit zu erledigen. Bis spät in die Nacht treiben einige ihre Heimwerkerprojekte voran. Wenn mitternächtliches Hämmern aus der Nachbarschaft zu hören ist, wird klar, dass man nicht der Einzige ist, der nicht schlafen kann. Allerdings ist nächtlicher Baulärm ein weiterer Faktor, der potentiell Schlafstörungen verursachen kann. Da ist es gut, dass in den unmittelbar angrenzenden Häusern kein wesentlicher Renovierungsbedarf zu herrschen scheint.

Trotz der Nebenwirkungen auf unsere Nachtruhe - uns gefallen die klimatischen Eskapaden Lapplands. Dem Einfluss der mitteleuropäischen Lichtregie werden wir früh genug wieder ausgesetzt sein. Es spricht alles dafür, das Hier und Jetzt zu zelebrieren. Mit dieser Geisteshaltung liegen wir voll im Trend: Die Sommersonnenwende steht unmittelbar bevor - der "Midsommarafton" (ein Freitag) und der "Midsommardagen" (ein Samstag) sind in aller Munde. Der Mittsommertag ist grundsätzlich der Sonnabend, der zwischen dem 20. und 26. Juni liegt. Die Bräuche dieser Tage sind den Schweden die wichtigsten des ganzes Jahres - wenn man einmal von Weihnachten absieht.

Wir machen uns am Midsommarafton auf den Weg nach Kiruna, um einer jahrhundertealten Tradition nachzuspüren. Im Stadtpark nahe des Zentrums wird am späten Vormittag eine Majstang[9] aufgestellt werden. Wir parken unser Auto einige hundert Meter entfernt und schlendern zum Ort des Geschehens. Schon von weitem ist eine kleine Menschentraube zu sehen. Insbesondere die älteren Teilnehmer der kleinen Zeremonie haben ihre samischen Trachten aus dem Schrank geholt und gruppieren sich in leuchtend roten Gewändern um die Stange, für deren Standfestigkeit gerade eine Handvoll Menschen sorgt.

Mit Holzkeilen wird ein etwa fünf Meter hoher schmaler Birkenstamm, um den man spiralförmig sattgrüne Pflanzen geflochten hat, in einem kleinen Loch im Erdboden befestigt. An der Grenze zum oberen Drittel verläuft horizontal ein weiterer kleinerer Birkenstamm. Seine äußeren Enden sind durch girlandenförmig hängendes Grün mit der Spitze der Stange verbunden und bilden auf diese Weise ein Dreieck mit ihr, das an die Konturen eines Schiffsegels erinnert. Unter der Quer-

9 Wenn die Schweden von der Majstang reden, hat das linguistisch nichts mit dem Monat Mai zu tun. "Maj" kommt von "Maja". Maja bedeutet "mit Blumen schmücken" und dementsprechend handelt es sich sinngemäß um eine "Blumenstange".

stange sind zwei kreisrunde Pflanzenkränze angebracht, die einen seitlichen Abschluss bilden. Aus dem grünbraunen Flechtwerk stechen vereinzelt rosafarbene oder violette Blüten als Farbtupfer hervor.

Wir sind gerade noch rechtzeitig gekommen, um auch Zeugen der Lieder und Tänze zu werden, die mit dem Midsommarafton untrennbar verbunden sind. Kaum, dass sich die Majstang gen Himmel reckt, geht es los. Einer der Trachtenträger greift sich ein Akkordeon und lässt Musik erklingen. Die bunte Truppe, die zu den Klängen des Instruments kurz darauf in einem enger werdenden Zirkel um den geschmückten Birkenstamm tanzt, umfasst Vertreter aller Altersklassen. Hochbetagte fassen kleine Knirpse an den Händen und singen ihnen die Lieder vor, die ihnen wohl auf dieselbe Weise beigebracht worden sind.

Höhepunkt der Darbietung ist der "Sma grodorna"-Gesang. Beim "Lied der kleinen Frösche", dessen Text abwechselnd Frösche und Schweine zum Gegenstand hat und in dem das Fehlen bzw. Vorhandensein von Ohren und Schwänzen bei den Tieren besungen wird, imitieren alle Tanzenden mit ihren Händen Ohrmuscheln und Schwänze, wenn die entsprechenden Liedzeilen angestimmt werden.

Dass das Lied so etwas wie nationales Kulturgut ist, lässt sich schon der Tatsache entnehmen, dass eine schwedische Regierung Anfang des Jahrtausends Gefallen an der Idee fand, die Landesverbundenheit schwedischer Bürger mit "Sma grodorna" zu überprüfen. Schweden, die bereits seit langer Zeit im Ausland gelebt hatten, sollten nur dann ihre Staatsbürgerschaft behalten dürfen, wenn sie den Text des Liedes noch auswendig kannten. Glücklicherweise setzte sich die Idee nicht durch. Wie hätte man sich ein solches Prüfverfahren vorstellen müssen? Wäre die Testperson in ein karges Zimmer geführt worden, wo ihm dann grimmig blickende Mitarbeiter der Einwanderungsbehörde mit einer viel zu hellen Stablampe ins Gesicht leuchteten, während der Prüfling mit zittriger Stimme das Lied zu intonieren versuchte?!

Ein beängstigendes Szenario, das - wenn es in Deutschland in ähnlicher Weise Anwendung finden würde - vermutlich nicht nur mich um meine Landeszugehörigkeit bangen ließe. Die zweite Strophe von "Alle meine Entchen" will mir partout nicht einfallen.

Visionen jeglichen Behördenterrors verfliegen schnell, wenn man dem fröhlichen KWAK-KWAK-KWAK lauscht, mit dem die illustre Truppe gerade gesanglich Froschlaute nachahmt. Zum Ende des gemeinsamen Gesangs gehen alle in die Hocke und laufen in die Hände klatschend auf die *Majstang* zu. Ein aufbrandender Applaus beschließt das Lied und lässt vermuten, dass nun etwas Neues folgt.

Tatsächlich: Die Aufmerksamkeit wendet sich einer kleinen Freilichtbühne zu, auf der einige Musiker in der folgenden halben Stunde traditionelle Lieder zum besten geben. Anschließend orientiert sich die Mehrzahl der Versammelten in das Innere eines nahe gelegenen Hauses, in dem Kaffee und Kuchen serviert werden. Wir schlendern durch die Gänge des Gebäudes, saugen die Atmosphäre auf, bis wir genug haben.

Wenn es stimmt, was wir aufgeschnappt haben, verbringen viele Schweden den Abend des Mittsommerfreitag oft in kleinerer Runde, typischerweise mit der Familie oder guten Freunden. Wir selbst sind uns noch gar nicht schlüssig, wie der Tag weiter gehen soll. Moritz müssen wir in unseren Planungen nicht berücksichtigen. Wie so oft, hält er sich in Kiruna bei seiner Liebsten auf.

Spontan kommen wir abends um zehn Uhr auf die Idee, eine Ruderbootausfahrt auf dem See zu machen. Gedacht, getan - herrlich, wie flexibel wir mit einer Sonne sind, die vierundzwanzig Stunden am Tag Bereitschaft hat. Der Himmel über uns ist makellos. Die Wolken scheinen zu wissen, dass die Sonne heute ihren Festtag hat und hüten sich, ihr die Show zu vermiesen. Die Seeoberfläche ist zu Beginn unserer Tour leicht gekräuselt, je weiter wir nach Westen rudern, desto ruhiger wird sie. Schließlich ist die Wasseroberfläche vollkommen glatt und liefert gestochen scharfen Spiegelbilder der Bäume sowie der angrenzenden Hügel, die alle in ein leicht rötlich schimmerndes Dunkelgelb getaucht sind.

In der Mitte des Sees angekommen folgen wir der nächsten Eingebung und beschließen, Brian einen Besuch abzustatten. Brian wohnt am Westende des Alttajärvi und ist Ire. Im Winter bietet er Schlittenhundetouren an und hat dann mit der Versorgung seiner fünfzehn Hunde und den Touristen alle Hände voll zu tun. Jetzt im Sommer ist die Chance, dass er Zeit und Lust hat, eine Tasse Irgendwas mit uns zu trinken, sehr groß.

Wie viele Musher weicht Brian seinen Hunden nur ungern von der Seite. Zwischen einem Dutzend Zwinger steht ein klitzekleines Haus auf Rädern, dessen Größe und Komfort die der Hundehütten nur geringfügig übertrifft. Der rustikale Wohnsitz hat weder Klo noch Waschbecken, Brian nutzt die Sanitärräume der unmittelbar benachbarten Ferienanlage. Brian ist genügsam, ihm geht es gut, so lange es seinen Huskys gut geht.

Als wir jetzt eine vorsorglich mitgeführte Flasche Rotwein aus unserem Rucksack hervorkramen, entfacht er im Handumdrehen ein kleines Lagerfeuer, legt für uns ein paar Rentierfelle auf einen Stapel Holzpaletten, rückt sich selbst einen ziemlich zerbrechlichen aussehenden Klappstuhl zurecht, nimmt auf ihm Platz und stößt dann mit uns auf die Mitternachtssonne und das herrliche Panaroma an, das sich beim Blick über den See entfaltet.

Unser irischer Bekannter breitet seine Neuigkeiten über uns aus. Er habe beschlossen, dass er mehr Hunde für seine Teams brauche. Die Nachfrage nach Schlittenhundetouren steige unaufhörlich. Daher erwarte einer seiner Hündinnen demnächst Nachwuchs. Wenn es soweit sei, werde sich die Wohnfläche seiner ohnehin winzigen Hütte weiter verkleinern, da er die Welpen und deren Mutter die erste Tage nach der Geburt in seiner Hütte unterbringen wolle. Der Wurf sei eine Investition in die Zukunft seines kleinen Unternehmens. Also müsse er ihn auch hüten wie seinen Augapfel.

Brians Hingabe zu seinen Hunden und zu seiner Aufgabe ist absolut typisch für einen Menschen, der sich in Lappland einen Lebenstraum erfüllt. Der Ire liebt seinen Job. Seine Leidenschaft wird auch nicht dadurch in Frage gestellt, dass er in der Wintersaison manchmal sechzehn Stunden pro Tag schuftet, seine Tiere oft bei Eiseskälte versorgen muss und nicht selten in aller Herrgottsfrühe aufsteht. Wenn er jetzt in vorauseilenden Gedanken bereitwillig anderthalb Quadratmeter seiner nur etwa neun Quadratmeter großen Hütte dem Nachwuchs seiner Vierbeinerin überlässt, passt das voll in das Bild, das wir von ihm haben.

Wie das Gescherr, so der Herr. Huskys sind sehr genügsame und leistungsfähige Hunde. Extrem trainierte Hunde laufen weit über hundert Kilometer am Tag über den kraftraubenden Untergrund einer verschneiten Landschaft, kriegen danach einen Brocken Fleisch zur Belohnung hingeworfen, schlingen diesen herunter, rollen sich bei eisiger Kälte im Freien zusammen und schlafen zufrieden ein. Brian erinnert in seiner Anspruchslosigkeit an seine Schützlinge. Beim Thema Durst allerdings mag er ihnen so gar nicht nacheifern. Schlittenhunden gelingt das Stillen ihres Durstes sogar während einer Ausfahrt. Sie schnappen sich in vollem Lauf einige Schnauzen voll Schnee und schlucken ihn hinunter. So etwas käme für Brian nur im Notfall in Frage. Wasser trinke er grundsätzlich nur in veredelter Form, hauptsächlich als Kaffee oder Bier. Auch unser Rotwein ist besser als jegliches Risiko einer "Wasservergiftung".

Bei fröhlich flackerndem Lagerfeuer, wundervoll mildem Licht der tief stehenden Sonne und leckerem Traubensaft plaudert es sich ausgezeichnet. Brian hofft, dass er irgendwann mal an einem Schlittenhunderennen wird teilnehmen können. Besonders reizt ihn *das* europäische Rennen, der renommierte Finnmarkslöpet. Dieser Lauf führt (in seiner längsten Variante) über die gewaltige Distanz von 1200 Kilometern durch den äußersten Norden Finnisch- und Norwegisch-Lapplands. Brians Hauptproblem ist, dass seine Hunde für ein solches Vorhaben monatelang trainiert werden müssten - wofür ihm in seiner jetzigen Lebensphase absolut die Zeit fehlt. Aber vielleicht werde das ja irgendwann mal anders sein...

Angeregt lassen wir einander an unseren Sehnsüchten und Gedanken teilhaben. Der neue Tag schleicht sich unbemerkt am nördlichen Horizont an. Als wir irgendwann auf die Uhr schauen, ist es schon weit nach Mitternacht. Wer braucht schon Morgengrauen, wenn er statt dessen mehrere Stunden lang mit Morgenröte verwöhnt wird? Noch immer ist das gegenüberliegende Seeufer in einen intensiven gelb-orangefarbenen Ton getaucht, der ähnlich anheimelnd ist wie die Lichter auf den Laternenumzügen der eigenen Kindheit. Wenn unsere Augen eine Zunge hätten, mit der sie schnalzen könnten, täten sie es.

Wir verabschieden uns von unserem Midsommarafton-Komplizen, steigen ins Ruderboot und machen uns auf den Heimweg. Um uns warmzuhalten, wechseln wir uns beim Rudern ab. Mittlerweile ist es ziemlich kalt geworden, das Thermometer an unserer Hütte wird später zwei Grad anzeigen. Es hat etwas Intimes, in der längsten Nacht des Jahres das himmlische Farbenspiel vom Wasser aus zu beobachten. Kaum ein Laut ist zu hören, das Plätschern, das durch unsere eigenen Ruderschläge verursacht wird, klingt fast wie das Glucksen in einem kleinen Bachbett und könnte als Hintergrundgeräusch zu einer Meditation abgespielt werden. Gemächlich nähern wir uns dem Teil des Sees, an dem unsere Hütte steht. Fast eine halbe Stunde lang nehmen wir uns Zeit, vertäuen das Boot und sind - als wir schließlich zu Hause ankommen - mal wieder erfüllt von den Erlebnissen, die so zahlreich in der Natur Lapplands zu finden sind.

Für die Traditionen des folgenden Mittsommertags sind wir offenbar einerseits zu müde. Die vorherige Nacht, die wir Wein trinkend, quasselnd und über den See rudernd verbracht haben, fordert ihren Tribut. Wir haben keine Blumen gepflückt, aus denen wir Haarkränze flechten könnten. Außerdem sind die wenigen Bekannten, die wir hier haben, entweder zu Besuch bei Freunden oder verreist. Und alleine Schnaps (*"nubbe"*) trinken kommt für uns nicht in Frage. Neben Bier, den ersten Frühkartoffeln und Erdbeeren mit Sahne gehört *nubbe* eigentlich fest zum traditionellen kulinarischen Programm dieses Tages.

Tatsächlich finden wir diese Gebrauchsanweisung für die Mittsommernacht auch nicht so spannend. Aufregender wäre es schon, wenn wir tanzende Elfen entdeckten oder Trolle, die hinter Bäumen hervorgucken. Angeblich sei das in der Mittsommernacht leicht möglich. Halbherzig starren wir aus dem Fenster unserer Hütte in den Wald, entdecken auf Anhieb weder Elfe, Trolle noch Hobbits und beschließen, früh schlafen zu gehen. Eine gewissermaßen pragmatische Entscheidung: Die Wahrscheinlichkeit, solch magischen Wesen zu begegnen, dürfte in unseren Träumen steigen.

Für Moritz endet im Juni die Ära seiner schwedischen Schulpflicht. Zehn Monate lang ist er im Land Astrid Lindgrens unterrichtet worden. Als wir mit ihm gemeinsam zum Hjalmar-Lundbohm-Gymnasium fahren, um sein Zeugnis abzuholen, schwappt eine Mischung aus Stolz, Dankbarkeit und Freude in uns hin und her. Es hat sich alles wunderbar entwickelt. Moritz ist überwiegend gern zur Schule gegangen, hat jede Menge Kontakte geknüpft und spricht dank des Unterrichts als Einziger von uns so viel Schwedisch, dass er sich relativ problemlos mit Einheimischen unterhalten kann. Sprachlich hatten seine Leistungen zu den besten in der Klasse gehört. Das hatte seinem Selbstbewusstsein sichtlich gut getan.

Die Schulnoten reichen in Schweden von A bis F. Das "A" entspricht der deutschen Eins. Als Moritz seinen Leistungsnachweis in den Händen hält, ist uns schleierhaft, warum ausgerechnet seine sprachlichen Fortschritte nicht bewertet worden sind. Ein "B" in Kunst, ein "A" in "Sport und Gesundheit" und ein "C" in Musik. Selbst in der ersten Klasse hatte unser Filius kein so wortkarges Zeugnis in den Händen gehalten. Unsere Begeisterung über die Willkommenskultur der schwedischen Schulen ist nach wie vor groß. Entsprechend fänden wir Nachfragen im Hinblick auf die Nichtbewertung von Moritz' sprachlicher Fortschritte als unangemessen. Ich selbst würde ihm definitiv ein "A" geben. Immerhin nimmt er mittlerweile an einem privaten Thailändischsprachkurs teil, der auf Schwedisch unterrichtet wird...

Der Grund für die übersichtliche Anzahl an Schulfächern lässt sich leicht erklären. Moritz' mangelnde Schwedischkenntnisse zu Beginn des Schuljahres hatte eine Teilnahme an komplexen Fächern wie Mathematik, Geschichte oder Biologie schlicht nicht zugelassen. In Sport, Musik und Kunst hingegen überspringt ein rudimentäres Verständnis, das notfalls auch durch Gesten hergestellt wird, die meisten Sprachbarrieren.

Die Noten unseres Sohnes sind für seine weitere Schullaufbahn in Deutschland ohne jegliche Bedeutung. Von der ersten Sekunde an ist das Zeugnis hauptsächlich eine Art Trophäe, die Moritz' Vorstoß in den nordschwedischen Alltag beweist. Wir dirigieren Moritz vor der Schulfront hin und her, bis seine Pose - mit dem Zeugnis in der Hand - ein gelungenes Foto für unser Familienarchiv erlaubt. Wie so oft im Leben scheinen Zeitdiebe am Werk zu sein: Wo sind bloß die letzten zehn Monate geblieben?

Moritz verarbeitet die Zäsur offenbar schnell. Seine Pläne für die unterrichtsfreie Zeit sind bereits geschmiedet. Von Gleichaltrigen hat er erfahren, dass Kirunas Kommune jeden Sommer auf der Suche nach Schülern ist, die bei unterschiedlichsten städtischen Arbeiten helfen. Sie werden u.a. in der Altenpflege, bei der Kinderbetreuung oder für Arbeiten, die die Wohnungsgesellschaft koordiniert, eingesetzt. Voraussetzung für eine erfolgreiche Bewerbung für den Ferienjob sind ein Mindestalter von sechzehn Jahren, ein Besuch der Schule in Kiruna im zurückliegenden Schuljahr und eine Wohnadresse, die in Kirunas Einzugsgebiet liegt. Bingo! Moritz' Biographie erfüllt alle erforderlichen Voraussetzungen. Und Geld kann man als Teenie ja immer gebrauchen...

Nach einer kurzen Wartezeit steht fest, dass unser Sohn es auf die Liste der Auserwählten geschafft hat. Er wird zwei Wochen lang bei der Pflege der kommunalen Grünflächen helfen. Rasen mähen und Hecken schneiden werden zu seinem Tagesgeschäft gehören. "Das ist ja genial!" frotzele ich. "Dann wirst Du ja in puncto Gartenarbeiten hervorragend trainiert sein. Das wirst Du brauchen, wenn wir wieder nach

Deutschland kommen." In unserem niedersächsischen Heimathafen ist Moritz fürs Rasenmähen zuständig.

Selbst gewählte Pflichten sind viel leichter zu ertragen sind als jene, die andere uns auferlegen. Natürlich freue ich mich für Moritz, dass er einen Job gefunden hat. Dennoch konnte ich der Versuchung nicht widerstehen, ihn ein wenig zu foppen. Schließlich sind wir in der Pubertät. Bei familiären Pflichten haben Moritz und ich jedoch einen völlig unterschiedlichen Humor. Offenbar wirken sich ironische Annäherungen an das Thema selbst dann aus, wenn die eigentlichen Aufgaben noch Wochen und tausende Kilometer entfernt sind. Das Stimmungstief, das plötzlich in der Moritz' Mimik aufzieht, entlädt sich in einer geknurrten Erwiderung.

Als unser Sohn dann seine Arbeit antritt, fällt uns noch einmal auf, wie liebevoll die Kommune im Sommer die Grünanlagen des Ortes pflegt. Die Verantwortlichen scheinen sich von dem Umstand angespornt zu fühlen, dass Parkanlagen und Verkehrsinseln gerade einmal knapp vier Monate lang schneefrei sind. Insbesondere im Stadtzentrum blühen zahlreiche Blumen und Pflanzen, ein Schriftzug aus Blüten heißt im Sommer Besucher in der Stadt willkommen.

Seinen Job erledigt Moritz anscheinend gewissenhaft. Abends berichtet er uns manches Mal, dass ihm die Arbeitsmoral seiner Mitstreiter (andere Schüler) manches Mal gegen den Strich gehe. Wenn er schon gut bezahlt werde, wolle er auch vernünftige Ergebnisse abliefern. Ich freue mich über seinen Elan, verkneife mir diesmal aber jegliche spitzzüngige Bemerkungen.

Selbst ehrenamtlicher Einsatz scheint für ihn akzeptabel, wenn wir es nicht sind, die sich die Aufgabe für ihn ausgedacht haben. Gelegentlich unterstützt er seine Freundin bei der Arbeit. Sein Herzblatt jobbt in einem Imbiss, wo der Andrang der Hungrigen teilweise so groß ist, dass sie diesen nicht alleine bewältigen kann. In solchen Fällen springt Moritz bereitwillig ein, wenn er gerade auf Besuch in der "Frittenschmiede" ist. Uns freut es, dass sein Tauchgang in den lappländischen Alltag so facettenreich ausfällt.

Damit das fleißige junge Paar auch etwas Zerstreuung hat, machen wir an den Wochenenden immer mal wieder Kurztrips zu viert. Einmal besuchen wir den Nationalpark Stora Sjöfallet, ein anderes Mal fahren wir auf die Lofoten. Das ist das Schöne an unserem derzeitigen Wohnort - wir brauchen nur etwas über drei Stunden, um die norwegische Inselgruppe zu erreichen. Neben der grandiosen Landschaft ist eines der Hauptmotive, noch einmal dorthin zu fahren, ein uns bekannter Campingplatz mit einem "Hot Pot". Das Wasser des hölzernen Badebottichs, den man dort zur Benutzung anmieten kann, wird mit einem Holzofen auf etwa 38 °C beheizt, dabei wird es beim Erwärmen stilecht mit einem hölzernen Ruder umgerührt.

Insbesondere meine Frau liebt diese rustikalen Badezuber. Das Schöne an den Open-Air-Holzwannen ist, dass einem - in dem extrem warmen Wasser sitzend - sogar ungemütliche Tage willkommen sind. Während der Körperkern gerade im Saunamodus entspannt, hält man sich trotzdem draußen auf und lässt die Blicke über eine regnerische, stürmische oder sogar verschneite Landschaft wandern. Mehr Gemütlichkeit geht im Outdoormodus kaum. Wer das Erlebnis noch abrunden möchte, springt kurz in den Fjord, um sich zu abzukühlen. Das schaffen immerhin drei von uns. Anke beschränkt sich darauf, unsere Schwimmzüge im Meer fotografisch festzuhalten. Trotz des Golfstromeinflusses in diesem Teil des Atlantiks ist das eine Erfrischung, die ihren Namen verdient.

Da wir Moritz' Freundin so oft auf Ausflüge mitnehmen, macht uns ihre Mutter zum Dank ein ganz besonderes Geschenk. Eines Tages bekommen wir drei riesige Plastikbeutel ausgehändigt. In ihnen stecken geschätzte fünf Kilogramm selbst gesammelter, eingefrorener Preisel- und Moltebeeren. Ein echter Schatz, der im Sommer letzten Jahres mühevoll gehoben wurde. Moltebeeren sind eines der Wahrzeichen Lapplands, sie wachsen fast ausschließlich in der nordeuropäischen Wildnis und sind sehr reich an Vitamin C. Sammlern werden mindestens sechs

Euro pro Kilogramm Moltebeeren gezahlt. Wir mögen uns gar nicht vorstellen, wie viele Stunden es gedauert hat, diese Menge an Beeren zusammenzutragen. Bei nächster Gelegenheit bedanken wir uns überschwänglich für die süße Delikatesse.

Ankes Hausfraueneifer ist entfacht, sie erkundigt sich bei den Einheimischen, wie man die Beeren am besten verarbeitet. Es scheint, als müssten wir zunächst jede Menge verschließbare Gläser kaufen. So bald wir das erledigt haben, ist Anke nicht mehr zu bremsen und verwandelt unsere Küche in eine Marmeladenfabrik. Zwar produziert sie auch etwas Saft, aber zum weitaus größeren Teil verarbeitet sie die Früchte zu Konfitüre.

Der spannendste Moment kommt, als uns schwedische Freunde besuchen und wir sie von Ankes Erzeugnissen kosten lassen. Gebannt schauen wir in ihre Gesichter und warten auf ihr fachmännisches Urteil. Als kurz darauf Lob zu hören ist, ist meine Frau hochzufrieden. Wir können schwedische Spezialitäten herstellen, im Zimmer unseres Sohnes liegt ein schwedisches Schulzeugnis - eigentlich sind wir bereit für eine umgehende Einbürgerung.

Aufstellen der Majstang am Mittsommerfest.

Rudertörn um Mitternacht.

Islandmohn.

Wollgras.

In gebirgsnahen Lagen vereiteln die Schneemengen des Winters Wanderungen bis in den Juli hinein.

Wenn man im „Hot Pot" sitzt, kann das Wetter ruhig ungemütlich sein. Die holzofen-beheizten Badezuber enthalten 38°C warmes Wasser.

Wunderbar wanderbar

Wir lassen unseren ersten lappländischen Mai noch einmal Revue passieren: Die warmen Temperaturen ließen das strahlende Weiß der vergangenen Monate verschwinden. Als erstes wurden die Straßen hässlich, ein gräulicher Matsch lagerte sich an ihren Seiten ab. Dann ging es auch dem Rest des Winterpanoramas an den Kragen. Überall tröpfelte das Wasser, die Schneedecke schmolz zusammen, stumpfe braune Erde kam zum Vorschein. Die Wege in unserem Wald waren phasenweise unpassierbar, Schlamm und riesige Pfützen dominierten das Bild. Das Attribut Wonnemonat kommt einem hier nicht in den Sinn.

Dem besonders schneereichen Winter folgt eine besonders lang andauernde Schneeschmelze. Dickköpfig wollen wir unsere Wanderlust nicht länger unterdrücken. Wir balancieren auf erhöhten Pflanzenbüscheln am Rand, um zu verhindern, dass das Wasser des länglichen Stausees, zu dem unser Waldweg Richtung Torneälv geworden ist, ins Stiefelinnere gelangt. Konzentriert hüpfen wir von Insel zu Insel. Dennoch versinken wir regelmäßig in einem der unzähligen sumpfigen Löcher, da diese oft mit einer dünnen Schicht aus liegengebliebenem Schnee getarnt sind.

Einige Tage lang weichen wir auf die Schotterstraße am Ostufer des Sees aus. Die ist total trocken, allerdings auch im übertragenen Sinn. Eine Nachbarschaft zu durchwandern ist auf Dauer so aufregend wie Hemden bügeln. Wenn es so weitergeht, finden wir uns bald zu Spaziergängen in Einkaufszentren ein, denke ich frustriert. Mit dieser Form der Leibesertüchtigung wurde ich als jugendlicher Austauschschüler in den U.S.A. konfrontiert. Meine etwas pummelige Gastmutter traf sich damals zum Walken mit Gleichgesinnten in einer voll klimatisierten Shopping Mall und drehte dort ihre Runden zwischen Burgerbuden, Eiscremeverkäufern und Modegeschäften. Gruselig.

Wir fahren zum siebzig Kilometer entfernten Vistasdalen, wo wir vor Einkaufszentren garantiert sicher sind und auf bessere Bedingungen hoffen. Vistasdalen liegt in der bergigen Region des Kebnekaise. Tatsächlich kämpfen wir dort nicht mit Überflutungen. Dennoch brechen wir nach wenigen Kilometern einen hübschen Streit vom Zaun, der sich im Kern um die Frage dreht, ob wir uns als Pioniere der Wandersaison oder als realitätsblinde Vollpfosten begreifen sollen: Kann man schon hiken, wenn man immer wieder knöcheltief im Schnee versinkt?

Während ich die verschneiten Passagen als physische Herausforderung begreifen möchte, zetert meine Frau, dass der Spaßfaktor weit unterhalb der Nulllinie liege. Da die Paarharmonie mit der Anzahl der weißen Hindernisse weiter leidet, versuchen wir getrennt voneinander in Einklang mit der Natur zu kommen. Anke verlegt sich auf Tierbeobachtung (das Vistasdalen gilt als besonders elchreich) und weigert sich weiterzugehen. Ich stapfe noch einige Kilometer voran, bevor auch ich kapituliere. Wortkarg und frustriert machen wir uns nach diesem Fehlschlag wieder auf den Heimweg.

Je ernüchternder die Realität, desto prächtiger gedeihen unsere Träume von Mehrtageswanderungen. Seit Wochen redet Anke schon vom Padjelante-Trail. Dort gebe es Berge, Hochebenen, Sümpfe und einsame Samensiedlungen. Außerdem reizt uns der Muddus, er zählt zu den bärenreichsten Nationalparks Schwedens und wirbt mit dem Vorkommen seltener Vögel für sich. Der Muddus ist so einsam gelegen, dass selbst Außerirdische sich dort wohl zu fühlen scheinen. Am 31. Juli 1980 hat ein schwedisches Paar dort ein drei bis vier Meter großes UFO über einen See fliegen sehen. Das Ding habe Düsengeräusche gemacht, seinen Flug über dem Wasser bis zum Stillstand verlangsamt, sich einmal um die eigene Achse gedreht und sei dann blubbernd im See versunken.

Noch mehr als dreißig Jahre später war die Erzählung der Wanderer eine gelegentliche Zeitungsmeldung wert und inspirierte Ufologen im Jahr 2012 und 2014 zu professionell begleiteten und technisch hochgerüsteten Tauchgängen auf der Suche nach dem Objekt. Bisher hat man lediglich Schlamm am Grund des Sees entdeckt. Jenen aber immerhin reichlich. So reichlich, dass jede Menge futuristische Raumfahrzeuge in ihm lagern könnten...

Hätte ich vorher gewusst, dass sich Fred vom Jupiter im Muddus aufhalten könnte, hätte ich womöglich Bedenken gegenüber einer rein weiblichen Expedition gepflegt. Mit ihrer Freundin Fabienne dreht Anke Anfang Juni eine fünfzig Kilometer-Runde, ohne auf Bären, UFOs oder Wesen mit Tentakeln auf der Stirn und Genitalien in den Achselhöhlen zu treffen. Statt dessen prägen einladende Schutzhütten, Begegnungen mit netten Mitwanderern und eine abwechslungsreiche Landschaft den fünftägigen Trip.

Anschließend schwärmt mir Anke so lange vom Muddus vor, bis wir eine verkürzte Nachahmungstour beschließen. Die soll auch einen pragmatischen Hintergrund haben. Der familieneigene Teenager kämpft seit Wochen mit sich und seiner Grundeinstellung zum Thema Wanderung. Wandern ist kein Freizeitvertreib, der für Enthusiasmus bei unserem Jugendlichen sorgt. Nur der Helikopter, der uns zum Start der Tour in die Wildnis des Padjelante fliegen soll, lockt ihn. Da das Verhältnis der Hubschrauberflugs (zwanzig Minuten) gegenüber der auf Schusters Rappen verbrachten Zeit (geschätzte tausendfünfhundert Minuten) für Freunde des alleinigen Actionspektakels insgesamt ungünstig ausfällt, machen wir eine zweitägige Probewanderung im Muddus zur Bedingung für seine spätere Teilnahme im Padjelante.

Moritz' Laune ist von Anfang an nicht die beste, da er die Generalprobe als völlig unnötig empfindet. Er habe doch schon oft genug bewiesen, dass im Ernstfall mit ihm zu rechnen sei. Außerdem sei er viel sportlicher als wir. Wenngleich er mit diesem Einwänden recht hat, fürchte ich um die Familienharmonie, wenn wir im Padjelante tagelang ohne jeglichen Komfort unterwegs sind. Man sollte schon ein klein bisschen Gefallen am Wandern finden und es nicht nur als Mittel zum Zweck begreifen.

Der geplante Testlauf im Muddus scheitert für den Truppenjunior bei Kilometer Null. Schon bei der Zusammenstellung des Gepäcks werden unüberbrückbare philosophische Unterschiede offenbar. Zunächst will der junge Mann mit seinem Schulrucksack losziehen. Als wir klarstellen, dass wegen der anstehenden Übernachtung sowohl Schlafsack als auch Isomatte mit müssen (die seinen Schulrucksack bereits ausgefüllt hätten), stopft er lustlos einen größeren Rucksack mit den Dingen voll, die ihm teilweise spontan in den Sinn kommen.

Ich bringe das Fass zum überlaufen, als ich zur Inspektion von Moritz' bereits überquellendem Rucksack in sein Zimmer gehe. Mit strenger Miene prangere ich an, dass mehrere Gegenstände zum Vorschein kommen, die eindeutig der Kategorie Luxus/Entertainment zuzuordnen sind. Schließlich müssten noch jede Menge Proviant und Getränke Platz in seinem Gepäck finden. Schnell entbrennt ein Streit, in dem das in diesen Zeiten manchmal zum Zerreißen gespannte Vater-Sohn-Band uns beiden ins Gesicht schnellt. Warum müsste ich mich überhaupt in sein Gepäck einmischen, er werde schon klar kommen. Grundsätzlich gebe es bei uns immer viel zu viele Regeln.

Im Gegenzug bezichtige ich ihn halbherziger und chaotischer Vorbereitung, er habe doch keine Ahnung, was auf ihn zukomme. Spontaneität sei zwar schön, aber nicht, wenn der nächste Supermarkt anderthalb Tagesmärsche entfernt ist. Auf dem Höhepunkt unserer Diskussion beschließt Moritz, dass er lieber auf den Hubschrauberflug verzichten will, als sich tagelang meiner Prinzipienreiterei auszusetzen. Da sei die Aussicht auf eine Zeit ohne Eltern insgesamt viel verlockender.

Also mache ich mich allein mit Anke auf den Weg. Die Anfahrt zum Muddus dauert zweieinhalb Stunden, die letzten zwölf Kilometer verlaufen auf einer Schotterstraße, die südöstlich von Porjus als Sackgasse in die Einsamkeit führt. Als wir am späten Nachmittag eintreffen, steht eine Handvoll Autos auf dem Parkplatz, der Ausgangspunkt unseres Rundkurses sein soll. Einige davon gehören offenbar Tagesausflüglern, die gerade wieder zurückkehren.

Unsere Wanderung ist kein Spaziergang, das steht spätestens dann fest, als wir unser Gepäck auf den Rücken hieven. Ich habe mir den schwereren Rucksack aufgesetzt. Obwohl wir nur für zwei Tage unterwegs sein werden, ist sein Gewicht beträchtlich. Allein mein Zelt wiegt fast drei Kilo. Den Kocher mit der Benzinflasche muss dafür Anke schleppen. Die ersten Kilometer folgen wir dem Weg durch einen Abschnitt mit spärlich stehenden Bäumen, das Licht der Sonne dringt fast ungehindert zu uns durch. Frisches Birkengrün hängt von den Zweigen herunter, hellere Flecken mischen den dunkleren Bodenbewuchs des Vorjahres farblich auf, kleine Sträucher prahlen eifrig mit ihren saftigen Blättern.

Ein enormer Vorteil an einer Wanderung oberhalb des Polarkreises Mitte Juni: Der nächste Sonnenuntergang findet erst in einigen Wochen statt. Ein Gefühl von Freiheit und Leichtigkeit geht mit der Mittsommernacht einher. Selbst wenn wir nachts um eins noch unterwegs sein sollten, bestünde keinerlei Verdunkelungsgefahr. Kein noch so dichter Wald kann uns mit unheimlichen, rot glühenden Augen drohen, die uns aus der Dunkelheit heraus anstarren. Wenn wir Lust hätten, könnten wir ohne erhöhte Stolper- und Gruselgefahr die ganze Nacht durchwandern.

Nichts hetzt uns, also beschließen wir nach etwa fünf Kilometern, eine Rast am Ufer des Luleälv zu machen. Wir tauchen unsere Füße ins Wasser und betrachten den Fluss. Uns imponiert nicht nur die Kälte des Stromes, von der unsere Extremitäten anschließend mit roter Färbung berichten. An der Stelle, an der wir auf Uferfelsen sitzend unseren Blick schweifen lassen, ist das andere Ufer mehr als einen Kilometer entfernt. Mächtig-gewaltig, Egon! Der 450 km lange Fluss erstreckt sich vom skandinavischen Gebirge bis zu seiner Mündung bei Luleå in der Ostsee. Wer in seiner Flussmitte schwimmen geht, riskiert wohl, die restliche Strecke bis zum Meer Gast des Flusses zu bleiben. Schon im Uferbereich vermittelt die Strömung eine Ahnung von der Kraft des Gewässers.

Von der anderen Uferseite mischen sich die Schreie eines Adlers unter das Glucksen des Wassers. Nach einer Weile trocknen wir die Füße in der Abendsonne und setzen dann unseren Weg fort. Noch etwa einen Kilometer lang führt uns der Weg in der Nähe des Flussufers weiter, dann beschreibt er einen Bogen Richtung Nordosten. Wir kommen an einem Rastplatz vorbei, der eine Feuerstelle, Sitzgelegenheiten und ein Outhouse mit Toilettenpapier bereit hält. Es ist faszinierend, wie liebevoll für die wenigen Wanderer gesorgt wird, die hier während der Saison im Muddus unterwegs sind. Die Brücke, auf der wir kurz zuvor einen kleinen Fluss überquert haben, ist frisch gestrichen. Die Bäume, die im Winter auf den Weg gefallen sind, sind größtenteils schon zersägt und beiseite geräumt. Holzwirtschaft wird im Nationalpark nicht betrieben, die Natur behält ihre Ressourcen für sich. Im Gegensatz zu uns. Wir müssen uns an den Reservetanks unserer Energievorräte bedienen, als es die nächsten zwei Kilometer ausschließlich bergauf geht.

Als ehemaliger Ausdauersportmuffel kann sich meine Frau mittlerweile für eine erstaunliche große Zahl an Outdooraktivitäten begeistern. Radfahren, Skilanglauf, Wandern. Die Euphorie für diese Fortbewegungsarten wandelt sich jedoch sofort zu einer Hassliebe, wenn das Gelände zu stark ansteigt. In solchen Momenten meint man einen suchenden Blick bei ihr auszumachen, der sich nach einer Seilbahn, einem Sessellift oder einer Mitfahrgelegenheit umschaut. Der Pfad vor uns windet sich um Felsblöcke herum, ist mit Baumwurzeln und Steinen übersät. Immer wieder müssen wir kleine Absätze erklimmen, immer wieder schlängelt sich der Track vom erreichten Punkt aus noch weiter nach oben. Während Anke noch vor kurzem wortreich Schwärmereien über die Landschaft von sich gab, ist sie jetzt abrupt verstummt. Als ich sie anspreche, bedeutet ihr Blick mir, sie nicht zu einer Konversation zu nötigen. Ihr Motto: „Ich *kann* mich nicht unterhalten, ich muss *atmen*!"

Nicht nur die Steilheit des Weges setzt uns zu. Die vielen Stolperfallen verlangen nach besoffen anmutenden Kurswechseln auf dem schmalen Steig. Wir balancieren auf Wurzeln und Steinen, schlagen Haken, lassen auf einen Ausfallschritt einen Trippelschritt folgen, sind stets auf der Suche nach einigen Quadratzentimetern ebenen Bodens, der uns vor dem Umknicken bewahrt. Die natürlichen Stufen in dem ansteigenden Weg sind teilweise über dreißig Zentimeter hoch, unter dem knackenden Protest unserer Knie- und Hüftgelenke klettern wir die fiesen Absätze hinauf.

Zur Wahrung der Paarharmonie gehe ich einige Meter vor meiner Partnerin. Es ist gar nicht so einfach, über die ideale Länge der Distanz zwischen uns zu entscheiden. Gehe ich zu weit voraus, spüre ich vorwurfsvolle Blicke à la „Hetz' nicht so!" im Rücken. Bleibe ich zu nah bei ihr, wünscht sie sich mehr Privatsphäre bei der schnaufenden Bewältigung der Strecke. Ähnliches gilt für die Anzahl der Rückblicke. Gucke ich zu oft zurück, fühle ich mich als Gaffer, der seine eigene Partnerin in einer schweren Stunde mit Blicken seziert. Schaue ich zu selten, riskiere ich einen anderen Vorwurf („Ach, interessiert es Dich doch, ob ich hinterher komme?! Ich hätte ja längst vor Erschöpfung umgefallen sein können!").

Da die Grundaura unserer Beziehung an diesem entspannten Tag in einem positiven Licht erstrahlt und das Gelände irgendwann flacher wird, meistern wir den Gipfelsturm ohne unerwünschte Langzeitfolgen auf unser Miteinander. Oben angekommen sehen wir, dass sich links des Weges eine Schlucht befindet. Vorsichtig nähern wir uns ihrem Rand. Am Grund des Canyons liegen reichlich Erdbrocken und Steine, die hinuntergekracht sind. Um es ihnen nicht gleichzutun, halten wir respektvollen Abstand.

Plötzlich ertönen wieder die Schreie eines Adlers. Kurz darauf beobachten wir, wie er von einer Kante der Schlucht zur anderen segelt. In mir steigen Erinnerungen auf, die bei genauer Betrachtung gar keine sind. Als Kind war ich von der Fernsehserie „Der Mann in den Bergen" fasziniert. Sie handelte von einem Eremiten in der nordamerikanischen Wildnis. Damals war ich schon der Pubertät nahe, aber ich saß mit offenem Mund und gebanntem Blick auf dem Sofa und erlebte die televisionäre Hypnose in einer Intensität, die ich zuletzt im Sesamstraßen-Alter genossen hatte. Ich lauschte dem Refrain des Titelsongs der Serie („Maybe...there is world where we don't have to run...") und träumte vom wilden, freien Leben des Einsiedlers, dessen Lebenselixier die unverdorbene Schönheit der Natur und der Tiere in ihr war.

Die jetzige Beobachtung des Königs der Lüfte knüpft an die TV-Romantik vergangener Tage an. Lappland scheint all das zu bieten, was Hollywood für filmreif hält. Der markante Ruf des Raubvogels durchschneidet noch einmal die Stille der Wildnis, bleibt wie ein akustisches Ausrufezeichen einen Augenblick lang in der Luft hängen und verhallt dann ohne Erwiderung. Nachdem wir das mühelose Kreisen des Adlers bestaunt haben, setzen wir unseren eigenen Weg relativ unmajestätisch fort.

Unsere Wasservorräte gehen allmählich zur Neige. Außerdem wird es Zeit, nach einem Nachtlager Ausschau zu halten. Die Frau an meiner Seite versichert im Tonfall der Muddus-Kennerschaft, dass wir bestimmt noch einen Flusslauf entdecken werden. Das Wasser im Muddus hat angeblich überall Trinkqualität. Scheint zu stimmen. Meine persönliche Vorkosterin hat es vor Wochen ungefiltert, ungekocht und - offenbar - unbeschadet zu sich genommen. Der Braunfärbung des Wassers ist sie dabei mit einem sich rötlich auflösenden brausepulverartigem Zeug begegnet, das für eine einladendere Farbe der Flüssigkeit sorgte.

Wir passieren einen kleinen Weiher, der zunächst das einzige Wasserreservoir in dem trockenen Nadelwald bleibt, den wir durchqueren. Aus stehenden Gewässern schöpft der Durstige allerdings besser nichts ab - so schlau sind selbst Greenhorns wie wir. Also weiter. Wir haben uns eine Strecke von zwölf bis dreizehn km für heute vorgenommen, damit die morgige Etappe nicht zu lang gerät. Nach zwölfeinhalb Kilometern Tagesleistung vernehmen wir das entfernte Rauschen eines Baches, das mit jedem Schritt ein bisschen lauter wird. Mit zufriedenem Gesichtsausdruck schauen wir einander an. Punktlandung!

Unsere Trinkwasserstelle! Unser Nachtcamp! Unser Platz fürs Lagerfeuer! Binnen weniger Momente erkunden wir das Terrain und sind uns schnell sicher, dass wir unser Zelt genau hier aufschlagen sollen. Das schwedische Jedermannsrecht einerseits und das Vertrauen in die Umsichtigkeit der Einheimischen andererseits machen das Leben in der hiesigen Natur so unkompliziert.

Während manchen Nationen zuzutrauen ist, dass neben Kloschüsseln Warnhinweise wie „Vorsicht! Kein Trinkwasser!“ abgedruckt werden oder auf großen Tafeln in Restaurants davor gewarnt wird, dass man sich an heißen Speisen verbrennen könnte, haben die Schweden ein gewisses Grundvertrauen in die Beobachtungsgabe ihrer Landsleute. Es wird nicht an jeder Ecke gewarnt, gemaßregelt und angeleitet. Wer sich im Winter vor einem Supermarkteingang langmacht, wird sich danach vergeblich nach einem Schild wie „Vorsicht! Eisglätte!“ oder nach einem Sack mit Streugut umschauen. Statt dessen wird sein Blick auf belustigte Mitmenschen treffen, denen der Kommentar „Mann, Alter, is' glatt! Is' schließlich Winter! Oder was dachtest du, warum es so kalt ist!? “ aus der Mimik zu entnehmen ist.

Wildnis fühlt sich umso mehr nach Wildnis und nach Freiheit an, wenn es nicht überall vor „Behüterlis“ in Schilderform wimmelt. Wanderpfade, die manchmal kaum als solche zu erkennen sind. Irgendwo in der Weite der Natur sein Zelt aufbauen - wo man gerade Lust hat.

Nachdem wir unseren Zeltplatz gewählt haben, malt ein Regenbogen seine Farben an den Abendhimmel. Mittlerweile ist es fast elf Uhr abends, die Landschaft ist von einem grau verhangenen Himmel überspannt. Zwischen den Zweigen der Fichten und Kiefern sind die Spektralfarben des Bogens zu sehen. Das bunte Spektakel bleibt uns minutenlang erhalten und scheint unseren Tag einzurahmen.

Wir bauen unser Zelt auf, rollen die Isomatten in seinem Inneren aus und drapieren die Schlafsäcke darauf. Letzte Tagesordnungspunkte: Lagerfeuer und Essen. Dünne Zweige mit Bartflechten und Birkenrinde sind ideale Anzünder. In der Nähe der Feuerstätte liegen halb angekokelte Reste eines Astes, den Vorgänger hinterlassen haben. Offenbar Dilettanten. Das halb verbrannte Holz ist noch grün und also viel zu feucht. Wir suchen nach Totholz. Das brennt nicht nur besser, man vergreift sich außerdem auch nicht am lebendigen Teil des Waldes.

Innerhalb weniger Minuten haben wir ein knisterndes Feuer entfacht, holen Wasser aus dem etwa fünf Meter breiten Bach und kochen uns Tee. Da wir immer noch Sandwiches haben, verzichten wir aufs Kochen und genießen unser Abendessen, während wir den Flammen beim Züngeln zuschauen. In der Natur reduzieren sich Bedürfnisse auf das Wesentliche: Ein Nachtlager, Trinkwasser, Nahrung und Feuer - wir könnten kaum zufriedener mit uns und der Welt sein. Nachdem wir uns an der Idylle unseres Camps fertig gefreut haben, unterziehen wir uns einer Katzenwäsche und krabbeln dann in unsere daunengefüllten Schlafetuis. Die angeblich zahlreichen Bären des Parks sind uns den ganzen Tag lang so real wie die Idee vom Weltfrieden vorgekommen. Sie hindern uns keine Sekunde am Einschlafen.

Auch am nächsten Tag ist das Wetter unser Freund. In der Nacht hat es etwas offenbar etwas geregnet - das verraten uns die Tropfen auf der Zeltplane. Wir benetzen unsere Gesichter mit kaltem Flusswasser, unsere Mägen mit Kaffee und vertreiben so die Müdigkeit. Dann nehmen wir dank unserer Rucksäcke wieder das Erscheinungsbild zweier aufrecht gehender Käfer an, überqueren das leise plätschernde Nass auf einer kleinen Brücke und setzen unseren Weg durch sumpfiges Gelände fort. Dort belustigen uns immer wieder die pilzartig wachsenden Gebilde, die - wenn ich in der Botanik etwas zu sagen hätte - zwingend Punk-Beatle-Gras getauft werden müssten. Die teilweise dreißig Zentimeter hohen Pflanzen zeichnen sich dadurch aus, dass die älteren braunen, trockenen Halme pagenartig herabhängen, als wäre die Natur im Vorjahr glühender Fan der Frisuren von McCartney, Lennon und Co. gewesen. Das brave Braun wird durch einen anarchisch wuchernden tiefgrünen Irokesen der aktuellen Wachstumsperiode übertrumpft, der sich von der Spitze des igluförmigen Haufens wild in alle Himmelsrichtungen streckt und „Punk schlägt Pop!“ zu behaupten scheint.

Dieser Wachstumsphilosophie setzen wir mehr und mehr ein „Mensch schlägt Mücke!“ entgegen. Die stechfreudigen Plagegeister scheinen sich über Nacht exorbitant vermehrt zu haben und beginnen zu nerven. Kurz vor Erreichen einer Rasthütte, die wir nach sechs Kilometern ansteuern, verfalle ich in einen Laufschritt, um den Mini-Vampiren zu entkommen. Mein kurzärmeliges T-Shirt lässt einfach zu viel Angriffsfläche zu. Erleichtert sperren wir die Blutsauger aus und gönnen uns eine Pausenmahlzeit. Begeistert nutzt Anke den Anlass, um mir die Hütte vorzuführen, die sie mit Fabienne schon vor einigen Wochen genutzt hatte. Dort ist das Hauptventil für die Propangasflasche, hier der Wasserkanister, da hinten der Ausguss. Auf jener Liege hat der etwas durchgeknallte und gruselige Ex-Fremdenlegionär geschlafen...

Als wir satt und alle Geschichten erzählt sind, machen wir uns daran, den restlichen Weg in Angriff zu nehmen. Etwas über sieben Kilometer trennen uns noch vom Parkplatz, wo das Auto auf unsere Rückkehr wartet. Auf kleinen Ausflügen zu Aussichtspunkten legen wir immer wieder einige hundert Zusatzmeter zurück. Aber es lohnt sich. Einmal bekommen wir wieder Adler zu Gesicht, dann drängt sich der Wasserfall „Muddusfallet“ als zweiundvierzig Meter hohes Fotomotiv auf.

Der Weg selbst verläuft jetzt zumeist durch trockenen Nadelwald, fast ausschließlich leicht bergab. An mehreren Stellen gabelt sich die Strecke, wiederholt werden wir vor die Wahl gestellt, ob wir einen hügeligen oder einen leichteren Verlauf auf uns nehmen sollen. Da wir zusammen fast hundert Jahre alt sind, finden wir, dass wir durchaus mal das Brett an einer dünneren Stelle bohren dürfen und entscheiden uns entsprechend. Am frühen Abend bringen wir die Probewanderung zu einem erfolgreichen Abschluss. Auch mein Appetit ist geweckt. Moritz hat durch seinen Boykott gleich zu Beginn klargestellt, dass diese Form des Freizeitvertreibs in unserer Familie absolut "jugendfrei" bleiben wird.

Ganz normale Massaker auf dem Bärenpfad

Der Beweis ist erbracht: Wir sind gewappnet für *höhere* Wanderabenteuer! Das passt. Nach dem Appetizer im Muddus wollen wir uns endlich aufs Hauptgericht stürzen, den Padjelante-Nationalpark. „Padjelante" kommt aus dem Samischen und bedeutet in etwa „das höhere Land". Allerdings liegt die Gesamtdistanz des Wanderweges durch Schwedens größten Nationalpark bei über 140 Kilometern - so große Brötchen wollen wir dann lieber doch nicht backen.

Wir haben schon die Etappen festgelegt, haben die Hütten und einen Hubschrauberflug gebucht (der Hubschrauber soll uns nach der Hälfte der Strecke wieder zurück in die Zivilisation fliegen). Mitten in unseren Vorbereitungen erreicht uns die Nachricht, dass der Weg in höheren Lagen aufgrund von Schneemassen immer noch nicht passierbar sei. Einige Tage zuvor seien die letzten Wanderer frustriert umgekehrt.

Sprachlos starre ich Anke an. Wir erinnern uns daran, vor einigen Wochen von verschneiten Wanderrouten gehört zu haben. Dass sich das Problem bis in den Juli hineinzieht, damit haben wir jedoch nicht gerechnet. Alarmierend ist, dass alle Fernwanderwege in unserer Umgebung betroffen zu sein scheinen.

Fieberhaft stöbern wir im Internet nach Alternativen, parallel dazu konsultieren wir unseren Wanderführer. Der „Bärenpfad" im äußersten Osten Finnlands wird zum heißesten Anwärter. Er liegt weit entfernt von jeglichen Gebirgen. Meine kurz aufflackernden Bedenken, dass wir zur Mückenhochsaison in die Mückenhochburg Finnland vordringen, werden von meiner Frau weggewischt. Wandergeilheit leuchtet aus Ankes Augen. Widerstand ist zwecklos.

Auch die 500 km weite Autofahrt zum „Karhunkierros" (so lautet der finnische Name des Wanderweges) hält uns nicht ab. Offenbar hat sich unser Gefühl für Entfernungen im weitläufigen Nordskandinavien relativiert. Immerhin wird die große Distanz dafür sorgen, dass wir der Regenfront entkommen, die in den nächsten Tagen Schwedisch-Lappland dominieren soll.

Der Bärenpfad befindet sich in Höhe des Polarkreises in Nordkarelien, wenige Kilometer von der russischen Grenze entfernt. Obwohl er so entlegen ist, gilt er als beliebtester Weitwanderweg der Finnen. Die Gesamtlänge der Route beträgt achtzig Kilometer. Wir beschließen, davon nur sechzig zu gehen, da das südlichste Teilstück wenig spektakulär durch bewirtschaftete Forstgebiete führt. Demgegenüber verläuft der Nordteil des Weges entlang unzugänglicher Wald- und Moorgebiete. Das klingt viel mehr nach unserer Bedürfnislage.

Die Packliste ist aufs Notwendigste beschränkt, fast jeden Ausrüstungsgegenstand haben wir in einer tourfreundlichen Leichtgewichtsvariante parat. Selbst die Mitnahme einer ganzen Packung Zahnpasta (unvorstellbar schwere fünfundsiebzig Gramm!) scheuen wir. Statt dessen füllt Anke etwas Creme in ein kleines Döschen ab, dem wir an den kommenden Tagen morgens wie abends eine etwas mehr als erbsgroße Portion mit unseren kolibrileichten Miniaturzahnbürsten entnehmen werden.

Meine Frau hat ihre strengen Kontrollen sogar auf den Proviant ausgeweitet. Die Müslimenge wurde auf 600 g beschränkt, 250 g Pumpernickel dürfen eingepackt werden, die maximal tolerierte Anzahl an Teebeuteln beträgt zehn. Jeder Riegel, jeder Cracker, jede Tütensuppe muss von der weiblichen Gewichtsaufsicht genehmigt werden, bevor er in den Tiefen unserer Rucksäcke verschwindet. Heimlich packe ich eine Tüte Lakritzschnuller ein und kämpfe dabei gegen ein schlechtes Gewissen an.

Trotz der akribischen Vorbereitung fühlen sich unsere Rucksäcke noch schwerer an als auf unserem Muddustrip. Um unsere Moral nicht zu untergraben, stellen wir sie lieber nicht auf die Waage. Ankes Gepäck ist leichter als meines, aber dennoch verblüffend schwer. Schließlich habe ich einen Großteil der schwereren Ausrüstungsgegenstände eingepackt. Ich wundere mich, werde aber bald herausfinden, woran das liegt.

Wir brechen am frühen Morgen auf, fahren los und erreichen nachmittags einen Ort namens Juuma. Einige Monate zuvor war das Dorf in den Schlagzeilen finnischer Zeitungen gewesen. Eine Frau war hier von einem Bären verletzt worden. Die Ausflüglerin war im März - offensichtlich abseits der Routen - im Wald unterwegs gewesen und war dabei in die Höhle eines Bären gestolpert.

Ich persönlich kann die Reaktion des Bären verstehen, der sich sein Wachwerden im Frühjahr wohl ganz anders vorgestellt hat. Die in seine Höhle trampelnde Finnin hatte noch nicht einmal einen großen Brocken Fleisch für das nach dem langen Winter ausgehungerte Tier dabei gehabt. Wenn ich meine Frau früh morgens wecke und ihr dabei keine Tasse Kaffee ans Bett bringe, leidet die Paarharmonie auch. Zum Zeichen seines Protests hatte das unsanft geweckte Tier die Ruhestörerin in den Ellenbogen sowie in den Hintern gebissen. Ganz im Geiste von "Der Klügere gibt nach" war es anschließend im Wald verschwunden. Die Verletzungen der Frau waren nur leicht. Sie konnte aus eigener Kraft in den Rettungswagen steigen, den sie selbst alarmiert hatte.

Wie gesagt, ich finde das Verhalten des Bären mehr als angemessen. Stellen sie sich vor, zu ihnen springt mitten in der Nacht ein Fremder ins Bett und sie haben eine tödliche Waffe auf dem Nachtschrank. Was da alles passieren kann. Der schlaftrunkene Bär hat doch quasi nur einen Warnschuss abgegeben.

Um so unverständlicher ist für mich das, was sich danach ereignete. Das zweihundert Kilogramm schwere Männchen wurde als Problembär angesehen und einige Tage später erschossen. Wenn man den Bären lediglich betäubt hätte, um der Frau zu ermöglichen, ihn in den Arm und ins Gesäß zu beißen, hätte ich das viel adäquater gefunden. Zumindest lehrt uns diese Geschichte, dass der Bärenpfad, der auch durch Juuma verläuft, seinen Namen zurecht trägt.

Am Startpunkt unserer Wanderung herrscht zu dieser Jahreszeit so viel Trubel, dass alle Bären in der Nähe längst Reißaus genommen haben. Zum einen gibt es in Juuma einen Campingplatz. Außerdem sind an einer seichten Stelle des Flusses Menschen in orangefarbenen Schwimmwesten damit beschäftigt, ihre Kanus an Land ziehen. Wir beobachten das bunte Treiben eine Weile, dann gehen wir unser eigenes Vorhaben an. Zum Auftakt überqueren wir eine Hängebrücke und sind gleich randvoll mit Abenteuergefühlen. Während wir - immer mal wieder leicht schwankend - auf die andere Seite wechseln, schießt unter uns das Wasser dahin. Wanderer mit abgekämpftem, aber zufriedenem Ausdruck im Gesicht kommen uns entgegen.

Zunächst treffen wir auf relativ viele Leute. In Juuma beginnt und endet eine elf km lange Runde, die viele auf einer Tageswanderung absolvieren. Manch anderem Ausflügler reicht offenbar schon eine Stippvisite der Stromschnellen von Myllykoski. Dort kommen wir nach anderthalb Kilometern an. An einer alten Mühle veranstaltet das Wasser ein beeindruckendes Spektakel, zwängt sich mit Schaumkronen und Getöse durch eine Engstelle im Flussbett. Nur der Natur gelingt es, für eine Form der Gewalt zu sorgen, die schön ist. Wir lassen uns einige Minuten vom Schauspiel hypnotisieren.

Unmittelbar nach Myllykoski nimmt die Anzahl unserer Mitmenschen auf dem Wanderweg rapide ab. Das ist wunderbar. In der Einsamkeit wirkt die Glücksdroge Lappland noch viel besser. In allerbester Stimmung setzen wir auf den nächsten Kilometern unseren Weg fort. Wir passieren zwei weitere Hängebrücken und folgen dann dem schmalen Pfad, der sich um mehrere kleine Weiher herum schlängelt. Ab und an tönt der Ruf eines Vogels durch den Wald. Die Temperaturen sind ideal - nicht zu warm, nicht zu kalt. Geht's uns gut!

Bekanntlich soll man den Tag ja nie vor dem Abend loben. Nachdem wir uns bisher weitgehend auf einem Niveau bewegt haben, eskaliert die Strecke - im wahrsten Sinne des Wortes: Der Weg führt plötzlich in einem atemberaubendem Winkel nach unten. Es ist, als ob irgendein vorzeitlicher Riese an genau dieser Stelle einen herzhaften

Bissen aus der Landschaft genommen hätte. Aus Skisprungübertragungen im Fernsehen dürfte jeder die Kameraeinstellungen kennen, die die Schanze von oben zeigen, bevor der Springer losfährt. Ein ähnliches Bild bietet sich uns jetzt. Vorsichtig tasten wir uns Schritt für Schritt nach unten. Wir müssen uns nach hinten lehnen, damit wir mit den schweren Rücksäcken nicht das Gleichgewicht verlieren. Vorsichtig setzen wir unsere Füße auf, da der Untergrund an einigen Stellen sehr locker ist. Wer hier unfreiwillig ins Laufen kommt, kann nur zwischen Pest und Cholera wählen: In einer Staubwolke nach unten purzeln oder unsanft an einem Baumstamm bremsen.

Ich kann mich nicht erinnern, auf einer Wanderung jemals so geschafft gewesen zu sein, nachdem ich *unten* angekommen bin. Mein Blick fällt auf die Fortsetzung des Weges. Die verspricht keinerlei Trost oder gar Erholung. Schmale Treppenstufen wechseln sich mit engen Serpentinen ab und führen steil nach oben. Schon das Hochschauen kann Schwindel verursachen. Als wir endlich schwer atmend am höchsten Punkt angelangt sind, ahnen wir nicht, dass das gerade der Prolog für ein scheinbar nicht enden wollendes Auf und Ab war. Und wir dachten, Finnland sei überwiegend flach...

Der Weg nähert sich nach und nach einem Fluss, der im Laufe der Jahrtausende einen tiefen Canyon in die Landschaft modelliert hat. Auf einer Anhöhe über einer breiteren Stelle des Tales verschaffen wir uns eine Verschnaufpause. Den Ausblick können wir allerdings nicht wirklich genießen, dafür sind wir schon zu geschafft. Unsere Rucksäcke fühlen sich mittlerweile an wie Bleigürtel. Auf Anstiegen zerren sie in die entgegengesetzte Richtung - wie ein schlecht erzogener Hund, dem man das Gassigehen zu lange verwehrt hat. Auf dem Weg nach unten schieben sie uns drängelnd vor sich her.

Schildern entnehmen wir die aktuellen "Kletteraussichten". Offenbar steht uns sowohl der Tief- wie auch der Höhepunkt der Tour unmittelbar bevor. Während wir noch nach der richtigen Einstellung für die kommende Aufgabe suchen, kommt uns jemand schweißüberströmt entgegen. Er hat ein hochrotes Gesicht und kaum genug Atemluft, um unseren Gruß zu erwidern.

Seufzend setzen wir unseren Weg fort, bevor wir zu sehr ins Nachdenken kommen. Mühselig kraxeln wir eine Viertelstunde lang den Abhang hinunter. Endlich sind wir unten angelangt. Offiziell säumt unser Pfad auf den nächsten drei Kilometern das westliche Ufer eines Flusses. Aus dieser Information des Wegweisers hatten wir Zuversicht gezogen. Wenn Wasser nicht gerade als Wasserfall hinunterfällt, fließt es ja bekanntlich durch ebenes Gelände.

Der Fluss, der auf dem Grund des Tales fließt, heißt Kitajoki. In der nächsten Zeit beschäftigt mich jedoch mehr die Einordnung des Bärenpfades. So benimmt sich doch kein ordentlicher *Flusswanderweg*! Wie ein schwer erziehbares Kind zappelt er immer wieder von den Sandbänken des Flusses weg, um sich auf den Absätzen des steil aufragenden Waldes auszutoben. Schneereste an den Abbruchkanten der Hänge behindern das Fortkommen zusätzlich. Während die Kraft des Wassers neben uns unerschöpflich scheint, schwindet unsere eigene immer mehr. Die Erinnerung an den schwitzenden Wanderer, der uns entgegengekommen war, tritt uns deutlicher vor Augen, als uns lieb ist.

Immer müder folgen wir dem sich schlängelnden Verlauf des Weges, bis wir am Fuß eines steilen Hanges ankommen. Die Route knickt himmelwärts. Ein weiteres Schild verrät, dass mehr als dreihundert Treppenstufen auf uns warten. Als wäre das allein nicht schon schlimm genug, verraten uns unsere Blicke, dass es die Treppenstufen fast ausschließlich in den Varianten zu hoch, zu eng oder zu ungleichmäßig zu geben scheint.

„Das schaff ich nicht!" Anke schaut entgeistert auf die Inflation an Höhenmetern. Auch ich bin mittlerweile ziemlich k.o., spreche uns aber dennoch Mut zu: „Wir haben jetzt schon zehn Kilometer geschafft, mehr als zwei Drittel der Tagesstrecke! Nach dieser Steigung müssten wir das Schlimmste hinter uns haben!"

Skeptisch mustert mich meine Mitstreiterin. Ich animiere sie, sich noch einen Energieriegel in den Mund zu stopfen und verspreche ihr dann, dass wir das Treppenungeheuer vor uns in Kleinstportionen zerlegen werden. „Denk an Beppo Straßenkehrer: Man darf nie an die ganze Treppe auf einmal denken, man muss nur an den nächsten Schritt denken, an den nächsten Atemzug, an die nächste Stufe...Schritt-Atemzug-Stufe." Meine Ausflüge in Michael Endes Romanwelt von „Momo" scheinen Anke nicht wirklich zu aufzumuntern. Irgendwann setzt sie sich dennoch in Bewegung.

Der Anstieg ist eine Tortur. Der Bauchgurt des Rucksacks scheuert inzwischen auf den Beckenknochen, die Schulterriemen drücken sich ins Fleisch. Ich nehme mir eine feste Zahl an Stufen vor und verschnaufe jeweils einen Moment, blicke dann zurück auf Anke, deren Portionen verdauten Geländes von Atempause zu Atempause kleiner werden. Nach etwas über der Hälfte gönnen wir uns eine Rast, bei der wir die Rucksäcke ablegen. Einige Minuten später wuchten wir uns die Lasten wieder auf den Rücken, dabei komme ich kurz ins Taumeln. „Wandern wie Flasche leer" denke ich still bei mir.

Endlich erreichen wir die letzte Stufe. Geschafft! Erledigt! Fertig! Attribute, die unseren Zustand *und* unsere Leistung beschreiben. Anke ist viel zu erschöpft, um sich angemessen zu freuen. Der Ausblick auf weitere drei Kilometer Strecke nagt an ihr. Mit hohlem Blick stapft sie in der folgenden Stunde weiter, schimpft in Phasen mit ausreichender Atemluft wie ein Rohrspatz über kleinere Anstiege und moniert unsere Planung einer viel zu anstrengenden Etappe.

Wir zählen runter: Noch zwei, noch ein, noch ein halber Kilometer. Erleichterung durchflutet uns, als der See Jussinkämpa sichtbar wird, an dessen Ufer wir unser Nachtlager aufschlagen wollen. Es sind bereits einige Zelte um eine geräumige Holzhütte herum aufgebaut. Das Innere des Gebäudes ist so simpel wie zweckmäßig. Zwei Tische, vier Holzbänke sowie etwa vierzig cm hohe Holzpodeste, die sich links und rechts der Sitzgelegenheiten an den Wänden entlang ausdehnen. Einige

Isomatten und Schlafsäcke liegen schon auf den Holzkonstruktionen bereit, um ihren Besitzern als Nachtlager zu dienen.

Während wir unsere Blicke in der Hütte schweifen lassen, werden wir von Mücken umwabert. Konsterniert schauen wir uns um. Überall entdecken wir die Blutsauger. Was soll der Mist denn? Wenigstens nachts wollen wir unsere Ruhe vor den Quälgeistern haben. Die Vorstellung, die ganze Nacht durch ein auf dem Gesicht liegendes Insektennetz zu atmen, missfällt uns beiden. In nahezu wortlosem Einverständnis flüchten wir wieder nach draußen, beanspruchen einen freien Fleck des Waldbodens und bauen dort unser Zelt auf. Nach jedem Rein und Raus ins Zelt zerren wir dessen Reißverschlüsse hektisch zu, als müssten wir einen Axtmörder aussperren. Die wenigen, dennoch eingedrungenen Mücken belehren wir durch ein kurzes gnadenloses Massaker, dass sie keine Einladung zu unserer exklusiven Party besitzen.

Wir sind nicht die einzigen, die zu später Stunde angekommen sind. Drei junge Männer blasen ihre Isomatten mit kleinen propellerartigen Helferlein auf, an denen Daniel Düsentrieb seine helle Freude gehabt hätte. Wir erfahren, dass die batteriebetrieben Ventilatoren verhindern sollen, dass feuchte Atemluft ins Innere der Isomatten gelangt. Dadurch verlängere sich die Haltbarkeit der Matten.

Mittlerweile ist es sieben Uhr abends. Bei der abendlichen Waschung im eiskalten Wasser des Sees werden wir den Staub und Schweiß des Tages wieder los. Trotz der Erfrischung bleibt das Gefühl einer körperlichen Überforderung klettenartig an Anke haften. Selbst ihr Appetit hat gelitten. Wir bereiten unsere Mahlzeit auf einem Gaskocher, der vor der Hütte installiert ist. Mit umsorgender „Essen-ist-fertig!"-Miene präsentiere ich nach wenigen Minuten die Mahlzeit, ernte aber ein wenig euphorisches Echo. Anke zwingt sich einen Löffel nach dem anderen rein, um am nächsten Morgen nicht mit völlig ramponiertem Energiehaushalt aufzuwachen.

Wenigstens das Lagerfeuer, das Verhallen kurios klingender unbekannter Vogelrufe über der abendlichen Stille des Sees und die Lichtspiele der tiefer sinkenden Sonne, die ihre Strahlen über die Baumwipfel fächert, kann sie genießen. Wir sitzen noch ein wenig länger als geplant und nähern uns allmählich unserer inneren Mitte. Dann genießen wir die hundertprozentige Mückenlosigkeit unseres Zeltes und den Komfort unserer Schlafsäcke.

Am Morgen darauf wissen wir - verteidigungsbereit gegenüber allen Mücken, die die Nacht dort überlebt haben - die Annehmlichkeiten der Blockhütte zu schätzen. Das Essen an Tischen und Stühlen ist ein willkommener Komfort. Anke schwelgt in ihrer Müsli-Milchpulver-Routine, die sie sich seit ihrer Erstwanderung mit Fabienne bewahrt hat. Nebenbei rechnet sie mir vor, wie viel Gewicht mit jeder Mahlzeit aus den Rucksäcken verschwinden würde. Der Unmut vom Vortag ist vergessen, die Sonne lacht vom Himmel.

Der Tag geht fast so gut weiter, wie er anfängt. Wir bewegen uns durch überwiegend flaches Gelände. Wenn nur die Mücken nicht wären. Bereits am Vortag hatten die Biester genervt. Heute ist ein Wandern ohne Insektennetz undenkbar. Wir stülpen uns Hauben über Kopf und Hals. Die Wärme des Tages schreit eigentlich nach einem kurzärmeligen Oberteil, aber das käme dem Versuch gleich, in kurzen Hosen durch ein Meer von Brennnesseln zu laufen. Nur unsere Hände bleiben unbedeckt.

Das registrieren auch die Moskitos. Im Sekundentakt landet ein Geschwader nach dem anderen auf meinen Händen. Unaufhörlich muss ich mich gegen deren Auffassung wehren, meine Handrücken seien Landebahnen und Speisesäle zugleich. Ich scheine dabei meiner eigenen Meinung zu applaudieren, da die eine Hand immer wieder schwungvoll auf die andere klatscht, um mich gegen die Attacken zu wehren. Die Choreographie meines Fortbewegung folgt einem gleichmäßigen Rhythmus und liest sich lautmalerisch „Schritt-Schritt-Klatsch-Schritt-Schritt-Klatsch".

Zur Ablenkung beginne ich die Zahl der binnen zehn Minuten getöteten Insekten zu zählen und auf die Stunden hochzurechnen. Meine Erfolgsquote lässt sich sehen. „Wir sind heute achtzehn km gewandert und ich habe über fünfhundert Mücken getötet!" klingt allerdings trotz der grimmigen Lust am Blutrausch nicht romantisch.

In jungen Jahren hatte ich einen Freund, der sich gelegentlich in einer vorbildlich christlichen Haltung als eine Art Mückenversteher hervortat. Während ich eine Mücke abzuwehren suchte, bot er ihr seine Haut freiwillig an. Albert Schweitzers „Wir sind Leben inmitten von Leben, das leben will" teile ich philosophisch uneingeschränkt. Dennoch bin ich sicher, dass sich in hiesigen Gefilden die Geisteshaltung meines Jugendfreundes gegenüber den stechwütigen Zweiflüglern rasend schnell der eines Serienkillers nähern würde.

Wie gehen andere mit dem Problem um? Uns kommen Leute entgegen, die im T-Shirt wandern. Mit großen Augen staunen wir die vermeintlich Hartgesottenen an. Nachdem wir einander passiert haben, verrät ihr Parfüm ihren Trick. Der Geruch des Insektenschutzmittels, mit dem sie offenbar eine Imprägnierung großer Teile ihrer Körperoberfläche vorgenommen haben, liegt noch meterweit in der Luft.

In Reiseführern, Reiseberichten und entsprechenden Internet-Foren kann man tief in die Diskussion über Repellents einsteigen. Allein Produktnamen wie „Anti Brumm Forte" machen die Lektüre lesenswert. Anekdotenhaft wird berichtet, dass die in Mitteleuropa gängigen Insektenmittel von der skandinavischen Mücke als willkommene geschmackliche Variation bei ihrer Blutmahlzeit angesehen wird. Später würde sie dann ihren Artgenossen berichten: „Heute habe ich an einigen eigenartig gewürzten Touristen genascht. Mal was anderes! Etwas fremdartig im ersten Aroma, aber dann doch lecker im Abgang!"

Stimmt das wirklich? Der gängige Wirkstoff DEET ist die Grundlage für die Mehrzahl aller angewendeten Produkte. Nur die Konzentrationen unterscheiden sich. Während in Deutschland der prozentuale Wirkstoff-Anteil meist bei 7-10 % liegt, sind in Lappland Repellants mit 20 bis 30%-DEET-Gehalt üblich. Daraus resultiert sowohl eine bessere Wirkung wie auch eine länger anhaltende Wirkdauer. Gesundheitlich sind auch diese Produkte größtenteils unbedenklich - auch wenn Schauergeschichten über ihre angeblich zersetzenden Eigenschaften kursieren. Die Mittel greifen nur Kunststoffe an. Solange man sie sich also nicht in die Silikonbrüste injiziert, gefährdet man mit der gängigen Anwendung im wesentlichen Textilien, die künstliche Fasern enthalten.

Von DEET-Konzentrationen mit 98%, die auch auf dem Markt zu finden sind, muss allerdings eindeutig abgeraten werden. Auch die gelegentlich kolportierte großflächige Anwendung von Knoblauch vertreibt nur andere Touristen, gegen Stechinsekten ist die Methode wirkungslos. Wer einen biologischen Kampfstoff wählt, dem stehen rauchige Feuer, weite Kleidung und Mückennetze zur Verfügung. Mancher Wanderer, der wie wir dieser Variante folgt, begegnet uns mit zusätzlichen dünnen Handschuhen. So schlau waren wir bei der Vorbereitung nicht gewesen. Sowohl unsere Hände wie auch unsere Schultern, auf denen die Kleidung zu eng anliegt, stellen eine echte Verteidigungslücke dar. Immer wieder sehe ich Anke bei einer wütenden Selbstgeißelung zu, bei der sie sich hektisch mit ihrem entfalteten Stirntuch auf den Schultern herum klopft. Ihr erbostes Zischen tönt dabei durch den Wald: „Immer auf die gleiche Stelle!".

Trotz der Insektenplage gelingt es uns, die Landschaft zu genießen. Das Gelände fällt auf drei Kilometern kontinuierlich ab, die schmalen Pfade führen abwechslungsreich mal durch lichteren Wald, mal an kleinen Weihern vorbei, mal durch dichteren Bewuchs. Nach etwa zwei Stunden gelangen wir zu einer Abbruchkante, deren heller Sand sich wie eine Düne steil nach unten ausbreitet und schöne Ausblicke auf eine Kehre des Oulankajoki bietet. Der Weg windet sich die folgenden Kilometer am Fluss entlang, führt mal einige Meter von ihm weg, um sich dann wieder seinem Lauf anzuschmiegen. Von Aussichtspunkten aus spähen wir nach Bären. Ein am gegenüber liegenden Ufer auftauchender Bär machte sich jetzt sehr schön, finden wir.

Nach acht Kilometern erreichen wir Ansakämppä, eine der sieben Hütten, die am Karhunkierros liegen und zur Rast einladen. Wir reiben uns die Augen, bleiben ungläubig stehen. In einem Holzklotz vor dem Blockhaus steckt eine Fiskars-Axt! (Fiskars-Äxte sind der Lionel Messi unter den Hackwerkzeugen und ziemlich teuer). Ihr orangefarbener Griff leuchtet in der Wildnis und sendet einen transeuropäischen Gruß aus Finnlands Norden an vergitterte Hotelfenster und videoüberwachte Hochsicherheitsparkplätze an der Mittelmeerküste: Hier ist arschlochfreie Zone - hier klaut keiner. Paradiesisch. Menschen, die einander vertrauen.

Wir setzen unseren Weg fort, der schwerpunktmäßig durch trockene Kiefernwälder führt. Nur gelegentlich - wenn der Weg sehr nahe am Ufer des Flusses verläuft - wird der Untergrund feuchter. Dann greifen Farne, die an beiden Seiten der Holzbohlen ranken, nach unseren Füßen.

Es ist bereits sechs Uhr abends, als wir zu den Stromschnellen von Kiutaköngäs gelangen. Dort weicht die Vegetation vom Fluss zurück. Über felsigen Untergrund quetscht sich das Wasser tosend durch den Canyon. Von den rotbraunen Wänden der Schlucht pflanzt sich das donnernde Geräusch fort und versucht, uns die Müdigkeit aus dem Hirn zu spülen. Immerhin haben wir schon wieder rund vierzehn Kilometer in den Beinen. Landschaftlich ist dies eindeutig ein Höhepunkt der heutigen Etappe. Wir sehen uns satt. Als wir versuchen, ein Selfie vor der Szenerie zu schießen, versauen uns zwei Mücken, die sich auf meiner Stirn niederlassen, das Bild. Sollte Karhunkierros falsch übersetzt sein und wir wandern auf dem Mückenpfad?

Wir machen uns auf die letzten zwei Tageskilometer. Mittlerweile lasten die Riemen unserer Rucksäcke wieder schwer auf unseren Schultern. Ankes Wandermoral rutscht kurzzeitig dem Erdkern entgegen. Ich versuche, sie mit der Aussicht auf den Komfort der bevorstehenden Übernachtungsstätte aufzubauen. Wir wollen uns auf dem Campingplatz in Oulanka einquartieren. Eine warme Dusche! Eine Blockhütte ganz für uns allein!

Als wir endlich ankommen, vergehen bange Sekunden, als ich bei der Rezeptionistin nach einem freien Häuschen frage. Erleichtert nehmen wir einen Schlüssel entgegen, mit dem wir kurz darauf die Tür aufsperren. Drinnen angekommen, begutachten wir als Erstes die Schäden an unserer eigenen Fassade. Mein Rücken hat ein streuselkuchenartiges Aussehen angenommen. Offenbar haben die kurzen Pausen, in denen ich meinen Rucksack abgesetzt habe, den Mücken genügt, um meinen Rücken durch das Shirt hindurch zu malträtieren. Anke schaut sich erst ihre flammend roten Schultern und dann etwas vorwurfsvoll mich an - hätte ich sie nicht besser vor den wilden Tieren Lapplands beschützen müssen?

Ich übernehme erneut den Großteil der abendlichen Pflichten, koche, wasche ab und versuche, den wenigen Mücken, die uns anscheinend in die Hütte gefolgt sind, den Garaus zu machen. Allerdings scheinen die Blutsauger Geheimgänge ins Innere des Hauses zu kennen. Einige besonders aufdringliche Exemplare umkreisen mitten in der Nacht zum x-ten Mal summend meine Ohren. Irgendwann schieße ich entnervt aus den Federn und beginne eine nächtliche Verfolgungsjagd, die sich fast eine Viertelstunde lang hinzieht. Anke verschläft das Massaker, während mein Puls sich kaum beruhigen mag. Der Hass auf die Viecher kommt mir förmlich aus den Ohren heraus.

Mehr oder weniger ausgeruht blinzeln wir am nächsten Morgen in den gleißenden Sonnenschein, der uns nach draußen lockt. Unsere Rucksäcke fühlen sich schon mindestens drei bis vier Pfund leichter an - ist das Folge unseres dezimierten Proviants, morgendlicher Kraftüberschuss oder lediglich Einbildung? Wir schöpfen jedenfalls neue Wanderlust.

Zunächst dominieren Kiefern und trockener brauner Waldboden das Bild entlang unseres Weges, der sich einige hundert Meter nordöstlich des Flusses durch die Wildnis schlängelt. Nach und nach ändert sich die Vegetation. Birken mischen sich unter die Kiefern, Blaubeersträucher bilden einen dichten Bewuchs zu unseren Füßen, vereinzelt lugen von Moosen und Flechten überzogene Felsen hervor. In regelmäßigen Abständen kramt Anke ihre Kamera hervor und hält die besonders schönen Stellen fotografisch fest.

Momentan können wir uns kaum vorstellen, dass man sich an dieser Wildnis jemals sattsehen kann. Aber offenbar wird auch die schönste Natur einmal langweilig und bringt die Einheimischen auf bizarre Ideen. Einige der skurrilsten Wettbewerbe Europas sind unweit unserer Wanderregion ins Leben gerufen worden. Die Weltmeisterschaft im Luftgitarrenspiel, bei der die Kontrahenten mit unsichtbaren Gitarren in glamourösen Outfits über die Bühne rocken, findet alljährlich im nahegelegenen Oulo statt. Im Norden Finnlands wird - jedes Jahr am ersten April - die Meisterschaft im Lügen abgehalten. Legendär ist auch die Weltmeisterschaft im Frauentragen, bei der eine mindestens neunundvierzig Kilogramm schwere Frau so schnell wie möglich über eine Strecke von 235 Metern getragen werden muss. Die Wettkampf wird in Sonkajärvi nach den strengen Regeln des „Internationalen Frauentragen-Komitees“ durchgeführt und geht als Tradition auf einen Räuber zurück, der dort angeblich Ende des 19. Jahrhunderts sein Unwesen trieb und Frauen entführte.

Ob Schlammfußball, Handyweitwurf oder die Weltmeisterschaft im Beerenpflücken - die Liste der verrückten skandinavischen Events könnte mühelos verlängert werden. Uns reicht heute das Spektakel, mit dem der Wanderweg nach acht Tageskilometern aufwartet. Wir überqueren auf Hängebrücken tosende Stromschnellen. Wenn man auf der schwankenden Brücke die Augen schließt, versinkt man im Rauschen, das einen umgibt. Die Wassermassen des kilometerlangen Taivalkongäs-See zwängen sich hier - wie im Ablauf eines Waschbeckens - durch enge Felsspalten. Nachfolgend formen sie wieder einen gemächlich dahinziehenden Fluss.

In unmittelbarer Nähe lädt eine Rasthütte zum Verweilen ein. Eine Feuerstelle mit völlig verrußtem Grillrost befindet sich einige Schritte von ihr entfernt. Auf dem Rost steht ein Wasserkessel, ebenfalls schwarz wie die Nacht. Wir wenden uns dem Inneren der Hütte zu, erledigen einige zu aufdringliche Mücken und kochen uns eine kleine Mittagsmahlzeit auf dem Gaskocher, der in einer Ecke des Raumes steht. An der Wand des Blockhauses hängt dekorativ eine gusseiserne

Pfanne. Überall einfache kleine Gegenstände, über die sich der erschöpfte Wanderer freut.

Die mittägliche Nahrungsaufnahme zahlt sich in doppelter Hinsicht aus. Unser Energiehaushalt wird aufgepeppt und - fast noch wichtiger - es verschwinden wieder einige hundert Gramm aus unserem Gepäck. Im Vorfeld des „Kochens“ (im wesentlichen gießen wir heißes Wasser in einen Beutel und rühren die entstehende Pampe dann um) haben wir auch diesmal zäh gerungen, bis feststeht, aus wessen Rucksack eine Mahlzeit verschwinden darf. Anke ist hochzufrieden, sie hat den Taivalkongäs-Ernährungsgipfel für sich entscheiden können.

Eine in jeder Hinsicht runde Mittagsrast später setzen wir unseren Weg fort. Frisch ausgeruht wie wir sind, können weder die Treppenstufen, die gleich nach der Pause erklommen werden müssen, noch der danach folgende längere Anstieg uns erschüttern. Statt dessen genießen wir - oben angekommen - die Aussicht auf das Flusstal mit den verschiedenen Nuancen des Grüns, die die strahlende Sonne für uns in die Landschaft malt. Während wir das Panorama in uns aufsaugen, nähert sich uns ein einsamer Wanderer aus der Gegenrichtung. Ein Landsmann, wie wir beim nachfolgenden Austausch feststellen. Zum Abschluss unserer kurzen Begegnung bitten wir ihn um ein Foto vor wunderschöner Kulisse von uns und nutzen damit eine seltene Gelegenheit. Seit dem Vortag sind wir im Laufe einer Etappe nur auf eine Handvoll Leute gestoßen. Manchmal bleiben wir für einen kurzen Plausch stehen, ein anderes Mal belassen wir es bei einem kurzen Gruß und ein paar neugierigen Blicken. Mit Kennermiene taxieren wir dann im Vorübergehen das mutmaßliche Gewicht ihrer Rucksäcke, mustern ihre Ausrüstung und Mückenabwehrmethoden und haben nachfolgend Gesprächsstoff für mehrere hundert Meter.

Buchstäblich über Stock und Stein geht es auf dem schmalen, von Baumwurzeln übersäten Pfad weiter. Immer wieder müssen wir Zweigen ausweichen, die auf den Weg überhängen. Unmittelbar rechts von uns fällt das Gelände talwärts ab, gerade aufschießende Kiefern und krumm gewachsene Fjällbirken wechseln einander auf dem Abhang unter uns ab. Nur selten eröffnen sich jetzt Ausblicke auf das östlich von uns liegende Tal. Nach einer Stunde queren wir ein letztes Mal den Oulankajoki, dann knickt unser Weg nordöstlich ab und verlässt den Fluss. Noch einmal müssen wir etliche Stufen erklimmen, aber heute ficht uns das nicht an. These boots are made for walking!

Die geringere Mückendichte erlaubt punktuell sogar eine Wandern mit „offenem Visier". Wenn wir den Gesichtsteil der Insektennetze über die Stirn krempeln (Nacken und die Seiten des Halses sind dann weiterhin geschützt), sieht es aus, als ob wir eine mittelalterliche Frauenhaube tragen. Das hat gleich zwei Folgen: Die Landschaft sieht ohne den sonstigen Grünschleier eindeutig besser aus - und wir selbst doofer. Egal. Unsere Eitelkeit haben wir als unnötigen Ballast längst achtlos in die nächstbeste Ecke der Landschaft gefeuert.

Gegen sechs Uhr abends kommen wir im Camp Savilampi an - unser Tagwerk ist vollbracht! Dort inspizieren wir erst einmal die Umgebung. Die meisten der freien Flächen, die der Waldboden aufweist, sind von Baumwurzeln übersät und versprechen Rückenschmerzen am Folgetag. Schließlich klemmen wir unser Zelt zwischen einige Büsche. Um hinein zu gelangen, muss man über ein kleines Bäumchen steigen. Wir fallen mehr ins Vorzelt, als dass wir hineingehen. Dennoch bin ich rundherum zufrieden, unser Stellplatz liegt wenige Schritte vom Savinajoki entfernt. Der eifrig sprudelnde Fluss, an dessen Verlauf sich dieser Teil des Bärenpfades orientiert, gluckst seine gute Laune in die Wildnis und badet die gesamte Umgebung in seiner wohltuenden Geräuschkulisse.

Eventuell noch vorhandene seelische Restverknotungen lösen wir durch ein Bad mit ziemlich hohem Kreischfaktor im eiskalten Fluss. Wie schön kann doch ein nicht gleichmäßig klimatisiertes Leben sein, denken wir angesichts der prickelnden Vitalität, die uns danach vom Scheitel bis zur Sohle erfüllt. Die Komplettierung unseres Wildnisgenusses folgt danach am Lagerfeuer. In regelmäßigen Abständen werfen wir lange Gräser in die Flammen, um die Rauchentwicklung zu fördern und damit die Mücken zu vergraulen.

Während ich mich von der Glut hypnotisieren lasse, zaubert Anke plötzlich Getränke aus ihrem Gepäck. Schon am Vorabend hatte sie mich mit einem abendlichen Bier überrascht. In meine Freude über den unerwarteten Gaumenkitzel mischt sich jedoch schnell Nachdenklichkeit. Ich beginne die Zahl der konsumierten Biere zu überschlagen. Irgendwann halte ich es nicht mehr aus und frage nach: „Sag mal, wie viele Dosen hatten wir jetzt eigentlich mit?!“ Kleinlaut murmelt Anke etwas Unverständliches, von dem ich auch nach längerer Analyse nur sagen kann, dass es sich um eine einsilbige Ziffer gehandelt haben muss - etwas zwischen eins und zwölf. Ich lasse die letzten drei Abende vor dem geistigen Auge Revue passieren. Dann konfrontiere ich meine Partnerin mit dem Ergebnis: „Kann es sein, dass Du vier Bier dabei hattest??“

Ihr Schweigen ist ein Eingeständnis. Sprachlos mustere ich Anke, die meinem Blick ausweicht. Ich kann es nicht fassen. Die selbe Frau, die um jedes unnötige Gramm Müsli im Rucksack gefeilscht hat, die stolz etliche Superleichtvarianten von Ausrüstungsgegenständen präsentiert hat, der beim Packen ein „Weniger ist Mehr!“-Motto auf die Stirn tätowiert gewesen zu sein schien, lädt sich aus einer Laune heraus ein Zusatzgewicht von zwei Kilogramm Alkoholika auf. Allmählich verstehe auch ich, warum ihr Rucksack zu Beginn unserer Tour so überraschend schwer war. Ich brauche einige Minuten, um die Fakten zu verdauen, innerlich schüttele ich unablässig den Kopf. Letztlich ist die Abendatmosphäre jedoch zu schön, um sie mit den Widersprüchen meiner Frau zu belasten. Wir genießen die Illusion, ein Teil der Natur zu sein, bis uns die Müdigkeit in die Schlafsäcke drängt.

Auch Anke schläft wie ein Baby. Das Rauschen des Flusses neben uns trägt sie in das Reich der Träume statt - wie befürchtet - sie wachzuhalten. Am nächsten Morgen starten wir gut gelaunt in den Tag. Einer Katzenwäsche am Fluss folgt das Frühstück, danach spülen wir das Geschirr und lassen unsere Abschiedsblicke noch einmal über das Camp gleiten. Auch wenn „Savilampi“ als Name für den Ort drollig gewählt ist (Die finnische Endung „lampi“ heißt eigentlich Teich. Der Savi*lampi* ist einige Kilometer entfernt, hingegen fließt der Savina*joki*, also der Fluss, direkt vor unserer Nase), hat es keinen Wunsch offen gelassen.

Wir brechen auf. Nach kurzer Zeit gelangen wir zu einer Konstruktion, die uns unabhängig voneinander an „Fitzcarraldo" denken lässt - jene filmische Koproduktion von Kinski und Herzog, bei der ein Schiff über einen Berg im peruanischen Urwald gezogen wird. Von rechts unten neben unserem Weg nach links oben verläuft ein schienenbreites Holzgleis mit konkavförmig eingearbeiteten Gummilippen, die in regelmäßigen Abständen befestigt sind. Das Ende des Bauwerks dürfte mehrere hundert Meter auf der Kuppe des Berges liegen und entzieht sich unseren Blicken. Grübelnd[10] stehen wir vor dem ominösen Ding und versuchen, seinen Sinn zu ergründen. Schließlich verstehen wir, dass der hölzerne Strang tatsächlich Paddlern dient, die hier ihre Kanus zum Fluss hinunterlassen können.

Wir bleiben bei unserer eher wasserscheuen Fortbewegungsvariante und setzen unseren Weg fort. Die nächsten anderthalb Stunden orientiert sich der Karhunkierros am Verlauf des Savinajoki, wir wandern etwa dreißig Meter oberhalb des Flusses. Hin und wieder überqueren wir ein Bächlein, das sein Wasser talwärts zu ihm schickt. Ein Baumstumpf überredet uns mit seiner dargebotenen Sitzgelegenheit zur ersten Rast des Tages, drei Kilometer weiter folgt schon eine zweite, dann längere Pause. Wir schöpfen Wasser aus einem Bach und kochen uns eine kleine Zwischenmahlzeit sowie einen frischen Tee. Erst als wir mit der Mahlzeit fast fertig sind, fällt uns auf - als wir von einem Pärchen gestört werden - dass wir unsere „Küche" mitten auf dem beliebtesten Fernwanderweg Finnlands aufgebaut haben.

Zur Abrundung unserer mittäglichen Auszeit lassen wir unsere Füße von einer kleinen Holzbrücke aus in den Bach baumeln. Indem wir ausreichend oft Wasser aufspritzen lassen, schaffen wir es dabei sogar,

---

10 Damit geht es uns ein bisschen so wie dem Fitzcarraldo-Regisseur Herzog, der im Nachgang zum erschaffenen Film gesagt haben soll, dass dessen stärkste Metapher das über den Berg gezogene Schiff sei - er wisse bloß immer noch nicht, wofür sie eigentlich stehe.

die Mücken von den entblößten Unterschenkeln fernzuhalten. Als unsere Zehen hinreichend gefühllos und rot sind, beenden wir unsere spontane Kneippkur.

Im Verlauf des Weges ändert sich wieder der Bodenbewuchs, trockener Waldboden oder Heidekrautgewächse sind jetzt nicht mehr angesagt. Statt dessen grüßen unzählige Farne und saftige Gräser von links und rechts mit ihren üppigen Trieben, schimmern in hellgrünen Schattierungen in der Sonne. Auch diese Art der Vegetation bleibt ein Intermezzo, bald darauf leuchten die flauschigen Wattebäusche des Wollgrases als weiße Tupfer in gelbgrünem Moos. Die Landschaft öffnet sich, Wolkenformationen spiegeln sich in den Wasserflächen um uns herum. Immer häufiger balancieren wir nun über Holzplanken, die uns ein Fortkommen über feuchte Wiesen und durch sumpfiges Gelände ermöglichen. Gelegentlich steigen uns intensive Düfte von Mooskräutern in die Nase.

Ein Blick auf mein GPS verrät mir, dass wir gerade neue Geschwindigkeitsrekorde aufstellen. Auf den Bohlen können wir hemmungslos ausschreiten. Weder Baumwurzeln noch andere Stolperfallen bremsen uns aus. Entsprechend gut kommen wir voran, nach einer knappen halben Stunde sichten wir unverkennbare Vorboten der Zivilisation. Wir passieren einen Feldweg, lassen einen Acker links liegen und hören wenig später unsere Schritte auf dem Asphalt widerhallen, als wir eine Straße kreuzen.

Noch einmal verläuft der Karhunkierros durch ein Waldstück, aber es ist, als seien wir von einer beschaulichen Landstraße auf die Autobahn abgebogen. Ein über zwei Meter breiter, enorm gleichmäßiger Kiesweg führt schnurgerade weiter und langweilt unser Auge. Wohin ist die schöne Wildnis so plötzlich verschwunden? Ein Stehenbleiben lohnt sich nur noch aus dokumentarischem Anlass. Auf dem Bärenpfad ist ein Sich-Verlaufen praktisch ausgeschlossen. Verlässlich hat uns eine schöne Beschilderung alle tausend Meter kundgetan, wie weit wir noch von unserem Ziel entfernt sind. In der Mitte des Wegweisers ist eine Bärensilhouette eingearbeitet, links und rechts von ihr sind die verbleibenden

Kilometer zum Nord- bzw. Südende des Trails eingestanzt. Die rostige Tafel, die wir jetzt fotografieren, weist in unserer Richtung eine *Eins* auf. Ich bin versucht, die verbleibenden Schritte zu zählen, hänge aber doch lieber den Impressionen des Tages nach.

Dann schießen wir noch ein letztes Selfie vor dem symbolischen Tor, das das Ende des Karhunkierros markiert: Ein total unrasierter Typ und eine Frau mit müden Augen, beide mit haubenartig nach oben geschobenen Mückennetzen, glotzen wenig fotogen, aber sichtlich zufrieden in die Kamera. Auch diesen Test haben wir bestanden. Wir haben fünfundsechzig Kilometer in der sommerlichen Mückenhölle Ostfinnlands bewältigt und sind kaum einmal in Tränen ausgebrochen.

Der Taxifahrer, der uns auf telefonische Anforderung hin abholt und zu unserem Auto zurückfährt, macht uns am Ende der Fahrt um saftige achtzig Euro ärmer. Finnland ist definitiv teurer als Schweden. Immerhin gibt es dafür am Innendach des Autos kleine LED-Leuchten, die einen Sternenhimmel imitieren. Nur mit Mühe finden wir in der Ortschaft Ruka am Abend eine Bleibe für die Nacht. Zunächst fahren wir auf verschlungenen Straßen, die um einen Berg herum führen, von einer verschlossenen Unterkunft zur anderen. Ruka ist einer der beliebtesten Wintersportorte Finnlands, regelmäßig finden hier internationale Biathlon- und Skisprungevents statt. Die Skisaison dauert von November bis Mai, im Sommer scheinen etliche örtliche Bürgersteige hochgeklappt zu sein. Etwas außerhalb von Ruka werden wir schließlich doch fündig und beziehen ein kleines, hundertprozentig mückenfreies Apartment auf einem Campingplatz. Wir überbieten einander im Dauerduschen und genießen wenig später die weichen Matratzen.

Bevor wir am nächsten Tag den Heimweg antreten, statten wir Ruka noch einen Besuch ab. Mit der Seilbahn fahren wir von der Ortsmitte auf einen knapp fünfhundert Meter hohen Berggipfel. Oben eröffnet sich eine grandiose Rundumsicht. Vor uns breiten sich Seen, Wälder und Berge im scheinbar endlosen Wechsel aus. Dank des relativ klaren Wetters können wir bis nach Russland blicken, dessen Grenze nur etwa fünfundzwanzig Kilometer Luftlinie entfernt liegt.

Wir schlendern unbeschwert auf der Spitze des "Rukatunturi" herum, weiden uns am Panorama und behalten eine Regenwolke im Blick, die auf uns zueilt. Rechtzeitig stellen wir uns unter und merken dabei, dass es kaum notwendig gewesen wäre. Die Wolke schickt nur wenige Tropfen zu uns herab. Das ist gut, da wir die Sommerrodelbahn für unseren Rückweg ins Dorf benutzen wollen. Die Anlage würde bei zu starker Nässe ihren Betrieb einstellen. Laut Werbung kann man auf der tausend Meter langen Strecke Geschwindigkeiten von bis zu sechzig Stundenkilometern erreichen. Das klingt deutlich rasanter als meine persönliche Abfahrt ausfallen wird.

Ich will meine Sommerrodelpartie auf Film bannen. Ich halte die Kamera mit rechts, mit der linken Hand will ich, wenn nötig, bremsen. Zunächst scheint das Multitasking zu funktionieren. Dann aber fehlt mir das Fingerspitzengefühl und ich bremse vor einer Kurve viel zu kräftig ab. Erst werde ich nur langsamer, aber zu guter Letzt bleibt mein Schlitten mitten in der Kurve einfach stehen. Erschrocken blicke ich mich um, ob ein nachfolgende Rodler mir demnächst seinen Schlitten in die Bandscheiben rammen wird. Hektisch sehe ich dann zu, dass ich wieder Fahrt aufnehme. Als wahrheitsliebender Hobbyfilmer lasse ich die Kamera dabei natürlich nicht los. Die nächsten Sekunden des Films erinnern an Liveaufnahmen eines Erdbebens. Das Bild wackelt in alle Himmelsrichtungen, zeichnet mein von Schnappatmung begleitetes, unbeholfenes Vorwärtsrobben auf, zeigt serielle Großaufnahmen meines emsig hin und her zuckenden linken Knies und beruhigt sich erst, als der Schlitten wieder Fahrt aufnimmt. Heil unten angekommen, übergebe ich kleinlaut meiner Frau die Kamera. Für gelungene Aufnahmen ist eindeutig sie zuständig.

Nach unkomplizierter Rückkehr in unser Heimatdorf Alttajärvi fangen wir bald an, neue Pläne zu schmieden. Nicht nur die Mücken haben Blut geleckt. Wir stellen den Winterresten ein letztes fünfwöchiges Ultimatum, sich aus den Bergen des größten schwedischen Nationalparks zu verpieseln. Unsere Forderung: Im August muss im Padjelante alles passierbar sein. Sonst würden wir ernstlich böse werden.

Ausblick über ein Flusstal entlang des Bärenpfads. Das Mückennetz wird nur für Fotos vom Kopf genommen.

Atemberaubend schöne Ausblicke versüßen unsere Wanderungen.

Rafting: Ist Zahmwasser das Gegenteil von Wildwasser?

Zahlreiche Assoziationen sind mit dem Juli in Deutschland verbunden. Der Duft nach Grillanzünder, nach Sonnencreme, nach frisch gemähten Getreidefeldern. Ausgelassen spielende Kinder im Freibad, die mit ihren weit tönenden hellen Stimmen und vergnügtem Kreischen den umliegenden Straßen die typisch hochsommerliche Klangfarbe verleihen. Lauschige Abende bei einem Glas Rotwein auf der Terrasse, lautstarkes Zirpen der Grillen im abendlichen Zwielicht.

Der Hochsommer in Lappland ist vor allem durch ein unverkennbares Sinneserlebnis charakterisiert: Das Summen einer Mücke am Ohr. In dieser Jahreszeit fliegen die Plagegeister einen Angriff nach dem anderen. Nur bei Regen und stärkerem Wind meiden sie die Landschaft. Allerdings lockt solches Wetter auch uns nicht nach draußen. Im ersten Julidrittel pendelt die Temperatur in diesem Jahr meist zwischen sechs und zwölf Grad Celsius. Wetter und Mücken sorgen zu ungefähr gleichen Teilen dafür, dass der Juli keinen der vorderen Plätze in unserer persönlichen Hitparade der Lieblingsmonate belegt. Manchmal fragen wir uns, warum für den hohen Norden immer wieder das Thema "Winterdepression" strapaziert wird. Für uns selbst sehen wir eher die Gefahr, einen Sommerblues zu entwickeln.

Im sommerlichen Alttajärvi ist unser Bewegungsradius im Vergleich zur kalten Jahreszeit deutlich eingeschränkt. Uns fehlen nicht nur die zahlreichen zugefrorenen Seen und Flüsse, deren meterdickes Eis in der kalten Jahreszeit eine solide Grundlage für Ausflüge bot. Auch die ausgedehnten Sumpflandschaften sind jetzt eine natürliche Expeditionsbarriere. Streifzüge in die Natur sind fast ausschließlich im Wald oder auf präparierten Trails möglich.

Unser Kummer hält sich daher zunächst in Grenzen, als uns die beruflichen Pflichten einen mehrwöchigen Aufenthalt in Deutschland diktieren. Als wir uns Ende Juli wieder in unserer subarktischen Zweitheimat einfinden, stellt sich jedoch Torschlusspanik ein. Plötzlich bleiben nur noch knapp vier Wochen übrig! Dabei finden sich in unserem imaginären Ordner mit der Aufschrift "Dringliche Vergnügungen!" noch so viele unerlebte Dinge.

Schon seit dem Spätsommer des Vorjahres steht eine Paddeltour im Vistasdalen weit vorn auf unserer Liste. Man hatte uns immer wieder davon vorgeschwärmt, wie schön es sei, dort bei gutem Wetter unterwegs zu sein. Das "Tal mit Aussicht" - liegt, wie schon erwähnt, in der Nähe unserer persönlichen Lieblingssamensiedlung Nikkaluokta. Durch das Tal, das sich nördlich des Örtchens erstreckt, fließt aufgrund konsequenter Namensgebung der "Fluss mit Aussicht", der Vistasälven. So viel Aussicht auf Aussicht verbreitet Zuversicht bei uns. Gut gelaunt packen wir alles Notwendige und - aus guter Tradition - ein paar überflüssige Dinge ein. Schließlich müssen wir unser Gepäck noch nicht einmal tragen.

In Nikkaluokta steht eine halbe Handvoll Kanus zur Anmietung bereit. Von Bekannten hätten wir ein Kanu umsonst haben können. Allerdings hätten wir das Boot aufwändig mit einem Hänger zum Ausgangspunkt transportieren müssen. Da die Straße nach Nikkaluokta ein Modellprojekt der schwedischen Verkehrsbehörden zum Schutze der vom Aussterben bedrohten Mega-Schlaglöcher zu sein scheint, hätte der Trailer auf der Fahrt einige Male Pogo getanzt. In Anbetracht des sehr fairen Preises von nur fünfzig Euro für die Kanuanmietung war das daher nie eine ernsthafte Option gewesen.

Insgeheim hoffen wir auch darauf, beim Dienstleister vor Ort noch ein paar Informationen einzusammeln. Wir lassen uns bei der Bootsübergabe versichern, dass der Fluss auch für Kanudilettanten wie uns absolut sicher ist. Wir waren einige Jahre zuvor zwar schon mal paddelnd auf dem kanadischen Yukon unterwegs gewesen. Zu jener Zeit hatten wir einen Guide dabei, ohne den wir vermutlich unser Ende als Fischfraß in der Beringsee gefunden hätten. Während damals andere Kanubesatzungen durch Teamgeist und eine klare Hierarchie gekennzeichnet waren, entbrannte bei uns typischerweise im Rahmen von Anlegemanövern die Diskussion um die adäquate Technik. Oftmals resultierte das Ganze darin, dass wir unkontrolliert mit dem Heck voran auf das Ufer zutrieben. Dort endete dann mit einem dumpfen Aufprall unsere Zwischenetappe nur deswegen, weil uns eine hilfreiche Hand des Guides festhielt, während sich unser anarchistisch regiertes Kanu wieder auf den Weg in die flotte Strömung machen wollte.

An dieser Stelle sollte zu unserer Ehrenrettung nicht unerwähnt bleiben, dass der ohnehin wilde Yukon in jenen Wochen nach heftigen Regenfällen Hochwasser führte und mit dreizehn bis vierzehn km/h dahinrauschte. Die Strömungsgeschwindigkeit des Vistasälven passt da viel besser zu uns. Dessen aktuelle Fließgeschwindigkeit gleicht der Rasanz eines Neunzigjährigen, der an der Supermarktkasse in seinem Portemonnaie nach Münzgeld kramt. Sie liegt bedrohlich nahe an der Schwelle zur Nichtexistenz, eine Degradierung zum stehenden Gewässer scheint unmittelbar zu drohen. Unser paddlerisches Selbstvertrauen wächst mit jeder Sekunde, in der wir den Fluss beobachten.

Richtig breite Schultern bekämen wir, wenn wir jetzt noch wüssten, in welche Richtung wir müssen. Am Start unserer Tour läuft der Fluss in einer Art Delta aus. Zwar hatte man uns erklärt, dass wir die große Wasserfläche verlassen, indem wir unter einer Brücke hindurch schlüpfen, aber zunächst haben wir dennoch Mühe, den Weg zu finden. Schließlich gelingt es uns.

Wir registrieren, dass der Wasserstand an einigen Stellen sehr niedrig ist, beschließen jedoch, dass es uns nicht kratzt, wenn die Paddel über den Grund des Flusses kratzen. Im Gegenteil: Staken finden wir stark! Immer häufiger stoßen wir uns vom Boden des Vistasälven ab, um vorwärts zu kommen. Dabei achte ich sorgsam darauf, das Paddel fest zu umklammern. Aus gutem Grund. Im Familienkreis existiert eine berüchtigte Urlaubsfotosequenz aus Frankreich von mir. Sie zeigt mich zunächst als Kahnführer, der sein Stakholz mit stolzgeschwellter Brust im Stile eines venezianischen Gondoliere hält. Einige Bilder weiter sieht man mich dann mit verdutztem Gesichtsausdruck: Die Stocherstange steckt etliche Meter vom Boot entfernt im Schlamm des Wasser fest.

Es gilt also, meine persönliche Bilanz als Kahnstocherer aufzupolieren. Hin und wieder ist das Wasser allerdings so flach, dass wir fürchten, auch der Rumpf des Kanus könnte auf Grund laufen. Nach etwa einem Kilometer erreichen wir eine Stelle, an der sich der Fluss stark verjüngt. Prompt gehört die Sorge, auf Grund zu laufen, der Vergangenheit an. Die Wassertiefe nimmt endlich zu.

Wir lauschen dem Plätschern unserer eigenen Paddelschläge und folgen dem Vistasälven nach Norden. Links und rechts von uns ragen zwei Gebirgszüge steil auf, in der Ferne funkelt der dreieckige weiße Gipfel des Kebnekaise. Die Trägheit des Flusses scheint ansteckend zu sein. Immer häufiger lassen wir die Paddel ruhen und dümpeln einfach auf dem Wasser herum. Schließlich ist es egal, wo wir unser Nachtlager aufschlagen. Der Weg ist momentan definitiv das Ziel. Wir genießen die Stille und die Einsamkeit, für die die lappländische Natur mal wieder ihr unvergleichliches Talent zeigt.

Wenn wir uns faul zurücklehnen, um den Zug der Wolken zu beobachten, erfüllen unsere Schwimmwesten einen zusätzlichen Zweck. Mit den quietschorangefarbenen Dingern sind wir so gut gepolstert, dass es im Kanu fast bequem ist. Dass die Schrittgurte der Westen unsere Hosen windelartig aufplustern, stört uns dabei nicht. Für übertriebene Eitelkeit ist in der Wildnis kaum Platz.

Viel wichtiger als Äußerlichkeiten ist unsere Orientierung. Immer wieder müssen wir darauf achten, im Mäander des Flusslaufs nicht den Überblick zu verlieren. Bereits zweimal standen wir an Gabelungen vor der Wahl: links oder rechts? Nachdem wir bisher intuitiv richtig gefahren waren, ist es fast zwangsläufig, dass wir jetzt die falsche Entscheidung treffen. An einer Abzweigung verbreitert sich auf der einen Seite der Flusslauf, in der anderen Richtung setzt er sich als vergleichsweise schmaler Strom fort. Wir folgen dem breiteren Teil für etwa einen Kilometer in nördlicher Richtung, passieren eine größere Landmasse zu unserer Linken. Im weiteren zwingt uns der Flusslauf nach Westen, dann nach Süden. Irgendwann verstehen wir, dass wir gerade dabei sind, eine Insel zu umfahren. Eine ganze Weile lang paddeln wir in die Richtung, aus der wir ursprünglich gekommen sind.

Nach einer Stunde und dreieinhalb Kilometern haben wir das Eiland einmal umrundet und kommen wieder an der Abzweigung an, an der wir uns zuvor falsch entschieden hatten. Egal. Der Abstecher in die Sackgasse war schön. Wenn man den Gleichmut, zu dem wir aktuell imstande sind, in Dosen abfüllte, könnte man ihn in buddhistischen Klostern ausschenken. Eine Flusssafari in der Wildnis oberhalb des Polarkreises auf eigene Faust - schon das Etikett unseres heutiges Tuns muss zufrieden machen.

Unser Mangel an Streckenehrgeiz führt dazu, dass wir nicht mehr weit fahren, nachdem wir nun endlich wissen, wo es lang geht. Als wir einen Platz zum Landgang entdecken, erkunden wir zunächst die Umgebung. Schnell wird klar, dass wir einen vorbildlichen Lagerplatz entdeckt haben. Eine ebene, etwa zehn Meter über dem Flussniveau liegende Fläche lädt zum Aufbau des Zeltes ein. Von hier aus haben wir eine grandiose Aussicht auf das malerische Flusstal. Totholz zur Entfachung eines Feuers liegt in Hülle und Fülle herum und in wenigen Metern Entfernung sprudeln kleinere Bäche, aus denen wir das Wasser zum Kochen abschöpfen wollen.

Wir ignorieren die Tatsache, dass die Sonne erst in einigen Stunden untergeht und steigern unsere Tiefenentspannung mit einem Sundowner. Dann wird es Zeit, unseren neuen Outdoorgrill erstmalig zum Einsatz kommen zu lassen. Die Transporteigenschaften des Grills waren das entscheidende Argument für seinen Kauf. Dessen Packmaß übersteigt die Größe einer Zahnbürstenhülle nur unwesentlich. Er wird aus achtzehn Einzelteilen aufgebaut: Zwei ca. zweieinhalb cm breite Stahlrohre, zwölf zahnstocherdicke und fünfundzwanzig cm lange Metallstäbe und vier zehn Zentimeter hohe Stifte, die in die Rohre gedreht werden und als Füße dienen. Der Clou dabei ist, dass alle Bestandteile des Grills während des Transportes im größten Stahlrohr Platz finden, das dann mit einer kleinen aufschraubbaren Kappe verschlossen wird.

Die spannende Frage wird jetzt sein: Wie gut verträgt sich unser Grillgut mit der Grillglut unter dem minimalistisch konzipierten Ding? Wir bedienen uns eines schon beim Neandertaler beliebten Tricks, damit der Funke unseres Streichholzes zuverlässig auf das trockene Holz über springt: In einem kleinen Steinring entzünden wir etwas Birkenrinde. Dank ihrer ätherischen Öle eignet sich die papierdünne "Baumhaut" sogar im nassen Zustand als Brandbeschleuniger. Die äußeren Lagen der hier wachsenden Fjällbirken lassen sich außerdem besonders leicht vom Stamm schälen, dabei schadet vereinzelter Rindenraub den robusten Bäumen nicht.

Typisch Lappland - wie die Menschen hier sind auch die Fjällbirken klein, aber oho. Ohne Probleme überstehen sie Temperaturen unterhalb von minus vierzig Grad. An solch extrem kalten Tagen wandeln sie in ihren Zweigen Stärke in Öl um. Als energetisches Nebenprodukt fällt bei diesem Stoffwechselprozess Wärme an, mit der die toughen Birken eine Erfrierung ihrer dünnsten Ausläufer verhindern. Eine erstaunliche Fähigkeit.

Da unsere Extremitäten im Hinblick auf autonome Wärmeerzeugung völlig untalentiert sind, beobachten wir zufrieden das Knistern und Prasseln der züngelnden Flammen. Sprichwörtliche Lagerfeuerromantik erfasst uns, beinahe vergessen wir unseren Willen zum Grillen. Als sich das Crescendo des Brandes zur gleichmäßigen Glut beruhigt hat, platzieren wir unseren „Grilliput“ und üben uns dann so lange in Geduld, bis wir den mangelnden Fortschritt des Garvorgangs doch nicht mehr aushalten. Der Abstand zwischen Gitterrost und Glut ist zu groß. Wenn wir so weitermachten, könnten wir gleich versuchen, unsere Nahrung mit einem Brennglas und den schwächer werdenden Strahlen der bereits tief stehenden Sonne zu rösten.

Wir schieben mittig einen Haufen aus glühenden Holzstücken zusammen und haben kurz danach endlich ein ausreichend heißes Feuer. Langsam, aber sicher nimmt unsere Nahrung die richtige Farbe und die richtige Temperatur an. Wieder einmal läuft jener mystische Prozess ab, der sich unweigerlich immer dann in Gang zu setzen scheint, wenn

Männer Grillzangen anfassen. Es ist, als würde über dieses Werkzeug eine geheimnisvolle Verbindung zu unseren Urahnen hergestellt. Ein Mann mit einer Grillzange in der Hand ist wie ein unerschrockener Kapitän am Bug eines Schiffes, das sich nur dank seiner gelassenen und besonnenen Führung sicher durch die sturmgepeitschte See mit meterhohen Wellen kämpft. Die Grillzange ist eine Art Zepter der männlichen Herrschaft über die widrige Natur. Sie symbolisiert Macht über das Feuer und feiert den Triumph über die Beute, die kurz davor steht, in den Mägen der Schutzbefohlenen zu landen.

Im konkreten Fall stört es mein Selbstbild noch nicht einmal, dass ich über keine Grillzange verfüge. Statt dessen bewahre ich unsere Sojawürste - mit der Zunge zwischen den Zähnen - mithilfe meines Taschenmessers und einer eigentlich viel zu kleinen Metallgabel vor einem Sturz ins ewige Wurstfegefeuer. Irgendwann ist das kulinarische Kunststück gelungen. Obwohl Dialogfetzen wie „Ich Tarzan, Du Jane“ durch meine Gedankenwelt flirren und ich innerlich auf der Brust herum trommele, präsentiere ich meiner Frau das Essen mit der ungerührten Miene eines Überlebenskünstlers. Nachdem wir gesättigt sind, legen wir uns die Packsäcke in den Rücken, machen es uns am mittlerweile wieder stärker entfachten Feuer gemütlich und hebeln die letzten braunen Flaschen auf. Wir starren so lange in die Dämmerung, bis wir ganz sicher sind, keine Tierbegegnung verpasst zu haben. Schließlich krabbeln wir ins Zelt und verbringen dort eine erholsame Nacht.

Der Morgen des nächsten Tages begrüßt uns mit einem fast wolkenlosen Himmel. Die Sequenz unserer dem Aufstehen folgenden Verrichtungen (Wasser holen, Kaffee kochen, Frühstück bereiten, Schlafsäcke stopfen, Isomatten verstauen und Zelt abbauen) ist mittlerweile fast so gut einstudiert wie die Aufschlagbewegung eines Tennisspielers. Entsprechend zeitig lassen wir unser Kanu wieder ins Wasser und folgen dem Flusslauf weiter gen Quelle. In einem gemächlichen Tempo senken wir unsere Paddel immer wieder ins Wasser und schieben uns zwischen den Bergkämmen immer tiefer in das noch erwachende Tal. Wieder einmal scheint die ganze Idylle der Landschaft nur uns zu gehören, keine andere Menschenseele ist auszumachen.

Nach etwa einer Stunde Paddeln kommen wir an einer breiten Flussbiegung an, an der das Wasser träge dahinzieht. An den kleinen Bachläufen nahe unseres Nachtlagers hatten wir uns nur einer Katzenwäsche unterzogen. Jetzt sind wir fast sofort von unserer eigenen Idee überzeugt, dem klirrend kalten Fluss Badewanneneigenschaften zuzusprechen, um unsere Körperhygiene auf ein höheres Level zu bringen. Als Jugendlicher hätte ich nie gedacht, dass ich mich mal freiwillig in arktische Gewässer stürzen würde.

In meiner Adoleszenz war ich lange Jahre ein Hänfling. In jener Zeit war mir kaltes Wasser verhasst. Meine lebhaftesten Erinnerungen an den Schwimmunterricht in der Schule sind die, in denen ich mit blauen Lippen und zähneklappernd am Beckenrand stand. Wiederkehrend wanderten in diesen Stunden meine Blicke zu den Zeigern der Hallenuhr, die sich stets quälend langsam vorwärts bewegten. Mittlerweile hat sich meine ehemals oblatendünne Speckschicht deutlich verdickt. Das hilft mir, unsere zwischenzeitliche Lapplandhärte unter Beweis zu stellen. Es ist zwar Hochsommer. Dennoch geht die Wahrscheinlichkeit gegen Null, dass ein gletschernah entspringender Fluss in dieser Region mit angenehmer Badetemperatur überrascht. Wir manövrieren das Kanu zum Ufer. Im dort niedrigeren Wasser kann ich den unvermeidlichen Kälteschock einigermaßen selbstbestimmt regulieren. In langsamen Schritten arbeite ich mich Richtung Flussmitte, bis nur noch mein Kopf aus dem Wasser ragt.

Im Vorfeld unseres Badegangs hatten wir unsere Blicke den Strom auf- und abwärts wandern lassen. Angesichts der Einsamkeit um uns herum hatten wir beschlossen, im Adams- bzw. Evakostüm zu baden. Da ich schon wieder dem Wasser entstiegen bin und jetzt das Kanu steuere, ist es an Anke, sich zu entblättern. Sie entledigt sich ihrer Kleidungsstücke, schichtet sie an einer trockenen Stelle am Ufer auf und steigt nackt eine kleine Böschung hinunter. Gerade beginnt sie, mit abwehrend fuchtelnden Händen ins Wasser zu steigen, als wir Motorengeräusche hören. Zeitgleich wenden wir uns um. Ein Boot taucht hinter der Flussbiegung auf und nähert sich in schneller Fahrt.

Entsetzen malt sich ins Gesicht der Nudistin einige Meter neben mir. "Was soll das denn jetzt?" ruft sie mir zu, "hier war doch die ganze Zeit keine Sau!" Sie schaut hilfesuchend zur Böschung hinauf, auf der ihre Kleider liegen. Ich kann sehen, dass sie den Gedanken verwirft, schnell wieder hoch zu klettern. Vermutlich würde sie gerade dann ihr Hinterteil über den Absatz recken, wenn der kleine Kutter in unserer Höhe wäre.

"Tauch' doch einfach schnell ins Wasser!" rate ich ihr, dann sieht keiner mehr, als er sehen soll!" Ihre Antwort kommt in unnatürlich hoher Stimmlage: "Bist Du verrückt, das ist eiskalt, da krieg ich sofort einen Herzinfarkt." Meine Versuche, ihre laienhaften Bedenken zur Entstehung eines Herzinfarktes zu zerstreuen, sind alles andere als erfolgreich. Wertvolle Sekunden verstreichen, in denen meine Frau Blicke zwischen dem sich nähernden Boot und dem kalt glitzernden Wasser hin und her wirft. Wie ein Kaninchen beim Anblick einer Schlange scheint sie zunächst nur fähig, die Bedrohung anzustarren. Nach einer gefühlten Ewigkeit schafft sie es, sich doch noch etwas weiter ins Wasser zu arbeiten.

Als der breit grinsende Bootsführer mit einer zum Gruß gehobenen Hand und einer kleinen Bugwelle an uns vorbeirauscht, hat sie in ihrem unfreiwilligen Exhibitionismus immerhin das Downgrade auf ein Oben-Ohne-Model geschafft. "Siehst Du, jetzt warst Du endlich mal schneller im Wasser als ich!" frotzele ich, während meine Frau mir Blickpfeile ins Gesicht schießt. Wir setzen unseren Weg fort, nachdem auch bei Anke die Nachbeben der unfreiwillig rasanten Kneippkur abgeebbt sind. In einem gemächlichen Rhythmus tauchen wir unsere Paddel ins Nass. An diesem Morgen erscheint für jeden Baum und jeden Berg, der ans Ufer des Flusses grenzt, ein perfektes Spiegelbild auf seiner Wasseroberfläche. Es ist absolut windstill, die Sonne lächelt milde vom Himmel, angenehme zwanzig Grad sorgen für Wohlfühltemperatur. Die ganze Natur scheint an diesem Sommertag im August noch einmal tief ein- und auszuatmen. In Momenten, in denen sich der Frieden, der über der Landschaft hängt, so unmissverständlich mitteilt, wundert es nicht, dass die Samen für ihre vorchristlichen religiösen Bedürfnisse keine Kathedralen brauchten. An die reinigende Kraft heiliger Berge zu glauben, ist in einer solchen Umgebung viel, viel naheliegender.

Wir saugen die Atmosphäre in uns auf und müssen irgendwann den Gedanken zulassen, dass es Zeit wird, umzukehren. Da unser Kanuabenteuer von vornherein als Kurztrip angelegt war, fällt auch unser Hadern kurz aus. Sonst könnten wir den Rückweg nicht genießen und verpassten die zahlreichen schönen Ausblicke, die noch auf uns warten.

Nach der Bootstour ist vor der Bootstour. Schon während der klirrend kalten Wintertage, als noch alle Flüssigkeiten mit Ausnahme der alkoholischen Getränke in unseren Gläsern erstarrt waren, hatten wir an geselligen Abenden von Lasse gelernt, dass Ausfahrten mit dem Boot zu den sommerlichen Lieblingsaktivitäten in Nordschweden gehören. Lasse hatten wir über unseren Vermieter Mikael kennengelernt. Die Loblieder, die uns Lasse über sein neues Boot gesungen hatte, sind wohl typisch für die hiesigen Gefilde. Nicht Räder oder Motorräder sorgen für leidenschaftliche Diskussionen und einen schnelleren Pulsschlag bei den Einheimischen.

In einer Gegend fast ohne Straßen kann man mit den typisch mitteleuropäischen Sehnsuchtsobjekten kaum etwas anfangen. Hier bekommen Menschen leuchtende Augen, wenn sie sich ein neues Wasserfahrzeug leisten können. Angeber in Lappland knallen beim Klassentreffen keine Fotos mit der Aufzählung "Mein Haus, mein Auto, mein Motorrad!" auf den Tisch, hier heißt es "Mein Skooter, meine Schneefräse, mein Boot!"

Im Zuge seiner Schwärmereien hatte Lasse schon vor Monaten versprochen, einmal mit uns auf dem Torneälv zu schippern. Sein motorisierter, etwa sechs Meter langer Kahn könne es auch mit Stromschnellen des Torneälv aufzunehmen. Diese Äußerung sorgt erst einmal für fragende Gesichter bei uns - welche Stromschnellen?! Dort, wo der Torneälv die Grenze zum nördlich unserer Hütte liegenden Waldes bildet, haben wir ihn bisher nur als gemächlich dahin ziehenden Strom kennengelernt.

Wir studieren erneut die Landkarte der Umgebung, konzentrieren uns aber das erste Mal auf den Torneälv. Tatsächlich verjüngt sich dessen Breite einige Kilometer östlich unseres Wohnortes enorm. Während der Fluss dort, wo wir ihn im Winter dutzende Male auf Skiern oder mit dem Skooter überquert haben, über einen Kilometer breit ist, misst er an der Stelle, wo wir laut Lasse das Boot einsetzen werden, in einigen Abschnitten nur hundert Meter von einem Ufer zum anderen. Das erlaubt Rückschlüsse auf seine Fließgeschwindigkeit. Damit es uns nicht so geht wie den Bewohnern eines beschaulichen Dorfes in einer Aktenzeichen XY-Sendung, die nach vielen Jahren des Zusammenlebens feststellen müssen, dass sich hinter der biederen Fassade des beliebten und höflichen Angestellten der örtlichen Bank ein Serienmörder verbirgt, wollen wir den "Torne" besser kennenlernen, bevor wir uns ihm ausliefern.

Aus dem Loch, das wir Lasse in den Bauch fragen, fällt die Beschreibung des Ortes, von dem aus wir unseren Torne-Törn bald starten werden. Wir fahren hin. Die letzten zwölf Kilometer rumpeln wir über einen Kiesweg, dann erreichen wir die beschriebene Stelle. Eigentlich wirkt alles sehr beschaulich. Eine freie Fläche, auf der wir das Auto abstellen, ein paar Felsen, einige Büsche und Bäume, die die direkte Sicht aufs Wasser zunächst behindern. Als wir dann freien Blick auf den Fluss haben, wissen wir plötzlich sehr genau, von welchen Stromschnellen die Rede war.

Wie in einem Kochtopf, der kurz davor ist, seinen Inhalt auf die Oberfläche des Herdes zu ergießen, zuckt, zittert, blubbert und spuckt es an fast jeder Stelle des Wassers. Ein wässriger Veitstanz, ein Flussbeben. Überall schäumt und sprudelt es. Wir nähern uns mit respektvollen Schritten dem Ufer - aus unmittelbarer Nähe ist die Kraft des dahinschießenden Wassers noch beeindruckender. Uns schwant, dass der geplante Bootstrip gar nichts mit dem Wesen einer gemütlichen Dampferfahrt gemein haben wird. Ohne dass wir uns dessen bewusst waren, steht uns der Thrill eines Raftingabenteuers bevor. Es hat doch wohl nichts zu sagen, dass unser Vermieter erst jetzt - kurz vor unserer Abreise aus Lappland und nach Zahlung der letzten Monatsmiete - bei Lasse nachgehakt hat, damit die Bootsfahrt zustande kommt?!

Einige Tage später sind wir wieder unterwegs, diesmal sitzen wir in Lasses Auto. Gleich soll es losgehen. Damit die Schotterstrasse nicht in Schlotterstrasse umbenannt werden muss, führen wir uns vor Augen, dass wir uns keinem übermütigen Greenhorn anvertrauen, sondern einem erfahrenen Mann, der hier aufgewachsen ist und wohl auch den Torneälv auf dem Eff-Eff kennt.

Diese Gedanken trichtern wir uns auch deswegen mantraartig ein, weil wir mittlerweile Lasses Kahn näher in Augenschein genommen haben. Natürlich hatten wir keine Luxusyacht erwartet. Mittelmeertypische Designerschiffe aus weißem Kunststoff passen weder zur hiesigen Lebensart noch auf lappländische Gewässer. Sein Boot ist schön, das rustikale dunkle Braun des Holzes könnte uns durchaus beim Kauf des nächsten Möbelstücks inspirieren. Es wirkt auch solide gearbeitet: Sechs Meter lang mit vertrauenerweckend großem Motor. Sein Bug läuft vorne spitz nach oben zu, so dass das Niveau des vorderen Bootsendes etwa auf Hüfthöhe liegt.

Irritierend ist allerdings die Tatsache, dass die Höhe der Bootsmitte nur knapp oberhalb unserer Sprunggelenke liegt. An dieser Stelle sollen wir Platz nehmen - wie wir inzwischen erfahren haben. Das Brett, auf dem wir während der Fahrt Platz nehmen sollen, ist nur zehn Zentimeter breit und wirkt durchaus zerbrechlich. Dennoch kämen wir nie auf den Gedanken, Lasses Boot als Nussschale zu bezeichnen. Allerdings hauptsächlich aus Rücksicht auf Lasses Gefühle - und weil uns die entsprechenden schwedischen Vokabeln fehlen. Meine Assoziationen zu einem Einbaum lassen sich nicht nachhaltig verdrängen.

Ich mustere noch einmal respektvoll die Wellen des vorbeirauschenden Torneälvs. Für Kanufahrer zerfällt jeder Fluss in Abschnitte, die sich durch sogenannte Wildwasserstufen unterscheiden. Wildwasserstufe 1 bezeichnet eine sehr regelmäßige Strömung mit kleinen Wellen und Schwällen und einfachen Hindernissen. Sie ist das kanusportliche Äquivalent eines Idiotenhügels, an dem Skifahrer ihre ersten Erfahrungen sammeln. Für den Vistalsälven, den wir mit dem Kanu befahren haben, müsste man die Wildwasserstufe 0 erfinden. Mit einem Quietscheentchen und einer Badekappe wäre man dort nicht atmosphärisch aufgefallen.

Die Skala der Wildheit reicht bei Fließgewässern bis Stufe 6. Um sich in der Kategorie 6 auf dem Wasser wohl zu fühlen, muss man auch Nachmittagsspaziergänge durch Minenfelder mögen. Selbst extrem versierten Kanuten rät man vom Befahren derartiger Flüsse ab. Da in der heutigen Zeit jedoch viele Menschen ein ambivalentes Verhältnis zur eigenen Lebensdauer zu haben scheinen, werden Einzelne nicht davon abgehalten, sich auf den Kampf mit derart lebensfeindlichen Gewalten einzulassen.

Das gruseligste Phänomen in solchen reißenden Strömen sind "Walzen". In Walzen fließt das Oberflächenwasser extrem kraftvoll gegen die eigentliche Richtung des Flusses. Sie entstehen typischerweise hinter Hindernissen. In ihren gefährlichsten Varianten drücken die Wassermassen hinter der Barriere alles dort Schwimmende nach unten. Unter der Wasseroberfläche fließt das Walzenwasser dann zunächst kurz flussabwärts, bevor es wieder nach oben drängt, einen Kreis bildet und erneut im oberen Rückwärtsstrom mündet. Man spricht in solchen Fällen auch vom Waschmaschineneffekt. Lebewesen werden von einer solchen Spirale oft so lange in Gefangenschaft genommen, bis sie ertrinken.

Gibt es Walzen im Torneälv? Was genau verbirgt sich hinter "Presswasser", das ebenfalls charakteristisch für höhere Wildwasserkategorien ist? Spielt der Begriff möglicherweise auf die ängstlich zusammengepressten Lippen der Raftingteilnehmer an? Welche Wildwasserstufe würde man den Teilen des Torneälvs geben, auf denen wir jetzt gleich durchgeschüttelt werden?

Es scheint kaum hilfreich, weitere Informationen zu sammeln. Kontrolle ist schlecht, Vertrauen ist besser. Die allerbeste Strategie besteht jetzt darin, sich auf die ungerührte Mimik unseres Bootsführers zu konzentrieren. Schicksalsergeben beobachten wir die Startvorbereitungen, nachdem wir unsere Schwimmwesten angezogen haben. Dann heißt es auf die Plätze, fertig, los!

Lasse wirft den Motor an und steuert das Boot in die Flussmitte. Zunächst ist die Fahrt relativ ruhig, aber das ist nur das Vorprogramm. "Kennt ihr eigentlich den Kopenhagener Tivoli?" scherzt unser Leitwolf. Nachdem vor uns Schaumkronen auf dem Wasser sichtbar werden, verstehen wir. Achterbahnfahrten gibt es offenbar nicht nur in Vergnügungsparks. Das Boot beginnt auf den Wellen zu tanzen, ein wilder Ritt über eine flüssige Buckelpiste nimmt seinen Lauf. Unser Steuermann demonstriert seine Unerschrockenheit. Statt auf dem kleinen Podest zu sitzen, das im Heck von lächerlich wenigen Zentimetern Bootsrumpf umrahmt wird, kniet er auf den Holzplanken. Anscheinend hat er nicht die geringste Sorge, dass ihn eine Unwucht von Bord purzeln lassen könnte.

Der Vorteil seiner erhöhten Position liegt natürlich darin, dass er einen besseren Ausblick auf die vor uns liegenden Turbulenzen hat. "Na klar", denke ich, "so kann er das Wasser besser lesen". Von einem erfahrenen Kanuten hatte ich mal gelernt, das gute Wassersportler die vor ihnen liegende Strömung "lesen", um so ihre Route möglichst sicher und kraftsparend zu planen. Während ich mich daran erinnere, bleibt mein Blick irritiert an Lasses Gesicht hängen. Eigentlich sitzt über seiner Nase grundsätzlich eine Brille. Nach kurzem Nachdenken verstehe ich, warum er seine "Glasaugen" gerade nicht trägt. Ein leises Stöhnen entweicht meinen Lippen: Lasse ist gerade frisch verliebt. Seine Angebetete begleitet uns auf dem heutigen Ausflug. Allein Lasses Eitelkeit hält ihn offenbar vom Tragen der Sehhilfe ab.

Es gibt ja Leute, die behaupten, dass Verliebte immer auch ein bisschen wahnsinnig sind, weil sich ihr ganzes Denken und Fühlen pathologisch auf eine Person und das Ziel, diese Person zu erobern, einengt. Die freiwillig gewählte Sehbehinderung unseres Steuermanns liefert dieser These erhebliche Nahrung. Säßen wir in einem Flugzeug, hätten die Anschnallzeichen längst aufgeleuchtet. Wie viele Piloten würden sich in dieser Situation ihrer Brille entledigen?

Ich beschließe, das Thema mit Anke nicht zu diskutieren. Die Frau auf dem dünnen Brettchen neben mir gibt ohnehin schon in unregelmäßigen Intervallen spitze Geräusche von sich, die wie das Fiepen eines Lemmings klingen. Als Anke dann noch öffentlich hofft, dass ihr nicht schlecht werde, beginne ich besorgt, ihr Gesicht zu studieren. Glücklicherweise erreichen wir nach einigen Minuten wieder ruhigeres Fahrwasser. Ankes Magen nimmt diesen Umstand dankbar zur Kenntnis. Ob man das allerdings zum Anlass nehmen muss, direkt ans Essen zu denken, ist die andere Frage. Lasse verkündet, dass er jetzt seine Angel auswerfen werde.

Wir sind seit vielen Jahren Vegetarier. Die Art der folgenden Nahrungsbeschaffung ist jedoch vorbildlich, weil sie mit Umsicht und Augenmaß erfolgt. Innerhalb kürzester Zeit zieht Lasse mehrere Fische aus dem Wasser, tötet diese sofort und gibt uns dann einen Einblick in seine persönliche Philosophie. Er würde nie mehr Fische entnehmen, als er verwerten könne, das gebiete der Respekt. Zwar würde er immer mal losziehen, um seine Kühltruhe zu füllen, aber auch dann nur mit einer moderaten Menge. Wer Nahrung auf diese Weise beschafft, hat einige Argumente auf seiner Seite. Jedes in Plastik eingeschweißte Gemüse im Supermarkt sorgt für Schäden in unserer Umwelt und damit auch in der Tierwelt. Wenn Fische und Delphine in riesigen Plastikstrudeln auf den Weltmeeren verenden, ist der ökologische Zusammenhang zwar abstrakter, aber kausal vorhanden. Regionale Erzeugnisse und kurze Lieferwege sowie eine möglichst rigorose Vermeidung von Verpackungen sind fraglos das Gebot unserer Zeit.

Als das Fischen schon nach wenigen Minuten beendet ist, gibt Lasse wieder Gas. Wir kämpfen uns noch einmal durch eine schaukelnde Passage. Dann steuern wir eine kleine Landzunge mit einem schönen Lagerplatz an. Pausen haben in Lappland einen hohen Stellenwert. Ob man eine Skootertour, eine Wanderung, eine Hundeschlittenfahrt oder eben eine Bootstour unternimmt: Ein Verweilen und Innehalten ist fast immer vorgesehen. Die eingestreute Rast zur Halbzeit unseres Trips ist ein hervorragendes Beispiel dafür, wie die Menschen hier das Leben in der Natur zelebrieren. Nachdem wir das Boot an Land gezogen haben, entfacht Lasse mit wenigen geübten Handgriffen ein Feuer. Drei starke Holzbalken stützen einander ab und formen eine U-förmige Sitzgelegenheit um das Lagerfeuer. Ein Metallrost, das einige Meter entfernt steht, hilft uns dabei, die gefangenen Fische und das mitgebrachte vegetarische Grillgut über den Flammen zu garen. Zufrieden lassen wir die Blicke über den Torneälv, das Boot und Lasse, unseren Wildwasser-Bändiger, wandern.

Plauschend überbrücken wir die Zeit, bis das Essen fertig ist. Ausgiebig loben wir Lasse für seine Bootsfahrkünste. Der genießt unsere Bewunderung. Wir gestehen ihm, dass wir nach Inaugenscheinnahme dieses Flussabschnitts ein gewisses Unbehagen verspürt hatten. Er grinst uns an: "Nachdem ich hier das allererste Mal auf einem Boot mitgefahren war, dachte ich: Das mach ich nie wieder. Aber als junger Mann hatte es mich irgendwie doch gereizt, es noch einmal auszuprobieren. Und wenn man dann selbst steuert, macht es erst richtig Spaß." Seine Beichte erleichtert uns. Wir sind anscheinend gar nicht so überängstlich. In dieser neu gewonnenen Erkenntnis können wir das Essen noch viel besser genießen.

Nach der Mahlzeit schlendern wir noch ein wenig an Land umher. Wir entdecken eine Zeltkota sowie zwei schnuckelige, direkt daneben liegende Holzhütten. Ausgezeichnete Rückzugsorte, unmittelbar am Ufer des imposanten Torneälv. Seufz. Hier würden wir auch gerne mal ein paar Tage wohnen.

Die Unterbrechung hat geholfen: Auf der Rückfahrt sind wir deutlich entspannter. Mittlerweile wissen wir, was uns erwartet. Außerdem scheint Lasse die Strecke auch sehbehindert mit Bravour zu meistern. Nach dem einen oder anderen Kreischen und Juchzen erreichen wir mit gesunder Gesichtsröte und leuchtenden Augen wieder den Ausgangspunkt unseres Raftings. "Das hat Spaß gemacht!" versichern wir Lasse und das ist - alles in allem - kein bisschen gelogen.

Mit dem Kanu auf eigene Faust unterwegs auf dem „Fluss mit Aussicht".

**Nachdenkliche Blicke auf das Wildwasser des Torneälvs:
Sollen wir das „Rafting" wagen?**

Die schönste Wanderung unseres Lebens. Der Padjelante.

Wenige Tage vor unserer lang ersehnten Wanderung stellen wir zufrieden fest, dass alles aufzugehen scheint. Die Gebirgspässe sind sämtlich schneefrei. Wir lassen die Erfahrungen, die wir auf dem Bärenpfad gemacht haben, in die Vorbereitungen einfließen und entscheiden uns erneut zur Mitnahme des Zeltes. So sind wir nicht an die Distanzen gebunden, die bei einer reinen Hüttenwanderung zwischen den einzelnen Orten liegen. Im Padjelante ist (im Gegensatz zum Bärenpfad) das Campen überall gestattet. Eine Entfernung von dreiundzwanzig Kilometer zwischen zwei Übernachtungen klingt noch viel weniger attraktiv als die Extra-Kilos, die wir uns mit dem Tragen des Zeltes aufbürden.

Beim Thema Spaßgetränke erzielen wir diesmal eine schnelle Einigung: Alkohol in Form von Bierdosen wird zur portiona non grata erklärt. Eine kleine Metallflasche soll als Vorratsbehältnis für flüssigen Luxus dienen. Wir füllen einige hundert Milliliter Pastis in ihr ab. Auf diese Weise können wir jeden Abend einen Fingerbreit des kostbaren Gesöffs entnehmen, mit lappländischem Flusswasser mischen und ein Feierabendgetränk genießen, das tagsüber keinen erheblichen Ballast bedeutet. Dieser Plan sorgt schon im Vorfeld für größte Zufriedenheit.

Zugegeben: Der Raum, den unsere interne Diskussion um solche Annehmlichkeiten einnimmt, zeigt, wie wenig „Nehberg“ wir im Grunde ticken. Literarisch renommierte Outdoor-Protagonisten können unserethalben so oft sie wollen von einer zweiwöchigen Wandertourdiät bei Reis und Bohnen schwärmen. Solche Hardcore-Typen stapfen tagelang durch vereiste Sumpflandschaften, bezahlen das mit Eiterbeulen an halb erfrorenen Zehen und behaupten hinterher allen Ernstes, sie hätte das Ganze noch genießen können. Wir sind uns ziemlich sicher, dass solche Abenteurer direkte Nachfahren mittelalterlicher Klosterbrüder sind, deren abendliche Lieblingsbeschäftigung die Selbstgeißelung mit einer Peitsche nach einem vierzehnstündigen Arbeitstag war, der morgens um vier Uhr bei einem trockenen Kanten Brot begann.

Wir hingegen spüren uns auch ohne derartigen Extremismus. Dazu tragen auf der Autofahrt zum Padjelante bereits die Bodenwellen und Schlaglöcher bei, die unser Auto auf dem letzten Teilstück ächzend durchfährt. Unser provisorisch mit einem Draht und Schraubzwingen gesichertes Reserverad sendet in diesen Momenten ein beunruhigendes „Klonnnggg!" nach vorne. Vor einigen Wochen habe ich wegen eines Platten versucht, den Reifen aus der korrodierten Halterung zu lösen. Aufgrund des strengen lappländischen Winters, den der VW hatte aushalten müssen, drehte sich irgendwann nicht nur die alles entscheidende Schraube, sondern auch das mittlerweile gebrochene Gewinde, in dem sie festgerostet war. Ich musste den kaputten Reifen notdürftig mit einem Spray abdichten. Als Folge des gescheiterten Bergungsversuches besitzen wir nun ein total nutzloses Reserverad, das sich bei starken Unebenheiten des Asphalts lautstark bemerkbar macht.

Nach insgesamt 285 Kilometern Fahrt erreichen wir wohlbehalten Ritsem, den Ausgangspunkt unserer Wanderung. Die meisten Menschen, die man in Ritsem trifft, wollen schnell wieder von dort weg. Das Bild des kleinen Fleckens ist von der Jugendherberge, dem Zeltplatz, der Bushaltestelle, dem Hubschrauberlandeplatz und dem Bootsanleger geprägt. Ritsem ist Ausgangspunkt für all die, die in die Wildnis eintauchen wollen. Der kleine Ort liegt am Ufer des Akkajaure, einem etwa acht Kilometer breiten Stausee. Das Wasser muss von allen Padjelante-Wanderern zunächst einmal mit einem Boot überwunden werden.

Auf der kleinen Fähre, die wir mit wenig verbleibendem Zeitpuffer erreichen, liegt Abenteuerlust in der Luft. Etwa ein Dutzend Gleichgesinnte verteilen sich an Bord. Verstohlen mustern wir einander, lauschen Gesprächsfetzen, versuchen die Herkunft der anderen Fahrgäste zu ergründen. Prüfende Blicke fallen auf die Ausrüstung des Gegenübers. Wir strahlen Routine aus, verbergen unsere Kribbeligkeit. Ohne unser Pokerface würden wir vor Vorfreude wie ein Gummiball auf und ab hüpfen.

Das Wetter ist wundervoll. Mittlerweile ist es vier Uhr nachmittags, die Sonne verwandelt die Szenerie in eine Symphonie aus Blau:

Himmel und Wasser verschmelzen an einer kaum sichtbaren Naht. Auf der Oberfläche des Sees fügen sich die Spiegelbilder der umliegenden Berge als Kontrast in die Farbkomposition ein. Der 2015 Meter hohe Gipfel des Akkamassivs thront als gewaltiger Block über seinen Nachbarn. Das Heck unseres Bootes wird zu beiden Seiten von zahllosen sanft geschwungenen Wellenbergen umrahmt, die es auf seiner Fahrt gebiert. Nach und nach rückt das gegenüberliegende Ufer näher, nur vierzig Minuten dauert die Passage insgesamt.

Schon bevor wir anlegen, entwickelt sich eine Atmosphäre, die jeder Hundebesitzer kennt, der vor dem Gassigehen einige Momente zu früh mit der Hundeleine gewedelt hat. Wir lassen den Steuermann keine Sekunde mehr aus den Augen, verfolgen gebannt sein Anlegemanöver und trippeln erwartungsfroh auf den schwer beschuhten Füssen. Die ersten Rucksäcke werden geschultert, kurz darauf gehen auch wir an Land. Als wir wieder festen Boden unter den Füßen haben, blicken wir zurück. Die Fähre nimmt einige neue Fahrgäste auf. Wir studieren die Gesichter derjenigen, die ihre Wildnisdosis offenbar schon genossen haben. Falls wir uns nicht täuschen, scheinen alle hochzufrieden zu sein.

Innerhalb weniger hundert Meter zerstreut sich die Handvoll Passagiere, die mit uns an Land gegangen ist. Einige wollen offenbar in der Akkastugan, einer Hütte nahe des Sees, nächtigen, andere folgen dem Ufer des Akkajaure nach Westen, wieder andere überholen uns in ambitioniertem Tempo. Eine Viertelstunde nach dem Start sind alle Mitwanderer von der Landschaft verschluckt. Der Padjelante ist der größte Nationalpark Schwedens. Genial. Offenbar kann auch hier jeder ein Teilstück Lapplands ganz für sich alleine haben!

Wir folgen dem schmalen Pfad, der sich zunächst durch Birkenhaine vorwärts tastet. Wiederkehrend runden Holzbohlen den Wandergenuss ab, auf dem planen Untergrund ist die Gefahr des Stolperns oder Umknickens minimiert, wir können die Köpfe heben und den Ausblick auf die grandiose Bergkulisse genießen. Nach zwei Kilometern kreuzen wir einen kleinen Bachlauf, der von abgeflachten, runden Felsen eingefasst ist. Einen sehr kurzen Moment lang fühle ich mich an südschwedische Schären erinnert, dann umgeben uns wieder die dürren Äste der Birken, die uns mit ihrem grellen Blattgrün Spalier stehen.

Eine halbe Stunde später weichen die Bäume nach und nach zurück, das Rauschen eines Flusses wird mit jedem Schritt lauter. Schließlich können wir den Vuojatätno nicht nur hören, sondern auch sehen. Dem gerade einmal achtzig Meter breiten Fluss sieht man seine Bedeutung nicht an. Und doch entwässert der Strom das riesige Areal des Padjelante mit einer Fläche von nahezu 2000 km^2. Der Vuojatätno ist der bedeutsamste Quellfluss des Akkajaure, sein Drainagegebiet reicht bis an die norwegische Grenze und erfasst auch Teile des Sarekgebirges. Das Wasser, das er in sich aufnimmt, schickt er auf eine 450 km lange Reise über den Luleälv in die Ostsee.

Wir queren den Fluss auf einer Hängebrücke, unter uns schießt das knallblaue Wasser über Stromschnellen dahin. Auf der anderen Seite angelangt, verläuft der Weg durch zunehmend baumarmes Gelände. Knöchelhohe Lapplandweide wechselt sich mit Zwergstrauchheide ab, die Landschaft liegt weit und offen vor uns. Die majestätische Szenerie deckt einen Mantel des Schweigens über die lärmige Betriebsamkeit des 21. Jahrhunderts. Kein Smartphone kann hier quäken, kein Tablet kann seinen Benutzer zum Dienst an der Tastatur heranpfeifen: Kein Netz, keine Hektik, kein anderes Hier...

Zwischenzeitlich hat sich der Weg in einem Bogen vom Fluss entfernt. Da die Schatten länger werden und wir schon beinahe zehn Kilometer Tagesleistung erbracht haben, steigen wir in die Diskussion um das Nachtlager ein. Der momentane Untergrund links und rechts des Weges ist allerdings eher was für Camper mit Fakirmentalität: Morastig und voller Mücken.

Kurze Zeit später sehen wir erstaunt, dass eines der Paare, das mit uns der Fähre entstiegen ist, ausgerechnet hier sein Zelt errichtet hat. Wir winken den Insektenfans zu und setzen unseren eigenen Weg fort. Der Pfad steigt eine Weile später leicht an und verläuft dann auf trockenem Gelände. Als wir vor einer kleinen Kuppe einen Bachlauf queren, sind wir uns schnell einig: DAS ist ein idealer Platz. Es gibt Wasser, der Boden ist trocken und relativ eben. In der kleinen Senke, die der Bach geformt hat, wachsen ausreichend Bäume und Büsche, die Holz für ein Lagerfeuer hergeben. Es stört auch nicht, dass wir nur zehn Meter vom Weg entfernt sind. In der lappländischen Einsamkeit sind keine lärmenden Pfadfindergruppen zu erwarten, die ihre eigene Nachtwanderung mit aufgeregten Jungs-ärgern-Mädchen-Spielchen begleiten.

Nach einigen routinierten Handgriffen freuen wir uns an dem Bild: Neben unserem Zelt steigt eine schmale Rauchsäule auf. Eine Wolke formiert sich aus dem Rauch und bleibt in den Wipfeln der Birken hängen. Im Hintergrund erhebt sich die Silhouette des Akka, die von der untergehenden Sonne in ein warmes rotes Licht getaucht wird. Dreihundert Meter von uns entfernt fließt der Fluss - der Weg hat sich ihm nach einigen Kilometern wieder angenähert. Ab und zu landet ein Wasservogel auf einem Ausläufer des Stromes, der sich in einer kleinen Senke unweit unseres Camps befindet. Nur gelegentlicher Flügelschlag der Vögel, das gedämpfte Rauschen des Flusses und das Knacken unseres Feuers sind zu hören.

Unser Lager verspricht ungestörten Schlaf - und hält sein Versprechen. Einer Übernachtung im Freien wohnt immer ein unterschwelliger Nervenkitzel inne. Ich nehme an, dass dies ein archaisch-stammesgeschichtliches Überbleibsel von Nächten außerhalb der eigenen Höhle ist. Unser Erwachen am nächsten Morgen wird daher auch vom unterschwelligen Triumph begleitet, einer Gefahr getrotzt zu haben - sei es auch nur einer eingebildeten. Herrlicher Tag, wenn er mit einem Kaffee, sonnigem Wetter und ohne jegliche Bisswunden in den Extremitäten beginnt. Wir räkeln uns, nachdem wir aus dem Zelt gekraxelt sind.

Die Morgenroutine ist schnell erledigt, Zelt und Gepäck sind rasch verstaut. Das blendend schöne Lappland liegt in einer Komposition aus Ruhe, Licht und schüchternem Pflanzenwuchs vor uns. Wir folgen dem verspielt hin und her biegenden Pfad durch Heide und Buschwerk. Nach etwa einer halben Stunde erreichen wir eine Brücke, unter der ein milchig-blauer Fluss sprudelt. Das übermütig dahin tanzende Gewässer schreit nach einer Begegnung, die über das Optische hinausgeht. Wir überqueren die Brücke und schrecken die letzten trägen Lebensgeister aus ihrem Versteck: Wer hält es am längsten aus, seine Füße in das eiskalte Nass zu halten? Erst als unsere Zehen fast taub sind, ziehen wir sie wieder heraus und genießen ihre prickelnde Heimkehr zum eigenen Ich.

Wir lassen uns ins das kleine Loch aus Zeit und Raum fallen, das kostbar vor uns in der Sonne funkelt. Anke schießt Fotos aus wechselnden Perspektiven, Wassertropfen hüpfen übermütig aus der Anonymität der Flussmasse und versinken wieder in ihr, Schaumkronen entstehen und vergehen, ein Birkenblatt raschelt im kaum spürbaren Luftzug, um sich dann wieder seiner Hauptaufgabe zu widmen: da zu sein. Neidisch bleibt mein Blick an ihm hängen.

Irgendwann reißen wir uns los. Einige hundert Meter weiter stoßen wir auf einen zweiten, etwas kleineren Fluss. An seinen Ufern ist eine Ansammlung von Tafeln angebracht, die uns Wanderern die Landschaft, ihre Bedeutung und Entstehung erläutern will. Anke ist wie gewohnt unwillig, ihren Tauchgang in die Natur mit intellektuellem Ballast zu beschweren. Sie kann mich jedoch nicht daran hindern, meiner Karten- und Schaubild-Begeisterung einen Moment lang zu frönen. Ich erfahre zahlreiche interessante Dinge, registriere meinen Wissenszuwachs, setze meinen Weg zufrieden fort und stelle am Ende des Tages fest, dass ich längst wieder vergessen habe, worum es in den Texten ging.

Natur schlägt Kultur. Die Landschaften hinterlassen weitaus mehr Eindruck. In der weiten Ebene aus Heidegestrüpp, die wir jetzt durchschreiten, stehen dürre, maximal zwei Meter hohe Birkenbäumchen Spalier, krallen sich mit ihren Wurzeln als magersüchtige Stäbe in merkwürdig regelmäßigen Abständen zueinander in den kargen Boden. Einige von ihnen haben anscheinend nur mit größter Anstrengung einige Blätter ausgetrieben, andere scheinen sich krampfhaft anzustrengen, es ihren spärlich belaubten Artgenossen nachzutun.

Kurze Zeit später gelangen wir zur Rasthütte Gisuris. Wir hatten uns bereits ausgemalt, wie schön es wäre, unserem morgendlichen Cappuccino, den wir mehr oder minder in Hockstellung eingenommen hatten, noch einen richtigen Kaffee auf Besuch vorbei zu schicken. Kaum in Gisuris angekommen, plustert sich die Idee zu einem nicht mehr beherrschbaren Koffeindurst auf. Wir stellen unsere Rucksäcke ab und entdecken ein Schild, das zum Hüttenwart weist. Bevor wir diesen mit vorgehaltenem Münzgeld zur Herausgabe des möglichst frisch aufgebrühten Gesöffs zwingen können, tönt uns ein gut gelauntes „Hej-Hej!" von unerwarteter Seite entgegen. An der einen Seite der Hütte tritt eine Schwedin ins Blickfeld, die unsere Frage nach einem hiesigen Kaffeeausschank verneint. Als sie unsere Enttäuschung registriert, bietet sie uns - im Tausch gegen ein Schwätzchen und eine Handvoll Studentenfutter - einen Kaffee aus ihren eigenen Beständen an. Hocherfreut nehmen wir an und machen es uns mit ihr in der Hütte gemütlich.

Die Getränke-Spenderin liefert uns obendrein die Top-Schlagzeilen der schwedischen Einöde. Erst erzählt sie uns von ihrem verstauchten Knöchel, der dafür verantwortlich ist, dass ihr Mann eine Zweitageswanderung ohne seine Frau unternimmt. Dann berichtet sie von einer dänischen Fernwanderin, die auch gerade im Padjelante unterwegs ist. Die Dänin ist in ihrem Heimatland gestartet und will die ganze Strecke bis zum Nordkap zu Fuß bewältigen. Heute morgen musste sie allerdings die Folgen ihrer Beratungsresistenz tragen. Die Camperin hatte sich - trotz eindringlicher Warnungen vonseiten des Hüttenwarts - nicht vom Zelten auf der nahegelegenen Wiese abhalten lassen. Daraufhin hatten zahlreiche Lemminge, die offenbar über ein tadelloses Gebiss verfügen, einen Schweizer Käse aus ihrem Zeltboden gemacht. Ungläubig hatte die Frau am Morgen auf die neuen Lüftungslöcher gestarrt und feststellen müssen, dass man selbst nach über 1500 km Wandererfahrung nicht ausgelernt hat.

Nach unserer Rast beschreibt die Route einen Bogen zum Kutjaure hin, ohne sich komplett bis an das Ufer des Sees zu nähern. Wir haben es jetzt immer mal wieder mit kleinen Anhöhen zu tun, zum Ausgleich eröffnen sich schöne Ausblicke über das Gewässer und die dahinter liegenden schneebedeckten Hügel. Es bleibt abwechslungsreich. Mal geht es über einen Kamm, dann windet sich der Pfad über die sumpfige Ebene am Kutjaure, stellenweise erleichtern wieder Holzbohlen das Fortkommen. Kleine Holzbrücken führen über kleine Bäche, einige wenige am Ufer des Sees liegende Häuser schieben sich ins Blickfeld.

Wieder überkommt uns das Gefühl, allein auf der Welt zu sein. Links von uns, rechts von uns, vor und hinter uns: Weite, unverdorbene Natur. Wolkenloser blauer Himmel. Wir haben inzwischen drei Wanderstunden in den Beinen und sind noch nicht einmal einem halben Dutzend Leuten begegnet. Ein leichter, angenehmer Wind weht und hält das Gros der Mücken fern. Auch der Blick an den Wegesrand lohnt. Kuschelig mit Daunen gepolsterte verlassene Vogelnester, einzelne rot oder gelb leuchtende Beeren inmitten der Heidesträucher.

Am späten Nachmittag stellt sich erste Müdigkeit ein. Auch die Rucksäcke fangen an zu drücken. Wir schauen auf die Uhr und stellen fest, dass wir schon über fünf Stunden unterwegs sind. Die heutige Etappe haben wir bewusst als längeren Abschnitt geplant, ab dem folgenden Tag warten Anstiege auf uns. Das Flussniveau des Vuojatätno liegt wieder einige Meter unter unserem Weg, in der schon tiefer stehenden Sonne fächern sich die silbrig glitzernde Netze zahlreich verzweigter Bachläufe in seine Richtung. Wir halten Ausschau nach einem Nachtlager. Als ich eine gute Stelle entdecke, sind wir uns sofort uneinig. Meinem „Hier!“ hält Anke ein schmallippiges „Hier nicht!“ entgegen. Wir sind wenige Momente von einem handfesten Streit entfernt. Dann einigen wir uns darauf, bis zu der Insel weiter zu gehen, die bereits in Sichtweite ist. Ich werde es nicht bereuen, auf Anke gehört zu haben.

Eine Hängebrücke ermöglicht uns die Querung des machtvoll dahin rauschenden Flusses, an dieser Stelle ist er über hundert Meter breit. Wir betreten das nur zweihundert Meter lange und einhundert Meter breite Eiland. Wir schauen uns um: Zehn von zehn möglichen Punkten auf der Huckleberry-Finn-Skala! Selbst meine selten verstummende Frau staunt die Idylle sprachlos vor Begeisterung an. Eine zweite Brücke verbindet die Insel mit dem Westufer, überall gluckst und plätschert es. Von der kleinen Anhöhe aus, auf der wir angekommen sind, duckt sich die Insel Richtung Norden weg und geht in eine ebene Fläche über, die auf Wasserniveau liegt. Wenige Schritte vom östlichen Ufer entfernt ist eine von Bänken umrahmte Feuerstelle, daneben eine kleine Wiese, die sich als Nachtlager aufdrängt.

Wir bauen das Zelt auf, wedeln die Mücken weg, sammeln Feuerholz, wedeln die Mücken weg, entdecken eine zum Baden geeignete Kehrwasserstelle im Fluss, entkleiden uns und wedeln dabei die Mücken weg. Als wir uns - zunächst viel zu langsam - ins Wasser gleiten lassen, verlangsamt kurzzeitig der Kälteschock unsere Abwehrbewegungen gegen die Plagegeister, die sich begeistert auf das unverhoffte Überangebot an nackter Haut stürzen. Ein klassischer Zweifrontenkrieg. Angesichts der unverminderten Luftangriffe bleibt uns nur die Flucht nach vorne, wir tauchen schneller und tiefer in das eisige Nass als geplant. Ankes Augäpfel treten so weit hervor, dass ihr Verbleib in den Augenhöhlen ernsthaft gefährdet zu sein scheint. Der Fluss dürfte nur sechs oder sieben Grad warm sein.

Tagsüber haben uns die Mücken kaum belästigt. Jetzt, da der Wind abgeflaut ist und wir die Fortbewegung aufgegeben haben, wird die Abwehr der Stechinsekten zum beherrschenden Thema. Schnell entfachen wir das Feuer, nachdem wir uns angekleidet haben. Immer wieder werfen wir Gräser auf die Flammen, um die Biester durch den Rauch zu vertreiben. Unsere Visiere - die Mückennetze - bleiben größtenteils geschlossen. Während ich auf unserem Kocher die Abendmahlzeit bereite, graut mir schon vor einem ungemütlichen Essen: Mückennetz hoch, Löffel in den Mund, Mückennetz runter. Dann haben wir die rettende Idee. Wir könnten auf der Brücke essen!

Bereits zwanzig Meter vom Ufer entfernt zeigt sich, dass wir unsere Verfolger abgeschüttelt haben. Schön. Auch sonst hat unser "Speisesaal" durchaus seine Vorzüge. Durch das Gitter, auf dem wir sitzen, schauen wir direkt auf den Fluss. Das Brückengeländer dient als

Lehne und unsere kleinen faltbaren Schaumstoff-Polster (ein Utensil, auf dessen Mitnahme meine Frau bei jedem noch so kleinen Ausflug besteht) sorgen für ein wenig Sitzkomfort.

Den Rest des Abends genießen wir unsere Schätze: Das Knacken der Glut im Feuer, den tadellosen Geschmack des Flusswassers, das kühl unsere Kehlen hinabrinnt, den Sonnenuntergang, der von Vogelrufen begleitet wird. Für diese eine Nacht ist die Insel unser Privateigentum, der nächste Mensch ist mindestens zehn Kilometer entfernt. Wie abenteuerlich sich das anhört! Wie unwirklich! Das muss gefeiert werden! Wir stoßen mit Pastis an, den wir mit Wasser aus dem Fluss verdünnen. Das Wasser schmeckt wie frisch vom Gletscher. Der Pastis auf fast-Eis verleiht uns die nötige Bettschwere. Als wir in die Schlafsäcke krabbeln, malen wir uns aus, wie wir am nächsten Morgen vom Rauschen des Flusses und den ersten Sonnenstrahlen geweckt werden. Mit dieser Vorstellung verbreitert sich das zufriedene Grinsen auf unseren Gesichtern und wir gleiten schnell in den Schlaf.

Ein ohrenbetäubender Lärm schreckt uns gegen sieben Uhr morgens auf. Wie Raupen, die einen Teil ihres Körpers auf einem Blatt nach oben biegen, erheben sich die Oberkörper zweier desorientiert blinzelnder Stäbchen in ihrem Schlafsack-Kokon. Müde und anhaltend verwirrt stieren wir auf das undurchdringliche Grün der Zeltplane. Schließlich helfen uns unsere Ohren und identifizieren den Lärm als Rotorengeräusch. Das hilft uns in unserer Morgenmüdigkeit allerdings begrenzt weiter: Wildnishüter auf Hubschrauberpatrouille? Eine Rettungsaktion? Die Russen?

Wir wagen es, den Kopf aus dem Zelt zu stecken. In der Morgensonne sehen wir, wie ein Helikopter drei Bauarbeiter aussetzt. Da fällt uns wieder ein, dass wir am Vorabend einige Materialien an einer reparaturbedürftigen kleinen Brücke haben liegen sehen. Offenbar sollen die Männer Instandsetzungsarbeiten vorantreiben. In der hiesigen Einöde werden Arbeiter zur Baustelle geflogen. Logisch, sonst verbrächten sie den Großteil des Tages mit An- und Abreise. Nach dieser Erkenntnis sinken wir auf unsere Isomatten zurück. Allerdings ärgern wir uns ein bisschen darüber, so unsanft aus dem Schlaf geschubst worden zu sein.

Während des Frühstücks einige Zeit später gesellen sich die Männer zu uns. Sofort drängt sich ein Gesprächsthema auf, das alle betrifft: die Mücken. Die Drei erläutern uns die Vorzüge ihres Lieblings-Repellants und bieten - wie in einer Parfümerie - einige Probe-Spritzer an. Wir verreiben das Mittel zusammen mit ein paar toten Insekten auf dem Unterarm. Scheint tatsächlich etwas zu helfen. Unsere Gesprächspartner stammen aus Pajala, einem Ort nahe der finnischen Grenze. Aufgrund unserer Erfahrungen auf dem Bärenpfad wundert es uns nicht, dass für Bewohner jener Gegend Mücken ein zentrales Thema sind.

Nach dem morgendlichen Austausch bauen wir unser Zelt ab und sind unerwartet früh wieder auf Achse. Die erste halbe Stunde bleibt die Strecke unserem Ausgangsniveau weitgehend treu, dann ist das morgendliche Aufwärmprogramm offenbar beendet. Die folgenden vier Kilometer steigt der Pfad unaufhörlich an. Ab und zu dringen in dieser Zeit böse gegrummelte Bemerkungen meiner Frau zu mir. Manche Sätze wie „Das geht ja immer noch weiter hoch!" bringt sie dabei in einem pikierten Tonfall an, in dem man einen Kellner auf eine Fliege in der Suppe aufmerksam machen würde. Ich weiß nicht, ob ich es bereits einmal erwähnt habe: Meine Frau mag keine Anstiege...

Als wir endlich oben angekommen sind, werden wir mit einem sagenhaften Ausblick auf den Vastenjaure belohnt. Der Vastenjaure ist ein riesiger, fast neunzig Quadratkilometer großer See, der schon aus großer Entfernung sehr, sehr kalt aussieht. Auf seiner fast perfekt glatten Oberfläche spiegelt sich das Schwarz-Weiß der umliegenden Bergkuppen. Ein zwergenhaft aussehendes Bötchen malt eine Linie ins Wasser, die an ihrem Ursprung zu verblassen beginnt. In der Ferne verschwimmen die Grenzen zwischen Land und See. Ein Traum in Hellblau.

Das gegen Westen seicht abfallende Plateau, auf dem wir entlangwandern, liegt nur 760 Meter über dem Meeresspiegel. Trotz dieser relativ geringen Höhe und der Tatsache, dass die zweite Augusthälfte bereits angebrochen ist, gibt es noch kleine Schneefelder, die wir überqueren müssen. In den schattigen Kerben des Bergrückens klammern sich hartnäckig letzte Überbleibsel des Winters fest. Wir erinnern uns: Frau Holle hatte in den ersten Monaten des Jahres sehr viel und sehr ausdauernd ihre Bettdecken geschüttelt.

Gleich die erste Schneefläche, die wir passieren, setzt ein kleines Ausrufezeichen in den Tag. Ich gehe vor und folge Spuren, die andere Wanderer dort hinterlassen haben. Die Strategie der Nachahmung hat sich in unbekannten Gefilden schon oft bewährt. Entsprechend sorglos taste ich mich die ersten zehn Meter über den Winterrest voran. Plötzlich meldet mir mein Gleichgewichtsorgan ein kurzes, heftiges Abwärts.

Zwischen dem sprunghaftem Herzfrequenzanstieg und dem Klappern meiner Zähne, die meine Zunge nur um Millimeter verfehlt haben, wühlt sich allmählich ein Begreifen durch. Das Schneebrett, das unter mir weg gebrochen ist, lässt sich aus meinem jetzigen Blickwinkel als dünne Kruste über einem Hohlraum identifizieren. Das Bachbett darunter liegt etwa etwa fünfzig Zentimeter tiefer. Puh, nix passiert! Ich bin augenblicklich froh über meine Gewichtsklasse. Wäre ich bereits dort eingebrochen, wo der Abstand zwischen der Schneeoberfläche und dem Boden noch größer ist, hätte die größeren Fallhöhe leicht ein Ende der Wanderung bedeuten können.

Anke folgt meinen Umleitungsempfehlungen und überquert den Bach etwas weiter oben, ohne die Adrenalindosis zu brauchen, die sie sich - ihrer empathischen Natur folgend - ins Blut geschüttet hat. Bald ist die Aufregung vergessen und wir versinken aufs Neue in Betrachtungen der Landschaft. Neben den Holzbohlen, auf denen wir in einer felsigen Landschaft vorankommen, liegen beispielsweise jede Menge kleinerer Steine. Wir stutzen, als sich einige der graubraunen Klumpen bewegen. Trotz unserer nur rudimentären biologischen Allgemeinbildung sind wir uns absolut sicher, dass das keineswegs mit dem Durchschnittsverhalten eines Felsbrockens vereinbar ist.

Als eines der Dinger seine Flügel aufspannt, erkennen wir es als Schneehuhn. Die Schneehühner, deren Gefieder im Sommer eine graubraune Farbe annimmt, vertrauen zurecht auf ihre Tarnung. Erst wenn wir fast auf sie drauf treten, entfernen sie sich einige Schritte. Wir bleiben stehen und entdecken immer mehr Vögel inmitten der Steine. Anke zückt ihre Kamera und fertigt Porträts der knopfäugigen Flattermänner, von denen manche einem ruckartig wechselnden Zickzackkurs zwischen Gräsern, Felsen und Sumpfdotterblumen folgen. Ab und an schielt einer der Knöpfe in unsere Richtung - offenbar um sich zu vergewissern, dass wir wirklich harmlos sind.

Wir setzen unseren Weg nach einer Weile fort, nur um ihn gleich wieder zu unterbrechen. Anke besteht darauf, ihre Füße lüften zu müssen und will das Panorama auf den See noch ein wenig genießen. Warum auch nicht? Die Leitwährung des Tages ist Zeit und davon haben wir - da wir früh am Morgen gestartet sind und bereits zwei Drittel der Strecke absolviert haben - uns die Taschen voll gestopft.

Etwa vier Kilometer lang bleiben wir auf der Höhe, die wir uns zuvor schweißtreibend erarbeitet haben, dann folgt ein steiler Abstieg. Bald können wir den Laddejakka sehen. Am Laddejakka, einem Fluss, der sein Wasser in den Vastenjaure schickt, liegt die Rasthütte, in der wir übernachten wollen. Unsere Trittsicherheit beim Furten ist immer häufiger gefragt, kleine und größere Wasserläufe kreuzen unseren Weg. Wir balancieren auf Steinen durch das Wasser. Mächtige Schieferfelsen lehnen an den Rändern einiger Bäche. Während wir uns nach unten bewegen, haben wir einen Ausblick auf den gegenüberliegenden morgigen Wanderauftakt: Der schwerste Anstieg der ganzen Tour wartet dort auf uns.

Egal. Für heute haben wir unser Wanderpensum erfüllt - dabei ist es erst halb vier. Der Hüttenwart glänzt bei unserer Ankunft durch Abwesenheit, aber eigentlich ist alles, was nicht selbsterklärend ist, auf Schildern erläutert. Wir belegen zwei Betten in einem Raum und suchen dann einen Zugang zum Fluss, wo wir uns waschen wollen. Der Abstieg dorthin ist etwas beschwerlich, der Laddejakka liegt gut zwanzig

Höhenmeter unterhalb des Hauses. Am Wasser angekommen, schleudern wir unsere Kleidung und mitteleuropäischen Warmduscher-Gewohnheiten achtlos auf irgendwelche Steine und tauchen im Fluss ein. Wieder ein Erlebnis mit hundertprozentiger Kreischgarantie.

Wenig später fläzen wir auf den Betten und zählen gutgelaunt über fünfzig Mücken, die außen auf dem Insektengitter sitzen. Wir knobeln, aus wessen Rucksack zwei der Trekking-Mahlzeiten verschwinden dürfen, mampfen die Wundertüten leer, schlürfen unser Quantum Pastis und gehen früh schlafen.

Der Vergleich Hütte versus Zelt hat viele Facetten. Am nächsten Morgen werden wir durch eine absolut schamlose Pediküre mit exorbitant hohem Ekelfaktor gefoltert, die ein anderer Gast ausgerechnet am Frühstückstisch veranstaltet. Im Zuge dessen schlägt unser Stimmungspendel abrupt in Richtung Zeltübernachtung. Wir ergreifen die Flucht. Zunächst queren wir den Fluss, der einige hundert Meter von unserer Stuga entfernt durch einen Canyon saust. Von einer Brücke schauen wir auf das weiß schäumenden Wasser hinunter. Rund geschliffene Steine und sogenannte „Topflöcher“ (rundliche Aussparungen im Fels, die durch Strudel geformt werden) liefern Zeugnis jahrhundertelanger Skulptur-Arbeit der Elemente.

Nachdem wir uns satt gesehen haben, taxieren wir den Berg gegenüber und blasen zum Gipfelsturm. Wie so oft, wenn es bergauf geht, erinnern wir an ein anatolisches Ehepaar. Anke folgt mir für anderthalb Stunden lang in gebührendem Abstand. Ab und an warte ich auf sie, schenke ihr ein paar aufmunternde Worte, vermelde die aktuelle Höhenlage, erinnere sie daran, etwas zu trinken und gehe dann wieder voraus. Damit pflegen wir ein System, das sich bewährt hat. Jeder in seinem eigenen Tempo.

Ohne Rekorde aufzustellen, aber auch ohne Probleme erreichen wir schließlich die zwei Kilometer breite Bergkuppe, die sich sowohl nach Norden wie auch nach Süden erst seicht nach unten wölbt, um dann zu beiden Seiten steil abzufallen. Für uns geht es in leicht welligem Verlauf über den Kamm. Wir waten durch mehrere Bäche und haben weiterhin enorm gute Laune. Das scheint nicht auf alle zuzutreffen. Ein leicht übergewichtiges Paar kommt uns verschwitzt, schwer atmend und mit reichlich zerknitterter Mimik entgegen. Sowohl das Equipment der beiden wie auch die Melodie des Grußes lassen befürchten, dass wir die Landesherkunft mit ihnen teilen. Warum sehen wir Deutschen beim Spaßhaben eigentlich immer so verbissen aus? Und warum kann sich nicht unsere ganze Nation ein hell klingendes, zum oberen Ende der Tonleiter hin offenes norddeutsches „Moooiiiin" angewöhnen? Das hätte klanglich Ähnlichkeit mit dem schwedischen „Heejjjj!" und würde zwangsläufig für bessere Laune sorgen. Die Stimmung unserer mutmaßlichen Landsleute perlt an uns ab. Das Leben ist schön!

Beweise für diese Tatsache lauern überall. Zwei junge Schwedinnen picknicken am Wegesrand. Die Sonne strahlt mit ihnen um die Wette. Fröhlich erwidern sie unseren Gruß. Die Wasseroberfläche eines riesigen Sees schimmert bläulich im Tal. Schneebedeckte, teils scharfkantige Berggipfel grenzen sich gegen den wolkenlosen Himmel ab. Auf seinem Weg in den See kerbt ein Fluss eine verspielte Spur in die Landschaft.

Während wir leichten Fußes dem Pfad nach unten folgen, beschließt Anke, dass Faulsein demnächst oberste Priorität genießen sollte. Gedacht, getan. Wir leisten einer Hängebrücke beim Abhängen Gesellschaft, tunken unsere qualmenden Füße in das eiskalt-glasklare Wasser des Flusses, der an dieser Stelle gemächlich dahin zieht. Wenige Meter weiter weckt ihn ein kleines Gefälle zu sprudelnder Vitalität.

Wir sonnen uns auf den flachen Felsen am Uferrand, lauschen dem gedämpften Rauschen, wedeln hin und wieder eine zu aufdringliche Mücke weg und genießen unsere Langsamkeit. Die Natur kennt im wesentlichen zwei gute Gründe für Hektik: Hunger und Angst um die eigene Gesundheit. Wir sind satt und sorglos. Was liegt also näher, als das Dösen mit einer Extraportion Tagträumerei zu strecken und sich noch ein wenig länger auf den Steinen zu räkeln?

Irgendwann sind wir fertig mit Faulsein. Knappe anderthalb Stunden setzen wir an diesem Tag unsere Wanderung noch fort. Nach einem kleinen Anstieg schauen wir auf den sanften Bogen, den der Fluss beschreibt, bevor er in den See mündet. Im Gelände ragen einzelne Büsche und kümmerliche Bäume inmitten der Heidegewächse heraus. Versprengt liegende Felsplatten sorgen für graue Tupfer in der Vielzahl der Grüntöne.

Schon bald können wir Hütten ausmachen: Arasluokta, das Ende unserer Tagesetappe, kommt in Sicht. Die Übernachtungsfrage ist seit dem Morgen geklärt, diese Nacht soll uns nur das Zeltdach vom Sternenhimmel trennen. Dennoch machen wir uns erst einmal auf zu den Häusern. Wir müssen dringend unsere Essensvorräte aufstocken.

Während wir darauf warten, dass ein kleiner Kiosk öffnet, machen wir die Bekanntschaft eines Deutschen, der den Padejelante in Gegenrichtung durchquert. Wir tauschen unser Wanderlatein aus, philosophieren mit ihm über „GZSZ“ (Gutes Zelten, schlechtes Zelten) und bleiben beim Thema Nager mit scharfen Zähnen hängen. Er gesteht uns, dass ihn die ständige Sorge um seinen Zeltboden letzte Nacht dazu gebracht hat, sein Zelt großflächig mit Deo einzusprühen. So wollte er die Gerüche von im Zelt lagernden Lebensmitteln übertünchen. Ungläubig mustern wir unseren Gesprächspartner, ziehen dabei unauffällig die Luft tief durch die Nase ein, um seine Erzählung auf ihren Wahrheitsgehalt hin zu überprüfen.

Diese Form der Nagerbekämpfung wäre für uns als Verächter von Deosprays schon technisch eine ganz andere. Ich stelle mir vor, wie wir auf Knien Bahn für Bahn unseres Zeltbodens mit unserem Deo abrollen. Mutmaßlich wäre unser Vorrat nach der Hälfte der zu bearbeitenden Fläche aufgebraucht. Wir selbst würden aufgrund der Anstrengung wahrscheinlich so schwitzen, dass die Mischung aus schlecht gelüfteter Sauna und Parfümerie, die unser Zelt danach abstrahlte, noch dutzende Meter entfernten Nagern in die Nase steigen würde. Und falls lappländische Lemminge so neugierig sind wie kanadische Grizzlies, würde sie der fremdartige Geruch garantiert zu einem Besuch motivieren.

Ich muss an die Geschichte über einen Kanuten denken, die uns in Kanada erzählt wurde. Die Liebe des Paddlers zur Schönheit der kanadischen Wildnis, die er allein durchstreifte, wurde empfindlich von seiner panischen Angst vor Bären gestört. Seine Furcht führte nicht nur dazu, dass er statt Bärenspray ein Gewehr mit sich führte. Jeden Abend, nachdem er sein Nachtlager errichtet hatte, feuerte er seine Schusswaffe ein- bis zweimal ab, um potentiell gefährliche Raubtiere aus seiner Nähe zu vertreiben. Erst gegen Ende seiner Tour klärte man ihn darüber auf, dass er sich wie ein absolutes Greenhorn verhalten hatte. Sein Tun habe das exakte Gegenteil von dem bewirken können, was es bezweckte. Längst haben nordamerikanische Bären gelernt, dass in der Ferne ertönende Schüsse einen akustischen Hinweis auf frisch erlegtes Wild geben. Einige Grizzlies folgen dem Geräusch zielsicher in der Hoffnung, sich an dem gütlich tun zu können, was Jäger übrig gelassen haben. Für diese Bären übersetzt sich ein durch die Stille peitschender Knall in „Essen!! Kommt ihr!?“

Meine Gedanken kehren nach Lappland zurück, als der Laden öffnet. Die Hoffnungen auf ein Bier werden bitter enttäuscht, aber immerhin erstehen wir geräucherten Fisch, frisch gebackenes samisches Brot und einige Schokoriegel. Mit unseren Beutestücken bewaffnet errichten wir wenig später unser Zelt direkt am Ufer eines schmalen Flusses. Dort gibt es sogar ein Brett, das als primitive Bank dienen kann. Nur die an diesem Abend besonders zahlreichen Mücken nerven. Besonders an unserer felsigen Badestelle lauern sie uns auf. Nach dem Waschgang lässt das Aussehen meines Rückens die Erinnerung an Kinderkrankheiten mit fiesem Hautausschlag hochkommen. Obwohl uns das Abendlicht umschmeichelt und sich die Rauchsäule unseres Feuers malerisch gen Himmel verdünnt, flüchten wir wegen der „Mygga“ zum Essen ins Zeltinnere.

Weil wir abendlich so früh von den Beinen sind, kitzeln uns am nächsten Morgen schon die ersten Sonnenstrahlen wach. Um halb acht machen wir uns wieder auf den Weg, der uns zunächst für etwa drei Kilometer seicht bergauf führt. Der Himmel ist erneut makellos blau, perfektes Wetter für unseren letzten Tag auf dem Padjelante. Noch häufiger als an den Tagen zuvor bleiben wir stehen, inhalieren die frische Luft, genießen die Aussicht auf den imposanten See, der die Landzunge umgreift, auf der wir uns gerade vorwärts bewegen. Die westlich gelegene Bergkette, die in der Ferne ihr Spiegelbild auf die Wasseroberfläche wirft, liegt bereits in Norwegen.

Auf der dreieckigen Landzunge, die sich weit unter uns in den Virihaure vorschiebt, liegen zahlreiche kleinere Gewässer wie unregelmäßig ausgestanzte Löcher. Zwischen ihnen befinden sich kleine Hügel und Anhöhen, die das Wasser davon abhalten, in den größten See des Padjelante zu fließen. Der Name des Virihaure bedeutet sinngemäß „Wasser, das der Wind kräuselt.“ Frau, die den Padjelante wandert, und Mann, der mit den Mücken tanzt, können das für den heutigen Tag negieren. Spiegelglatt liegt der See vor uns.

Für drei Kilometer bleiben wir in einer Höhe von etwa 700 Metern, dann beschreibt unser Pfad auf einem abschüssigen Teil einen seichten Bogen nach Südosten und nähert sich nach und nach wieder dem See an, der sich hier als wässriger Finger zwischen die Berge gebohrt hat und die „Bucht des Stallo“ bildet (alias Staloluokta - das ist der Name unseres heutigen Zielortes). Der samischen Legende zufolge war ein Stallo eine Art Troll, der über drei herausragende Eigenschaften verfügte: Er war besonders groß, besonders dumm und aß Menschen. Der letzte Punkt war der, dem die nordischen Ureinwohner die größte Aufmerksamkeit schenkten. So dienten Sagen über Stallo dazu, Kinder von gefährlichen Gegenden fernzuhalten. Es genügte der Hinweis, dass das Ungeheuer dort lebe. In dunklen Polarnächten setzten sich solche Geschichten in den Köpfen der Kinder wohl besonders gut fest.

Uns können heute weder düstere Überlieferungen noch die Etappe beunruhigen. Da wir schon im Frühtau zu Berge gestapft sind, bleiben uns am späten Vormittag nur noch wenige Kilometer. Das Ziel vor Augen genießen wir das Panorama. Wir sonnen uns eine Weile auf einem der zahlreichen flachen Felsen und sind uns einig, dass dieser Abschnitt des Padjelante völlig zu recht als einer der schönsten des ganzen Nationalparks gilt. Meine Frau scheint kurz davor, ihre Lieblingsvokabel aus dem Köcher zu ziehen: „Magisch!“

Pünktlich zum Mittag erreichen wir unseren Zielort. Wir lassen die Blicke schweifen. Auch in der Einöde bleibt die Zeit nicht stehen. Wo früher die traditionellen, maulwurfshügelartigen Torfkoten und Zelte standen, sind mittlerweile überwiegend Holzhütten zu sehen. Ungefähr vierzig Häuser gibt es im Dorf, der Großteil davon liegt in der Nähe des Seeufers. Ihre wenigen Bewohner kümmern sich um eine weit verstreute Herde von über fünftausend Rentieren.

Wir kümmern uns erst einmal um uns selbst und steuern auf die Übernachtungshütte zu, die auf einer kleinen Anhöhe hundert Meter vom See entfernt liegt. Nachdem wir dort unseren Ballast abgeworfen und das Zelt zum Trocken aufgehängt haben, erfreuen wir uns an der samischen Version einer Dorfkirche. Der etwa vier Meter hohe Torfbau, der aus dem Auenland zu stammen scheint, weist am höchsten Punkt seines sanft gerundeten Daches ein simples Kreuz auf, rundherum sind in Brusthöhe zahlreiche kleine Fenster eingearbeitet. An einer überdachten Holzkonstruktion einige Meter entfernt hängt eine Glocke, mit der die Gläubigen zur Andacht gerufen werden. Von innen ist der Bau komplett mit beigebraunen Holzstämmen ausgekleidet, die sowohl die Wände wie auch die leicht gebogene Decke bilden. Einzelne dickere Rundbalken stützen die Konstruktion zusätzlich ab. In der Mitte des Gotteshauses ist eine Feuerstelle. Der Altar ist mit einer knallblauen Decke samischer Machart verhängt, er befindet sich auf einem kleinen Holzpodium, auf dem auch die hölzerne Kanzel steht. Das Beste jedoch sind die Sitzgelegenheiten: Der Boden ist übersät mit Rentierfellen, unter ihnen liegt trockener Birkenreisig zur Polsterung und Isolierung.

Irgendwann können wir uns von dem Anblick losreißen und wenden uns wieder der Umgebung zu. Unweit unserer Herberge sprudelt das Wasser des Kiedejakka vorbei, eine Brücke überspannt den Fluss, bevor er im Virihaure mündet. Über die Brücke gelangen wir zum

Zeltplatz, der so idyllisch gelegen ist, dass wir ein bisschen mit unserer Übernachtungsentscheidung hadern. Direkt hinter einem Streifen aus Gräsern, auf dem nur zwei Zelte stehen, liegt ein fünf Meter breiter Sandstrand, der seicht in den See abfällt. Am Ufer formen sich winzige Wellenkämme, in der Ferne wird die gewaltige Wasserfläche von Bergen umrahmt. Das Rauschen des Flusses dringt als gedämpftes Geräusch bis hierher. Wundervoll.

Nur einmal wird an diesem Tag die Stille des Ortes noch durchschnitten. Am späten Nachmittag wirbelt ein landender Hubschrauber die Luftmassen und meine Frau auf. Skeptisch schaut Anke zu, wie Passagiere aus- und andere einsteigen und wie dann die rundliche Blechbox unter dem Dröhnen seiner Rotoren wieder abhebt. Keine leichte Kost für Menschen mit Flugangst. Tagelang hatte Anke die Art unserer morgigen Rückkehr nach Ritsem erfolgreich verdrängt. Jetzt strahlt sie die Zuversicht eines Hundes aus, der winselnd und mit auf dem Asphalt kratzenden Pfoten an Bord eines schwankenden Schiffes gezerrt werden soll.

Abends bilden sich im Gemeinschaftsraum der Hütte kleine Grüppchen. Der Austausch von Tipps und Erlebnissen erfolgt mit Stimmen, in denen die Begeisterung über den Padjelante auf mehrere Meter Entfernung mühelos herauszuhören ist. Mit Erlebnissen übervolle Wanderer beben hier selbstzufrieden unter dem Klang ihrer Erzählungen nach. Wir gründen unseren eigenen Untersuchungsausschuss mit zwei Wanderern aus dem Ruhrgebiet, denen wir zuletzt vor zwei Tagen in Laddejakka begegnet sind. Dort hatte ich den beiden den Weg zur Waschstelle am Fluss beschrieben. Heute erfahren wir, dass das Paar beim Baden in eine Mückenwolke geraten war. Innerhalb weniger Augenblicke hatten sie Hunderte von Stichen erlitten. Mit großen Augen lauschen wir ihrem Bericht. Wir waren nur einige Minuten vor ihnen an der Waschstelle gewesen.

Es stellt sich im Laufe der Unterhaltung heraus, dass unsere Gesprächspartner Fundamentalisten sind, wenn es um die Urlaubsgestaltung geht. Sie sind sogar schon in Grönland gewandert und lassen sich in ihrer Freizeit auf keine andere Art der Fortbewegung mehr ein. Gemeinsam mit ihnen verschwatzen wir den Abend. Das Licht der untergehenden Sonne begleitet unser angeregtes Miteinander durch umwerfend schöne Farbspiele auf dem See, auf den die breite Fensterfront des Raumes Ausblicke bietet. Die harmonische Atmosphäre macht uns leichtsinnig. Wir bieten unseren neuen Bekannten etwas von den letzten kostbaren Pastis-Vorräten an. Mit verspäteter Reue über unsere Großzügigkeit sehen wir ihn kurz darauf in fremden Mündern verschwinden. Zum Glück können wir später trotzdem gut einschlafen.

Am nächsten Morgen stehen wir so früh wieder auf, dass Anke fast zu müde ist, um sich über den anstehenden Helikopterflug aufzuregen. Als unser fliegendes Taxi in einer Schleife auf uns zu steuert, gelingt es ihr dann aber doch. Mit ernstem Gesichtsausdruck nähert sie sich dem Hubi, auf den auch zwei andere Fluggäste bereits warten. Als erstes verstauen wir alle unsere Rucksäcke im Heck, dann verpasst der Pilot jedem von uns ein Headset. Wir schnallen uns an.

Mit dem Start beweist Anke ihre Multitasking-Fähigkeiten: Schauen, fotografieren, filmen und immer wieder tief ein- und ausatmen. Schnell wird sie durch die Kulisse, die sich unter uns ausbreitet, so sehr abgelenkt, dass ihre Anspannung nachlässt. Bei absoluter Windstille folgt der Pilot mühelos seinem Kurs, der uns innerhalb von Sekunden über Distanzen führt, die wir tags zuvor noch langsam durchwandert haben. Mit Felsen übersäte, pockig-zerfurchte Landzungen ragen in die Seen hinein. Bäume schrumpfen von hier oben auf Miniaturgröße. Ein Bach windet sich kurz vor seiner Mündung in den See wie Kräuselband. Ab und an ist der Wanderpfad auszumachen, wie er sich als dünner, kaum sichtbarer Fussel durch den Wechsel aus Grüntönen zieht.

Für uns beide ist es der erste Hubschrauberflug unseres Lebens. Wir sind erstaunt, wie unmittelbar sich der „Kopter" von innen anfühlt. Der Lärm der Rotoren und ein elektronisches Summen aus dem Innenraum begleiten uns während des ganzen Fluges. Wenn man der gleichmäßigen Mimik unseres Piloten traut, dann gehören alle Aspekte dieser Geräuschkulisse zur fliegenden Dose, in der wir über die Landschaft schweben. Wir konzentrieren uns wieder auf das Panorama. Gerade rechtzeitig, denn wir überqueren in diesem Moment unsere Lieblingsinsel. Von oben sieht das Eiland wie ein Fuß mit Teilen eines Unterschenkels aus. Im Bereich des Sprunggelenks erkennen wir einen roten Fleck: Ein Zelt steht genau dort, wo wir drei Tage zuvor gecampt haben.

Direkt nach einer Zwischenlandung, bei der wir zwei weitere Passagiere aufnehmen, schwenkt der Hubschrauber in Richtung Ritsem. Beim Schnelldurchlauf der Strecke aus Vogelperspektive fühlt sich unser Wanderabenteuer schon fast unwirklich an. Von oben sehen wir die schneebedeckten Einschnitte im Akkamassiv, genießen den Weitblick über den riesigen See, der vor unserem Zielort liegt. Zahlreiche Inseln unterschiedlichster Größe sprenkeln seine Oberfläche.

Ohne Rücksicht auf unsere Seelen zu nehmen, die noch in verschiedenen Teilen an verschiedenen Stellen der Landschaft haften, setzt der Pilot zum Landemanöver an. Selbst meiner anfänglich mehr als skeptischen Frau ist der Flug zu kurz geraten. Ratternd senkt sich der Hubschrauber ab und kommt auf einer Holzfläche zum Stehen. Das Geräusch der sich verlangsamenden Rotoren ist der Schlussakkord zu unserem Erlebnis.

Kurz darauf haben wir wieder festen Boden unter den Füssen und nur eine Frage im Kopf: Wann nehmen wir den zweiten Abschnitt der wunderbarsten Wanderung unseres Lebens in Angriff?

Der Padjelante: Ein Eldorado für Freunde des wilden Zeltens.

Das Rauschen der zahllosen kleinen Flüsse ist eines der wenigen Geräusche, die wir überhaupt hören.

Faul sein ist wunderschön. Eine Rast am Flussbett.

Abendstimmung im Padjelante.

Im Land der Samen dient ein Torfbau als Kirche.

Auf dem Rückweg per Hubschrauber genießen wir die Blicke auf den Padjelante aus der Luft.

Es musste ja so kommen: Tage des Abschieds

Wir haben so viele Erlebnisse wie möglich in die letzten Wochen unseres Aufenthalts gezwängt. Kanutour, Raftingabenteuer, Padejelante. Ein Ausflug nach Narvik, eine Tour zum Kaitumälven, eine Wanderung auf dem Trollsteig. Im Nebeneffekt lenkt uns diese Hyperaktivität von der Tatsache ab, dass unser Abschied aus Alttajärvi unmittelbar bevorsteht. Rastlosigkeit ist ein beliebtes Mittel gegen trauriges Bewusstsein.

Es hilft nicht durchgehend. Wenn wir mit dem Auto nach Kiruna fahren, mustern wir die Strecke unbewusst mit anderen Augen. Wir schauen wieder genauer hin, versuchen einen möglichst scharfen Abdruck unserer Noch-Heimat in unserem Gedächtnis zu hinterlegen. An jeder Landschaft, jedem Sonnenuntergang und jeder beobachteten Szene hängt ein Hauch von Wehmut und ein Gefühl der Vergänglichkeit - wie ein Akzent an einem französischen Wort.

Einen dieser melancholischen Momente erleben wir auf dem Luossavara. Der Berg, der sich unmittelbar neben Kirunas Stadtzentrum erhebt, trägt eine tiefe, schwärzlich schimmernde Narbe aus der Zeit, als sein Rücken noch unter der Last der Eisenerzgewinnung ächzte. Heutzutage dient die unversehrte, südliche Flanke des Berges im Winter als Skipiste. Im Sommer ist der Luossavara Startpunkt mehrerer Wanderwege und bietet bei klarem Wetter grandiose Aussichten auf die Umgebung. Ein herrliches Abendrot belohnt uns an diesem Tag für die Mühen der Gipfelbesteigung. Von oben schweifen erst unsere Blicke, dann unsere Gedanken umher. "Da hinten sieht es schön aus, warum sind wir dort nicht mal gewesen?" bedauern wir uns selbst.

Unsere Augen fallen auf ein knallrotes Zelt, das jemand am Berg aufgebaut hat. Das Jedermannsrecht ist einfach eine fantastische Regelung - wie gut können wir uns in den Camper hineinversetzen, der von seinem exponierten Platz aus eine wunderbare Aussicht hat. Vom höchsten Punkt des Berges kann man sowohl den Sonnenaufgang als auch den Sonnenuntergang erleben. Es ist so schön und unkompliziert hier - warum müssen wir überhaupt weg? Wir atmen bewusst besonders tief ein und aus. Die kühle, klare Luft des Nordens hat mal wieder Wellnessqualität und trägt unsere Gedanken in die Gegenwart zurück. Noch sind wir ja hier und dürfen alles in uns aufsaugen.

So gut wir dazu in der Lage sind, pflücken wir die kostbaren Momente, die uns bleiben. Selbst der Gang zum Supermarkt wird als Klassiker bewusst zelebriert. Wir genießen die Vertrautheit mit den alltäglichen Dingen. Wir wissen, in welchem Gang des Kauftempels nach unseren Most-Wanteds gesucht werden muss.

Anke findet, dass Kirunas gemütliche Seite zum Abschied noch einmal betont werden muss. Mit Moritz und seiner Freundin finden wir uns zu Kaffee und Kuchen in einem kleine Café ein. In der Kneipe "Bishop's Arms" prosten wir uns mit viel zu teurem schwedischen Bier zu. Dem Restaurant "Spis" (übersetzt "Herd") statten wir erstmalig einen Besuch ab: Fremder Herd ist jetzt nicht unbedingt Goldes wert, aber immerhin entdecken wir vegetarische Gerichte und die Atmosphäre ist nett.

Sein Name klingt ein bisschen paradox nach "schwarzem Weiss", "fleißiger Faulheit" oder "kalter Hitze". Dennoch trägt der "Arctic Thai Grill" im Herzen Kirunas seinen Namen letztlich zurecht, schließlich werden hier landestypische Gerichte in einer polaren Region angeboten. Moritz ist in kulinarischer Hinsicht in den letzten Monaten zu einem radikalen Konvertiten geworden. Falls er überhaupt jemals an deutschen Kartoffelbrei geglaubt hat, ist ihm mittlerweile klar, dass wir mit solchen Rezepten komplett an der Zielgruppe vorbei kochen. Seine Freundin mit thailändischem Migrationshintergrund hat ihn zu einem glühenden Verfechter asiatischer Kost werden lassen. Während seine höfliche Auserwählte bei Besuchen tapfer versucht, sich an die deutsche Küche zu gewöhnen, scheint Moritz' Zunge bereit, einen Ausreiseantrag für sich alleine zu stellen.

Gelegentlich kanzelt er unsere Mahlzeiten schonungslos ab. Wenn er sich dann zu uns an den Tisch "quält", erinnert mich seine widerwillige Mimik an Gefängnisinsassen, die eine undefinierbare graubraune Pampe in der Knastkantine auf den Teller geklatscht bekommen. Deutsche Hausmannskost sei überhaupt nicht mehr uptodate - erfahren wir bei solcher Gelegenheit aus seinem Mund.

Der Stresstest für Moritz' Seelenfrieden steht unmittelbar bevor - in einigen Wochen wird er tausende Kilometer von seiner Freundin getrennt sein. Meistens übergehen Anke und ich daher seine gnadenlose Urteile über unsere Kochkünste. Da selbst Raubtiere mit vollen Mägen relativ friedlich sind, steuern wir einige Male den "Arctic Thai Grill" an. Zugegeben: Ein kleiner Trick, um die Familienharmonie zu fördern.

Bei den Restaurantbesuchen wähle ich selbst Gerichte mit der niedrigstmöglichen Schärfe. Das kann nicht verhindern, dass ich regelmäßig nach den ersten Bissen unter Schweißausbrüchen leide. Offensichtlich findet sich in meiner Ahnenreihe kein einziger Vorfahr, der mir die Robustheit asiatischer Geschmacksknospen hätte vererben können. Moritz hingegen lächelt müde über meine Empfindlichkeit. Demonstrativ-lässig würzt er seine Speisen mit einer Extraportion Chili nach, während ich mit hervorquellenden Augen einen Hustenreiz nach dem anderen bekämpfe. Die kulinarische Transformation unseres Sohnes zum Asiaten scheint fast abgeschlossen. Dass Liebe durch den Magen geht, lässt sich an seinem Beispiel eindrucksvoll belegen.

Nicht nur bei den scharfen Rezepten bewahrt unser Sohn seine Haltung. Die bevorstehende räumliche Trennung von seiner Freundin beschäftigt ihn, aber er macht aus der Not eine Tugend. Als Akutmaßnahme gegen den Abschiedsschmerz wollen die beiden zwei Wochen gemeinsam in Deutschland verbringen. Da Moritz' neues Schuljahr bereits Anfang September beginnen wird, wird das junge Glück etwa vierzehn Tage vor uns nach Deutschland reisen.

Der Vorspann unseres hiesigen Aufenthalts flimmert in Sequenzen der Erinnerung vor unseren geistigen Augen. Nahezu tägliche Diskussionen mit unserem Sohn über die Sinnhaftigkeit des Auslandsjahres. Vorwürfe angesichts des elterlichen Beharrens auf einer "vorschnell" gegebenen jugendlichen Einverständniserklärung zu dem Projekt. Skepsis, was der Schritt ins Unbekannte aus dem familiären Miteinander machen würde.

Es ist eine anspruchsvolle Aufgabe, die Puzzleteile zum eigenen Ich in einer fremden Umgebung zusammenzusuchen. Moritz hat sie mit Bravour gemeistert. Seine Ablehnung hatte er schon in den ersten Tagen nach unserer Ankunft aufgegeben. Schnell hatte er begonnen, die Trümpfe seines offenen und neugierigen Wesens auszuspielen, hatte Kontakte geknüpft, sich auf die gemeinsame Entdeckungsreise voll und ganz eingelassen.

Seinen Frieden mit dem Gastjahr hatte er bereits gemacht, bevor er seine Freundin kennengelernt hatte. Wir sind stolz und glücklich über den erheblichen Schub, den Moritz' Entwicklung genommen hat. Dass er unsere elterliche Regeln mehr und mehr als viel zu enges Korsett empfindet und immer häufiger seine eigenen Wege geht, ist völlig normal. Das bessere Sich-Zurecht-Finden in einer fremden Umgebung ist die logische Folge seiner "Verschleppung". Also trauen wir dem Siebzehnjährigen auch zu, eine Sightseeingtour durch Berlin mit seiner Freundin zu gestalten. Der Flug der beiden soll über Stockholm in die deutsche Hauptstadt gehen. In der Millionenstadt will sich unser Küken, das bisher hauptsächlich in dörflichen Nestern unterwegs war, fast ganz alleine zurechtfinden.

Die gespannte Vorfreude des jungen Paars und die obligatorischen elterlichen Mahnungen sorgen beim Abschied am Flughafen dafür, dass für Abschiedsschmerz kaum Platz bleibt. Ohnehin scheinen bereits diverse weitere Pläne in der Pipeline der jugendlichen Gedanken zu reifen. Unangefochtener Spitzenreiter in der Hitparade der Träume ist momentan eine Reise der beiden nach Thailand - ausgerechnet über die Weihnachtsfeiertage. Wir geben zu bedenken, dass das Geld für einen solchen Urlaub nicht allein auf dem elterlichen Baum wachsen würde. In Erwiderung verweist Moritz auf die Jobs, mit denen er bereits in

Lappland etwas Geld verdienen konnte. Das haben wir nun vom offensiven Umgang mit unseren eigenen Flausen...

Nachdem wir uns davon überzeugt haben, dass der Berlintrip des Paares unkompliziert verläuft, konzentrieren wir uns auf die verbleibenden Aufgaben. Schweren Herzens müssen wir unser Schneemobil loswerden. Der Schlitten hatte wie die Faust aufs Auge zu uns gepasst. Da die nächste Eiszeit jedoch auf sich warten lässt und in Mitteleuropa nur eine Nutzung als Anschauungsobjekt in Frage käme, wäre alles andere als ein Verkauf grob unvernünftig.

Kurzzeitig überlegen wir, ob wir einen Verkauf über das Onlineportal "blocket.se" in die Wege leiten sollen. Unsere immer noch rudimentären Schwedischkenntnisse bremsen uns aus. Ein mit Fehlern gespickter Werbetext wäre vermutlich kontraproduktiv und die nachfolgenden telefonischen Verhandlungen mit nur schwedisch sprechenden Interessenten für uns ohne Moritz' Hilfe schwierig. Für den Weg über ein Annoncenblatt gelten die gleichen Bedenken. Als wir zufällig vom potentiellen Interesse eines Bekannten hören, heizen wir dessen Kaufinteresse an, indem wir ihm einen besonders guten Preis machen.

Nach kurzer Zeit werden wir handelseinig. Mit einem Verlust von rund 500 Euro - im Vergleich zum Preis, den wir zehn Monate zuvor bezahlt haben - wechselt der Skidoo den Besitzer. Wenn man bedenkt, dass man bei hiesigen Anbietern allein für eine Skootertagestour rund hundert Euro pro Person bezahlt, haben wir mit dem Kauf und Verkauf eines Schneemobils eindeutig die richtige Entscheidung getroffen.

Die nächste Aufgabe, die ansteht, fühlt sich an wie Fingernägel, die über die Schultafel gezogen werden. Wir müssen unsere heißgeliebte Hütte in ihren Ausgangszustand überführen. Bilder müssen abgehängt werden. Möbel, die wir umgestellt hatten, wandern wieder an ihren Ursprungsort. Unser Keramikwichtel, dessen Gesicht fast komplett von einer nach unten gerutschten roten Mütze und seinem weißen Bart verdeckt ist, hatte uns monatelang brav mit seinem Teelicht geleuchtet - jetzt teilt er sich mit einer Handvoll anderer persönlicher Gegenstände einen ungemütlichen und schmucklosen Transportkarton.

Das Abtakeln der Hütte fällt schwer. Mit jeder Kleinigkeit, die wir verschwinden lassen, schwingen wir eine Abrissbirne, die die Spuren unserer hiesigen Existenz grausam zertrümmert. Wir verdrängen die Gedanken an die Tatsache, dass die Hütte mit ihrer idyllischen Lage und der perfekten Größe für uns wie ein Sechser im Lotto, wie die Nadel im Heuhaufen gewesen war. Immerhin schaffen wir es, uns auf den letzten Drücker im Häuschen zu verewigen. Wir schenken unserem Vermieter Mikael zum Abschied ein Bild unserer Kleinfamilie, das uns dekorativ auf dem Gipfel eines Berges zeigt. Zu unserer Freude kündigt er an, es an die Wand zu hängen.

Den kleinen Tross an Bekannten, die wir in dem Jahr kennengelernt haben, laden wir zum Abschied zum Bowling ein. Team Deutschland gegen Schweden 1 und Schweden 2. Abwechselnd jubelt mal die eine, mal die andere Mannschaft über einen Strike. Nach den zahlreichen typisch lappländischen Freizeitvergnügungen, bei denen wir mehr oder weniger tapsig unterwegs gewesen waren, endlich mal ein Terrain, auf dem wir Nordland-Migranten mithalten können. Ähnlich selbstbewusst treten wir beim abendlichen Ausklang in der Kneipe auf. Im europäischen Vergleich des jährlichen Pro-Kopf-Konsums an Alkoholika führen wir Deutschen gegenüber Schweden deutlich. Da wir alle noch fahren müssen und die strikten schwedischen Promillegrenzen im Hinterkopf haben, deuten wir unser diesbezügliches Können jedoch lediglich an.

Nach langem Hin und Her beschließen wir, unsere Spike-bewehrten Winterreifen nicht zu verkaufen, sondern in Alttajärvi zu lagern. Wir rollen sie in die Nähe des Holzschuppens und decken sie sorgfältig mit einer Plane ab. Unser Vermieter hat uns die Erlaubnis dazu erteilt. In Deutschland hätten wir keine Verwendung für die Räder. Spikes sind auf deutschen Straßen ganzjährig verboten. Der Kauf der Reifen hatte zu Beginn des Jahres symbolischen Charakter. Wer ein lapplandtaugliches Auto mit Spikes fährt, kann nicht länger als Tourist gelten.

Es ist gut, wenn wenigstens eines unserer Besitztümer zurück bleibt. Die aufeinander gestapelten Reifen sind wie eine Statusmeldung an uns selbst. Sie sind die Zahnbürste, die wir in der Wohnung unserer neuen Liebe zurück lassen. Sie sind das Bindeglied, das ein Versprechen der Wiederkehr in sich trägt.

Nachdem alle Vorbereitungen zur Abreise getroffen sind, kommt unweigerlich die Stunde des Abschieds. Wir stehen früh auf, das Auto wartet beladen vor der Hütte. Vor exakt einem Jahr und sechs Tagen waren wir angekommen. Damals hatte uns ein herrliches Abendlicht empfangen. Am Tag unserer Abfahrt weint auch der Himmel - wie passend.

Ausgiebig mustern wir ein letztes Mal die Hütte, in der wir uns ein Jahr lang zu Hause gefühlt haben. Die Gefühlsmischung, die wir empfinden, ist schwer in ihre Bestandteile zu zerlegen. Vertrautheit, Wehmut und Widerwillen kommen in ihr vor. Aber auch eine riesengroße Portion Dankbarkeit für ein unglaublich spannendes Jahr, das praktisch all unsere Träume hat wahr werden lassen. Anke filmt, wie unser Auto abfährt, dann biegen wir auf die Hauptstraße ein und geben Gas. Minute um Minute wächst der Abstand zu unserem Lieblingsdorf in Lappland. So endet eines der schönsten Abenteuer unseres Lebens.

Ganze Bärenfamilien kommen zu Besuch.

Wenn man den Bärennachwuchs in natura sieht, versteht man, warum Kuscheltierhersteller eine Schwäche für Teddybären haben.

Was ist schöner? Das kleine zottelige Bärenjunge oder die Bärentatze, die bei Nässe wie ein riesiger Lakritz aussieht?

Wenn Gefahr droht, klettern die Bären blitzschnell in schwindelerregende Höhen.

Zu-ga-be! Zu-ga-be!

Wir haben in den zwölf Monaten sehr viel in Lappland erlebt. Nachdem wir nach Deutschland zurückgekehrt sind, scheint es dennoch einige "unerledigte" Dinge zu geben, die uns auf der Seele brennen. Wie Musiker, die die Bühne bereits verlassen haben, um kurz darauf festzustellen, dass sie vergessen haben, eines ihrer besten Stücke zu spielen. Immer wieder reden wir beispielsweise vom winterlichen Muddus. In der Abgeschiedenheit des Nationalparks hatten wir wunderschöne Sommererlebnisse.

Fabienne, die sich ebenfalls an regelmäßigen Nordlandrückfällen erfreut, infiziert uns erfolgreich mit der Idee, dort im März eine Skiwanderung zu machen. Der Muddus zählt kaum Besucher im Winter. Wir schwelgen gemeinsam mit ihr in der Vorstellung, dort auf Skiern unterwegs zu sein. Noch von Deutschland aus erkundigen wir uns, ob die schmale Straße zum Nationalpark in dieser Jahreszeit auch so weit vom Schnee geräumt ist, dass es möglich sein wird, sie mit dem Auto zu passieren.

Die Auskunft, die man uns erteilt, ermutigt uns. Ja, im Frühjahr seien dort schon Räumfahrzeuge unterwegs. Sobald wir das erfahren haben, können wir den Startschuss zur Tour kaum noch abwarten. Leider werden Fabiennes Pläne zur Teilnahme am Abenteuer auf den letzten Drücker durchkreuzt.

Endlich geht es los. Anke und ich reisen mit der Bahn bis nach Luleå, nehmen uns dort einen Mietwagen und legen so die letzten Kilometer zurück. Als wir nur noch eine halbe Stunde Autofahrt vom Muddus entfernt sind, zeigt das Display im Armaturenbrett Werte von minus zwanzig Grad Celcius an. An einer Gabelung, von der unsere Route als schmales Sträßchen im Wald weiterführt, treffen wir auf einen Bulldozer, der gerade dabei ist, die nicht unbeträchtlichen Schneemengen der letzten Tage von der Fahrbahn eines Wendeplatzes zu schieben. Als wir den Fahrer fragen, ob er sich gleich dem vor uns liegenden Abschnitt widmen wolle, schaut er uns prüfend an. Dort werde er gar nicht entlang fahren, antwortet er uns.

Konsterniert studiere ich den etwa fünfzehn cm hohen Neuschnee, der vor uns auf der sich verjüngenden Piste liegt. Umgehend bekümmert mich die Unbekümmertheit, mit der die Angestellte der hiesigen Touristinformation uns mit einer Falschaussage versorgt hatte. "Man hatte uns gesagt, dass die Zufahrt zum Muddus geräumt werde!" bringe ich zaghaft meinen Protest zum Ausdruck. Ich erhalte keine Antwort auf meine Bemerkung. Verständlich. Was soll der Diensthabende des Räumdienstes auch dazu sagen, wenn andere Leute Quatsch erzählen.

"Kommen wir da auch so mit unserem Wagen durch?" hake ich schließlich beim Mann auf dem Bulldozer nach. Sein Blick wandert langsam über unseren PKW, dessen Offroad-Eigenschaften eindeutig nicht vorhanden sind. "Nur auf eigenes Risiko. In den letzten Tagen war dort niemand unterwegs, es könnte auch Schneeverwehungen geben" spricht er schließlich das befürchtete Urteil.

Wir mögen das Abenteuer nicht aufgeben, bevor es überhaupt begonnen hat. Die Aussicht darauf, in einem völlig menschenleeren Waldgebiet bei loderndem Kaminfeuer in einer urigen Holzhütte zu sitzen und ab und zu durch ein Fenster den Blick über die tief verschneite Märchenlandschaft wandern zu lassen, ist zu verlockend. Um Tee oder Kaffee zu kochen, würden wir Schnee auf dem rustikalen Eisenofen schmelzen. Bei Dunkelheit würden wir die behagliche Wärme der Hütte einige Zeit aufgeben, um den Sternenhimmel auf Nordlichter zu untersuchen. Wir würden morgens erforschen, welche Tierspuren von trippelnder nächtlicher Aktivität um unser Nachtlager herum zeugen. Wir würden eine neue Dimension der Stille im ohnehin geräuscharmen Lappland entdecken - die winterlichen Wälder des hohen Norden sind ein Tempel der Lautlosigkeit.

Ich steige aus dem Wagen und erprobe den Untergrund der noch zu absolvierenden Strecke als Fußgänger. "Unter dem Neuschnee ist der Belag gut komprimiert!" rufe ich meiner Frau zu. Ihr Blick bleibt skeptisch. Meine Dickköpfigkeit siegt letztlich. Ich schlage Anke vor, zunächst einige Meter Testfahrt auf der Straße zu wagen. Im Bedarfsfall könnten wir abbrechen. Wenn es nicht vertrauenerweckend sei, würden wir eben wieder umkehren. Schließlich erklärt sich meine Begleiterin einverstanden.

Beherzt lenke ich den Caddy auf die Piste. Schon nach der ersten Kurve wird klar: Eine Wendemanöver und damit auch ein Umkehren ist auf der schmalen Straße praktisch unmöglich. Rechts und links von uns türmen sich Schneewälle auf, zudem fällt auf der rechten Seite das Gelände steil ab. Die Strecke ist rund elf Kilometer lang. Geht das die ganze Zeit so weiter? Krampfhaft halte ich das Lenkrad fest, während sich unser Wagen auf der immer mal wieder stark verengten Piste vorwärts quält. Da die Straße unaufhörlich leicht ansteigt, versuche ich, einen ausreichend schnellen Vorwärtsimpuls zu erhalten, um ein Steckenbleiben auf dem lockeren Untergrund zu vermeiden. Aus dem Stand heraus würde sich unser Auto an der Steigung wohl die Zähne ausbeißen. Im Geiste sehe ich vor mir, wie erst dessen Vorderräder und dann wir durchdrehen.

Aufgrund unserer flotten Fahrt kommen wir einige Male leicht ins Rutschen. Anke kommentiert dies mit schnalzenden Geräuschen und grummeligen Halbsätzen vom Beifahrersitz. Schließlich sitze sie an der Seite des Hanges.

Mich beschäftigt die Vorstellung eines entgegenkommenden Autos weitaus mehr. Eine Ausweichbucht ist nirgendwo zu entdecken, der Rückwärtsgang[11] ist wegen der mittlerweile beträchtlichen Länge der gefahrenen Strecke keine Option mehr und ein Stopp - wie schon erwähnt - riskant. Die Tatsache, dass die Schneedecke vor uns völlig unberührt ist, macht es zwar ziemlich unwahrscheinlich, dass wir motorisierte Gesellschaft bekommen werden, aber ein ungutes Gefühl bleibt.

---

11 Zu den Gefahren des Rückwärtsfahrens auf einer weißen Straße in einer weißen Landschaft siehe auch das Kapitel "Folgenschwerer Besuch beim Weihnachtsmann" in dem - räusper - absolut empfehlenswerten Buch *Kalter Schwede!*.

Die Fahrt zieht sich wie Kaugummi, qualvoll langsam verrinnen die Minuten, in denen wir ziemlich schweigsam mit unserer jeweiligen Lieblingsangst kämpfen. Endlich öffnet sich das Gelände und wir stellen erleichtert fest, dass wir den ersten Teil des Abenteuers schadlos überstanden haben. Vor uns liegt der Parkplatz, von dem aus wir starten wollen. Kein anderes Fahrzeug ist auszumachen. Somit ist die Chance ziemlich groß, dass wir in der riesigen, fünfhundert Quadratkilometer großen Weite des Muddus Nationalparks die einzigen Zweibeiner sein werden. Endlich kann man mal für sich sein.

Einige Minuten später versucht Anke erfolglos, die Bindungen ihrer Skier zu öffnen. Diese lagen die ganze Zeit im Heck des Autos, wo die doppelt zweistelligen Minusgrade eine nachhaltige Wirkung auf die Metallteile der Bretter entfaltet haben. Sie sind eingefroren und sollten in ihrem derzeitigen Zustand in "Trennungen" umbenannt werden.

Nach dem x-ten gescheiterten Versuch gefährden die immer lauter werdenden Flüche meiner Frau die Winteridylle des Muddus nachhaltig. Als Ausweg drängt sich nach einiger Überlegung der letzte warme Hauch der Zivilisation auf, der uns noch zur Verfügung steht. Wir lassen den Automotor an und nehmen die Skier noch einmal ins Wageninnere. Kurz darauf bläst die PKW-Heizung seine Luft auf das erstarrte Metall, das sich dann endlich bewegen lässt. Anschließend wischen wir die neuralgischen Stellen so trocken wie möglich, um ein schnelles Wiedergefrieren zu verhindern. Später erfahren wir, das andere Menschen für solche Fälle eine kleine Dosis Enteiser dabei haben.

Schließlich sind wir startklar. Oder doch nicht? Wo ist denn hier bitte der Weg geblieben? In der tief verschneiten Landschaft irren wir zunächst umher, ohne den Einstieg zu finden. Ich quäle mich durch eine wenige Meter breite Senke, wuchte mich nur unter erheblicher Kraftanstrengung wieder hinauf, dann endlich entdecke ich die ersten Markierungen. Anke folgt mir, dabei versinkt sie mehrmals hüfttief im Schnee und erklimmt dann atemlos den Absatz, auf dem ich warte. "Das fängt ja gut an!" tönt es neben mir. "Hoffentlich geht das nicht so weiter!"

Ihre Hoffnung erfüllt sich allenfalls teilweise. In der folgenden halben Stunde lauert uns das Terrain zwar nicht mehr mit solch schweißtreibenden Wellen auf, steigt aber unaufhörlich an. Es zeigt sich, dass wir bei der Planung der Tour zu blauäugig dem Optimismus unserer gemeinsamen Freundin Fabienne aufgesessen sind. Die war eigentlich Propagandistin an vorderster Front gewesen, als die Idee geboren wurde, eine winterliche Kopie einer unvergesslich schönen Sommerwanderung zu erstellen. Meine Bedenken, dass das Gelände für Skier möglicherweise eher mäßig geeignet sei, waren hauptsächlich von ihr beiseite gewischt worden. Schnell hatte sie in Anke eine Komplizin gefunden. Monatelang hatten das weibliche Duo sich das Abenteuer in leuchtenden Facetten ausgemalt.

Momentan leuchtet in erster Linie Ankes Gesicht, das vor Anstrengung mittlerweile puterrot ist. "Jetzt weiß ich, warum Fabienne nicht mehr mit wollte!" schimpft sie. "Hätte ich doch nicht auf sie gehört!"

Meine Frau leidet auch unter der Tatsache, dass ich über die klar bessere Ausrüstung verfüge. Einige Monate zuvor hatte ich mich über das Geschenk von Back Country Skiern freuen können, das Anke mir zum Geburtstag gemacht hatte. Ab diesem Zeitpunkt war auch ich überzeugt von der Tour im Muddus. Im Vergleich zur konventionellen Variante, die für das Fahren in der Loipe gedacht ist, ist ein Back Country Ski deutlich breiter und griffiger. Dadurch sinkt man zum einen weniger leicht ein und findet zum anderen besseren Halt, wenn es bergauf geht.

Die Fortbewegungsbilanz meiner Frau reduziert sich im Nettoeffekt an rutschigen Passagen durch unfreiwilliges Zurückgleiten immer mal wieder auf die Hälfte ihres Einsatzes. Das knabbert auch an der mentalen Substanz. Durch den unablässigen Kampf mit der Bodenhaftung nimmt ihre Erschöpfung schnell zu. Mit einem Puls von 130 kann sie längst nicht mehr die Landschaft genießen. Nach und nach kippt Ankes Stimmung. Die arktische Kälte und die Einsamkeit tragen ihren Teil dazu bei.

In der Vorstellung, dass Essen auch in unserer gegenwärtigen Lage genug Kitt produziert, um Leib und Seele zusammenzuhalten, frischen wir auf einer Rast unsere Energiereserven auf. Tatsächlich kehrt dadurch etwas Zuversicht in uns zurück.

Der Effekt ist allerdings nur von kurzer Dauer. Das Gelände, das zwischenzeitlich abgeflacht war und das Vorankommen erleichtert hatte, leidet plötzlich an heftigerem Wellengang als je zuvor. Unablässig müssen wir steil hinauf oder hinab.

Wie schwer es unter diesen Bedingungen ist, den aufrechten Gang beizubehalten, auf den unsere Spezies seit Jahrtausenden stolz ist, beweist Anke. In einer Slapstick-Einlage, die jedem Zeichentrickfilm zur Ehre gereichte, verliert sie den Halt und katapultiert sich wie ein gefällter Baum vornüber. Ihr Gesicht verschwindet weitgehend ungebremst im Schnee. Als sie aufsteht, sind selbst ihre Augenbrauen weiß. Auch hinter ihren Brillengläsern klebt Schnee.

So wie meine Partnerin mit der plötzlich schneeverblindeten Brille aussieht, würde man meinen, dass der stets etwas döschig dreinblickende Bauer aus "Shaun das Schaf" nun endlich in Anke die passende Partnerin finden könnte. Ich kann mich gerade noch beherrschen und lache nicht lauthals los. Immerhin könnte sich meine Mitstreiterin weh getan haben.

Als ich mich nach ihrem Befinden erkundige, wird die Frage nach Schmerzen prompt bejaht. Verletzungen werden glücklicherweise verneint. Mühsam rappelt sich meine Frau auf. "Wir sind hier mit unserer Ausrüstung total fehl am Platz!" klagt sie. Für die Richtigkeit ihrer Aussage spricht einiges. Obwohl wir schon seit zwei Stunden unterwegs sind, haben wir noch keine einzige Skispur entdeckt. Vereinzelt haben wir halb verwischte, einige Tage alte Abdrücke von Schneeschuhgängern entdeckt.

Uns schwant, dass man im winterlichen Muddus mit Schneeschuhen deutlich besser aufgestellt ist. Ein Blick auf mein GPS beschädigt die bereits an mehreren Enden zerfledderte Moral weiter. Uns trennen nur etwas über drei km von unserem Ausgangspunkt. Wir haben die Schwierigkeiten in dem Gelände völlig unterschätzt. In der tief verschneiten Landschaft verläuft meist nur ein etwa dreißig Zentimeter breiter Track, der begehbar ist. Da es reichlich geschneit hat und der Schnee in die zahllosen kleinen daneben liegenden Löcher verweht worden ist, ist der Weg nicht von ihnen zu unterscheiden. Man erkennt ein Loch oft erst, wenn man in ihm versinkt.

Es ist, als ob wir versuchen, eine Art Seiltanz mit untergeschnallten Skiern zu absolvieren. Erschwerend kommt dazu, dass die Untiefen links und rechts der schmalen Pfade einen Stockeinsatz kaum möglich machen. Die Stöcke versinken gleich so weit im Schnee, dass sie uns eher aus der Balance bringen statt Halt zu geben. Die Buckelpiste windet sich unablässig um irgendwelche Bäume und Sträucher. Ständig bleiben wir mit unseren Skiern oder den Stöcken hängen, wenn eine besonders enge Schleife um die Slalomstangen fällig ist. Dadurch ist es auch oft unmöglich, die Skier bei Anstiegen zu einem ausreichend breiten V zu öffnen, um das Rückwärtsgleiten zu verhindern.

Von unserer jetzigen Position sind es bis zur ersten Schutzhütte weitere fünf Kilometer und es geht bis dahin noch hundert Höhenmeter hinauf. Mit den vielen Miniatur-Tälern kommen wir wahrscheinlich auf das Doppelte des vom GPS errechneten Anstiegs.

Wir überqueren erneut einen kleinen Graben, dann windet sich der Weg mehrere Meter steil nach oben. Dort fällt mir die Rolle zu, unfreiwillig an das eigene Krabbelalter zu erinnern. Beim Versuch, den kleinen Hügel zu meistern, rutsche ich ab und versinke mit einem Bein bis zur Hüfte im Schnee. Auf allen Vieren suche ich nach Halt, zunächst jedoch vergeblich. Mal bohrt sich einer meiner Arme, mal eines meiner Beine bis zum Rumpf in den Schnee. Nach etlichen vergeblichen Versuchen, den tief unter der Schneedecke verhakten Ski wieder zu befreien, riskiere ich es zu guter Letzt sogar, ihn abzuschnallen. Mit beiden Armen führe ich dann eine Tiefschneebohrung durch, die den Ski wieder zu Tage fördert. In einer kurz aufkommenden Angst frage ich mich dabei, was ich mache, wenn die Bindung sich nicht wieder schließen lässt. Glücklicherweise gelingt es mir, den Stiefel am Ski zu befestigen.

Mein minutenlanges Gestrampel im Tiefschnee gibt unserer Stimmung den Rest. Unsere Formkurve zeigt schon jetzt - nach weniger als der Hälfte der Strecke - nach unten. Das Tageslicht wird bereits weniger, die Temperatur pendelt immer noch zwischen schweine- und arschkalt und - pessimistisch gerechnet - müssen wir mit weiteren drei bis vier Stunden zermürbenden Kampfes rechnen.

Schlagzeilen formen sich immer deutlicher in unseren Köpfen: "Deutsches Paar in Lappland vermisst - sind sie ein Opfer der eisigen Kälte geworden?"; "Traurige Gewissheit: Skiwanderer aus Niedersachsen zahlen für ihre Naivität mit dem Leben". Bevor die Meldungen gedruckt werden müssen, beschließen wir die Kapitulation.

Mit dieser Entscheidung tue ich mich ziemlich schwer. Ich hasse es, aufzugeben. Auch wenn es eindeutig richtig ist, muss ich meinen inneren Philosophen während des ganzen Rückwegs wiederholt zum Nachhilfeunterricht verdonnern. Ich füttere ihn mit den üblichen Weisheiten: "Scheitern ist Teil unseres Lebens. Es ist gut, seine eigenen Grenzen zu kennen. Im Endeffekt sind die schlechten Erfahrungen die, aus denen wir am meisten lernen." Ein schales Gefühl bleibt trotz der Vorträge, die ich mir selbst halte.

Ein Gutes hat unsere frühe Rückkehr. Das Auto springt noch an. Die Frage, ob seine Batterie nach fünf Tagen Kälte noch genug Saft gehabt hätte, hatte uns zuvor beschäftigt. Die nächsten Tage verbringen wir kurz entschlossen in vergleichsweise zivilisierten Skigebieten Finnisch-Lapplands. Ein Alternativprogramm zur gescheiterten Muddus-Expedition zu ersinnen, bereitet wenig Mühe. Im weitläufigen Norden gibt es noch sehr viele Ecken, die für uns Neuland sind. Nachdem wir einige landschaftliche Bonbons für uns entdeckt haben, lässt sich der Ruf unserer deutschen Heimat und seiner Pflichten irgendwann nicht mehr überhören.

Da unser Traum vom winterlichen Muddus so krachend gescheitert ist, stacheln wir uns wenige Wochen danach gegenseitig fürs nächste Abenteuer an. Die unvergesslichen Momente, in denen wir Bären aus nächster Nähe beobachten konnten, elektrisieren uns, sobald wir sie aus dem Gedächtnis hervorkramen. Mittlerweile haben wir von der Existenz eines Ortes gehört, an dem die Bärendichte so hoch ist, dass selbst die Beobachtung wenige Monate alter Braunbären garantiert sei.

Tapsige Fellknäuel, die verspielt um ihre Mutter herum wuseln? Das müssen wir uns anschauen! Es ist Juni, als wir aufbrechen. Der Beobachtungsposten, den wir ansteuern, liegt etwa hundert Kilometer nördlich von dem Gebiet, in dem wir uns das erste Mal Meister Petz genähert hatten. Auch dieser Ort befindet sich in der Nähe der finnisch-russischen Grenze.

Die Gepflogenheiten bei der dortigen Bärenpirsch erstaunen uns von Anfang an. Wir hatten gelernt, dass jeder nächtliche Spähtrupp absolut still und unsichtbar bleiben müsse, damit die wilden Tiere die Traute haben, sich den menschlichen Verstecken zu nähern. Anscheinend ist dieses Verhalten gegenüber dem Ursus nicht überall Usus. Schon auf dem Weg zum Unterstand schwatzen die anderen Gäste und auch die Guides munter drauf los und bemühen sich dabei nicht einmal um einen leisen Tonfall. Irritiert frage ich unseren persönlichen Bärenbeauftragten: "Sind wir nicht zu laut und verscheuchen die Tiere?" Der schaut mich schmunzelnd an und versichert: "Keine Angst, Ihr werdet reichlich Bären sehen!"

In der Tat. Wir erreichen das Gelände, auf dem das tierische Spektakel stattfinden soll. Der Boden des Areals ist mit Felsen gesprenkelt, die Bäume erreichen schwindelerregende Höhen, ihre Wipfel schwanken leicht im Wind. Ich lasse meine Blicke über den stimmungsvollen Ort schweifen, als meine Augen an einigen braunen Farbtupfern hängenbleiben. Plötzlich sehe ich, dass sie sich bewegen. Mir klappt der Mund auf. Kaum fünfzig Meter von uns entfernt tummelt sich eine Handvoll pelziger Kolosse.

Ich kämpfe mit der Regelmäßigkeit meiner Atmung. Ich bin völlig perplex, dass auch der direkte Sichtkontakt mit den Raubtieren im hiesigen Verhaltenskodex offenbar kein Problem darstellt. Wenigstens scheint die Regel zu gelten, dass man nicht versuchen sollte, die Bären zu streicheln. In respektvollem Abstand und langsamen Bewegungen bringt man uns Schaulustige zu den jeweiligen Verschlägen. Das bärenstarke Empfangskomitee mustert die für sie in der Saison alltägliche Prozession routiniert. "Ach, die schon wieder!" scheinen die Tiere zu denken.

Anke und ich werden in einer geräumigen Hütte untergebracht, in der bis zu sechzehn Personen übernachten können. Zunächst waren wir bei der Buchung enttäuscht gewesen, weil wir lieber einen Zwei-Personen-Unterstand ausgesucht hätten, aber die kleinen Verschläge waren schon alle vergeben. Als wir erfahren, dass wir in dieser Nacht - abgesehen vom Guide - als Einzige in dem Häuschen schlafen, sind wir gleich besänftigt. Außerdem wird klar, dass wir einen exzellenten Ausblick auf das kleine Waldstück haben, in dem sich die Bären tummeln. Unsere Laune wird noch besser und am Ende werden wir mit dem Schicksal dieser Nacht hochzufrieden sein. Das wird auch an den Berichten der Leute liegen, die in den kleinen Hides ausgeharrt haben. Aber dazu später.

Wir haben kaum unsere Rucksäcke abgestellt und unsere Plätze in der Hütte eingenommen, als es draußen schon wieder tierisch abgeht. Eine neue Gruppe von Bären ist eingetroffen und stöbert vor unseren Augen nach versteckten Leckereien. Wie alle Veranstalter, die sich eine verlässliche Publikumsgröße für Tierbeobachtungen erarbeitet haben, baut auch das hiesige Konzept auf ausgelegte Köder. Petzi und seine Freunde müssen sich ihre Leckerbissen erarbeiten. Fleisch ist beispielsweise in Spalten unter Findlingen versteckt. Ihre extrem sensiblen Nasen führen sie zu den richtigen Stellen.

Für die Bären ist das ein Leichtes, für uns Menschen wäre es eine unlösbare Aufgabe. Das liegt nicht nur an unserer "Hochnäsigkeit". Der aufrechte Gang des Homo sapiens hat dazu geführt, dass sich unsere Zinken in sehr weiter Entfernung zum Erdboden befinden, die resultierende Distanz erschwert das Erschnuppern von Geruchsspuren beträchtlich. Aber selbst wenn uns Nasen auf den Fußrücken wüchsen, blieben wir deutlich im Nachteil - und zwar nicht nur ästhetisch. Der Mensch hat nur fünf bis zehn Millionen Riechzellen im Gehirn, die die Sinneseindrücke verarbeiten. Hunde beispielsweise verfügen über bis zu 300 Millionen Riechzellen und benutzen bis zu zehn Prozent ihrer Hirnkapazität für die Verarbeitung von Geruchsinformationen. Die Leistungen der Bärennasen sind spektakulär, ihre Fähigkeiten als Schnüffler soll die von Hunden noch einmal um das Mehrfache übersteigen.

Dennoch gibt es Menschen, denen es schwer fällt, die Unterlegenheit der menschlichen Nasen anzuerkennen. Das zeigen Publikationen der kalifornischen Berkeley-Universität. Dort gab es Forschungsanstrengungen, die angeblich belegen, dass auch der humane Riechkolben zu Orientierungszwecken eingesetzt werden kann. Man hatte Probanden eine zehn Meter lange Schokoladenduftspur im Gras verfolgen lassen. Dazu hatte man ihnen die Augen verbunden, ihnen Handschuhe angezogen und Kopfhörer aufgesetzt. Rund siebzig Prozent der Testpersonen hatte das Ziel erreicht.

Zehn Meter! Die ganze Versuchsanordnung wirkt so, als würde man Menschen in fünf Kilometer Höhe ohne Fallschirm aus dem Flugzeug werfen, um dann hinterher zu behaupten, dass auch der Homo sapiens fliegen kann, weil sich die Probanden bis zum Aufprall anderthalb Minuten in der Luft halten konnten. Es ist lächerlich, Menschen in olfaktorischer Hinsicht Talente zusprechen zu wollen. Elefanten riechen das für uns geruchsneutrale Wasser auf mehrere Kilometer Entfernung, Eisbären wittern Walkadaver aus bis zu dreißig Kilometern.

Während wir die "Spürbären" gebannt beobachten, erklärt unser Eventkommentator, dass einige Baumstämme in größerer Höhe mit Honig bestrichen sind. Das soll zu Kletterpartien animieren, die wiederum eine perfekte Vorlage für Schnappschüsse ergäben. Das Buffet am Erdboden scheint aktuell jedoch so reichhaltig gedeckt, dass kein Mitglied des derzeitigen Ensembles sich einer solchen Mühe unterzieht.

Aber auch von den Bodenturnübungen der Truppe sind wir fasziniert. Nie zuvor haben wir so viele Bären auf einmal gesehen, aktuell ist ein halbes Dutzend auszumachen. Prinzipiell sind die Tiere überzeugte Einzelgänger, die ihr Eremitendasein nur zu Zwecken der Paarung und bei der Betreuung des Nachwuchs aufgeben. Das "All you can eat" in dem Waldstück muss so verlockende Düfte verströmen, dass die Bären bereit sind, das Nebeneinander im Ballungsgebiet zu ertragen.

Kleine Scharmützel sind eine Folge der hohen Bärendichte. Hin und wieder überschreitet ein Bär die unsichtbare Linie, die zwischen ihm und seinen Artgenossen gezogen ist. Dann nimmt die Action auf der Waldbühne sofort zu. Einmal galoppiert ein flüchtiger Bär wenige Meter an unserem Versteck vorbei. Das Beben der Erde unter seinen mächtigen Sätzen ist bis in die Hütte zu spüren. Überwiegend reichen jedoch Drohgebärden, um die Rangordnung zwischen den Streitbären zu klären.

Das Erscheinen und Wiederverschwinden der Tiere verläuft in Wellen. Nachdem es einmal längere Zeit ruhig ist, kommt der Moment, von dem wir im Vorfeld geträumt haben. Eine Bärin betritt mit ihrem wenige Monate alten Nachwuchs das Areal. Gemessenen Schrittes nähert sie sich, während drei flauschig aussehende Tolpatsche tapsig um sie herumturnen. Mit leuchtenden Augen verfolgen wir die Ereignisse. Anke lässt die Hand nicht mehr von der Kamera. Die Szenen sind eine Inspiration für jeden Zeichentrickfilmer. Mal stecken die Winzlinge ihre Schnauzen in Spalten, so dass nur noch das Hinterteil und der Schwanz zu sehen sind, mal purzeln sie fast vom Felsen, mal balgen sie miteinander.

Allmählich lernen wir, uns im Bärenkindergarten zurechtzufinden. Eines der Raubtiere im Miniaturformat trägt einen weißlichen Schulterkragen. Seine zwei Geschwister sind fast komplett braun, eines ist jedoch etwas größer als das andere und hat zudem ein etwas gräulich meliertes Gesichtsfell. Da die Truppe innerhalb der nächsten Stunden immer wieder auftaucht, gelingen uns kleine Charakterstudien. Ein Junges hängt seiner Mutter förmlich am Fellzipfel. Kaum einmal weicht es dem mütterlichen Pelzberg von der Seite. Unaufhörlich ahmt es Mama Bär nach. Es unterbricht seine Mimikry nur, wenn es in kurzen Intervallen seine Nase hebt, um nach geruchlichen Neuigkeiten zu wittern.

Ein Geschwisterbärchen ist das Mutigste unter den Dreien. Unbekümmert entfernt es sich etliche Male vom Rest der Familie und stöbert auf eigene Tatze in einem Gebüsch oder unter einem Felsen. So eklatant unterschiedlich sind die Verhaltensweisen, dass wir bald nur noch vom "Angsthasen" und vom "Draufgänger" sprechen.

Gelegentlich brauchen wir etwas Zeit, um die Ereignisse zu verstehen. Wieder einmal herrscht rege Betriebsamkeit vor unserer Hütte. Es tummeln sich sechs oder sieben Bären in Sichtweite. Alle Mitglieder der derzeitigen Aufführung scheinen sehr entspannt. Ein junger Bär wälzt sich gerade auf dem Rücken und reckt seine Tatzen verspielt und äußerst fotogen himmelwärts, da ändert sich die Atmosphäre schlagartig. Wie auf ein Kommando schrecken alle Tiere auf und verharren in einer Hab-Acht-Stellung. Alles schaut in Richtung der Büsche, die links von unserer Hütte liegen. Irgendetwas scheint dort zu sein. Einige Sekunden verharren die Schockgefrorenen, dann geht alles blitzschnell. Einige Bären preschen wie von der Tarantel gestochen davon, der Rest klettert in atemberaubender Geschwindigkeit die Bäume hinauf. Verblüfft schauen wir ihnen nach. Warum heißt es eigentlich immer *Affentempo*? Wir können uns kaum vorstellen, dass ein Affe schneller den Baum hochgekommen wäre.

In schwindelerregender Höhe von über fünfzehn Metern klammern sich die Bären jetzt am Stamm fest. Die Absprache unter den Flüchtigen lässt dabei zu wünschen übrig. An einem der Bäume kleben drei Bären. Immer wenn der Unterste seinen Sicherheitsabstand zum Erdboden vergrößern will, bringt er damit eine vertikale Kettenreaktion in Gang. Irgendwann sitzt der oberste Bär auf einem wipfelnahen, dünnen Ästchen, das auf uns ziemlich zerbrechlich wirkt. Glücklicherweise ist das leicht schwankende Stammesoberhaupt ein eher schmächtiges Tier.

Bei der Flucht nach oben sind auch die Mutter und ihre drei Jungen mit von der Partie. Erwartungsgemäß übertrifft die Höhe, die Angsthase erklommen hat, die aller anderen Tiere. Während wir noch grübeln, was die Ursache für den Höhenrausch der Bären ist, schiebt sich die Erklärung ins Blickfeld. Ein mächtiges Männchen taucht auf und untermalt mit jedem donnernden Schritt seine eindeutige Botschaft: "Ich bin hier der Chef!"

Gemächlich stöbert der Koloss in den nächsten Minuten nach Essbarem. Immer wenn er unter einem "Bären-Baum" vorbeikommt, klettern seine Artgenossen noch ein wenig höher. Insbesondere der Nachwuchs hat guten Grund dazu. Männliche Bären töten - wenn sie Gelegenheit dazu bekommen - durchaus die eigenen Artgenossen. Erst wenn ein Weibchen die Ausbildung ihrer Jungen beendet hat, ist sie bereit zur nächsten Paarung. Mit dem Tod ihrer Kinder endete sowohl der Erziehungsauftrag für Mama Bär wie auch ihr Keuschheitsgelübde. Ein Win-Situation für den skrupellosen Bärenmann, der nur seine eigene Samenspende im Sinn hat.

Tatsächlich sind die Weibchen wohl nach dem Verlust der Sprösslinge kaum wählerisch und lassen sich auch auf eine Paarung mit dem Mörder der eigenen Jungen ein. In der Wildnis ergibt dieses Verhalten biologisch Sinn. Männliche Braunbären lassen den eigenen Nachwuchs in der Regel ungeschoren davonkommen. Da die Männchen den Geruch der eigenen Ex-Gespielin in der Nase behalten, meucheln sie dann auch nicht die eigenen Gene, die die Kinder in sich tragen.

Im Wissen um die Gewaltbereitschaft von Ursus maximus, der diesen Teil seines Reviers etwa eine Viertelstunde lang besetzt hält, sind wir froh, dass die kleinen Teddys so gut klettern können. Reicht ja, wenn man tagtäglich blutige Menschentaten in den Nachrichten ertragen muss.

Als der Imperator sich endlich trollt, klettert ein Bär nach dem anderen wieder nach unten. Kaltblütig wie er ist, macht sich der kleine Draufgänger aus unserer Lieblingsbärenfamilie weit vor einigen älteren

Artgenossen an den Abstieg. Am Boden trifft er auf seine Mutter. Auch eines seiner Geschwisterchen gesellt sich nach kurzer Zeit zu ihnen. Zu dritt schnuppern sie noch ein bisschen umher und scheinen nicht zu merken, dass noch ein Familienmitglied fehlt, als sie wenig später in den Büschen verschwinden. Doof, das Bären nicht zählen können.

Mit bedrückter Miene schaue ich meine Frau an. Am liebsten riefen wir "Halt, ihr habt einen vergessen!", aber das wäre natürlich Quatsch. Finnische Bären können schließlich kein Deutsch. Derweil sitzt Angsthase immer noch weit oben im Baum, hat sich keinen einzigen Meter nach unten getraut. Nicht nur seine Familie, sämtlich anderen Bären sind verschwunden. Ab und an gibt er ein paar klägliche Wimmerlaute von sich. Offensichtlich hat er mittlerweile bemerkt, dass er ganz allein ist.

Zumindest hat das Kerlchen Ausdauer. Mehr als zwei geschlagene Stunden lang hockt er hoch oben auf dem Baum. Mal wagt er sich einige Meter nach unten, nur um beim kleinsten Geräusch Angst vor der eigenen Courage zu bekommen und dann wieselflink wieder nach oben zu klettern.

Wir sind längst der Meinung, dass wir es mit einer klaren Verletzung der elterlichen Aufsichtspflicht zu tun haben, als seine Mutter endlich wieder auftaucht. Aber selbst als sich seine eigene Familie direkt unter dem Baum aufhält, auf dem er zittrig wie Espenlaub verharrt, kommt er noch nicht herunter. Misstrauisch beäugt er die Vorgänge am Boden und bleibt in der Krone des Baumes sitzen. Ich stöhne leise auf. Feige und begriffsstutzig! Auch Anke schwankt zwischen Mitleid und Ungeduld. Wie kann man der Memme bloß klar machen, dass sie kurz davor ist, ihre soziale Isolation zu verlängern.

Es braucht eine gefühlte Ewigkeit, bis sich Angsthasenbär endlich nach unten wagt. Dort angekommen, lässt er sich minutenlang erst einmal richtig gehen und überzieht seine Mutter ausdauernd mit Klagelauten, durch die er anscheinend seine emotionale Verwahrlosung in den letzten Stunden zum Ausdruck bringen möchte.

Zunächst lässt seine Beschützerin die Wimmerarie ungerührt über sich ergehen, dann erreicht der Jammerlappen das, was er offenbar die ganze Zeit im Schilde führte. Die Bärin legt sich auf den Rücken und erklärt die mütterliche Milchbar für eröffnet. Wir sind entzückt über den unerwarteten Programmpunkt. Andächtig schauen wir zu, wie ihre Kinder genüsslich an den Zitzen saugen und sind dankbar, das wir Zeugen dieser intimen Familienmomente werden dürfen. Das einzig Bedauernswerte ist, dass die Mitternachtsdämmerung schon eingesetzt hat und qualitativ gute Bilder nicht mehr möglich sind.

Das Motto "Nur gucken, nicht knipsen!" gilt dann auch für den Rest der Nacht. Dennoch wächst unsere Zufriedenheit über unseren Observierungsstand am nächsten Morgen retrospektiv an. Mit Maik, einem anderen Deutschen, der sich - im Gegensatz zu uns - in einem der kleinen Verschläge auf die Lauer legen durfte, tauschen wir unsere Erfahrungen aus.

Maik hatte bei schwindendem Tageslicht schlechtere Sicht auf die Ereignisse, da die kleinen Hütten durch umstehenden Bewuchs früher in die Dunkelheit getaucht wurden. Unser Ausguck war etwas erhöht gewesen. Außerdem beklagt unser Landsmann die mangelnde Scheu einiger Bären. Schon als er zu dem Unterstand gebracht wurde, hatte man ihn informiert, dass manche Tiere sich sehr nah heranwagen. Für diesen Fall hatte man ihm geraten, laut vernehmlich an die Decke der nur etwa drei mal zwei Meter großen Bretterbude zu klopfen, um zu aufdringliche Bären zu verscheuchen.

Das sei nach seiner Schilderung mehrfach notwendig geworden. Bären seien ihm so nahe gekommen, dass er sie fast hätte berühren können. Wir machen große Augen. Auch wenn wir - beim anderen Veranstalter - schon in einem solch kleinen "Hide" gesessen haben: Eine Tuchfühlung mit den Bären, die ein so detailliertes Studium ihrer Krallen erlaubt, hätte eine ruhige Hand an der Kamera in keinster Weise gefördert.

Der Bericht eines anderen Teilnehmers verstärkt unseren Grusel. Das kleine bohnengefüllte Kissen, auf dem er seine Kamera abgelegt hatte, sei plötzlich verschwunden gewesen. Es war von einem neugierigen Bären gegriffen worden, als er geschlafen habe. Diese Episode verstärkt das Kopfschütteln bei Maik. Derart distanzlose Bären sprächen gegen das Konzept dieses Anbieters. Bei einigen Tieren gehe offensichtlich die Scheu gegenüber den Menschen verloren.

Letztlich müssen wir ihm beipflichten. Auch der kalorische Overkill, der unter anderem verstreutes Hundefutter beinhaltet, ist für Bären eine Art Ernährungspornographie, deren Verlockungen sie nicht widerstehen können. Die hervorragende Fotomotivlage und die faszinierenden Einblicke in das Miteinander der Bären haben wir ein Stück weit mit dem Verlust des Wildnisgefühls bezahlt. Atmosphärische Zutaten wie Stille, eigene Unsichtbarkeit und Heimlichkeit der Näherung überzeugen in den Konzepten anderer Veranstalter mehr. Sie fühlen sich behutsamer und respektvoller an, auch wenn die Zahl der Bären, die dort zu beobachten sind, am Ende geringer ist.

Uns spornen solche Erfahrungen und Überlegungen immer wieder an, nach neuen Erlebnissen und Orten der Begegnung Ausschau zu halten. Im Anschluss an das Bärenspotting verbringen wir einige Tage auf einem wunderschönen Campingplatz in Nordfinnland, der Schwerpunkt unserer Aktivitäten liegt dabei auf stundenlangem Schaukeln in der Hängematte, Saunagängen, Baden im See und Lesen. Unweigerlich kommt es bei derartigen Gelegenheiten zum Austausch mit Gleichgesinnten, was oft - ebenso unweigerlich - zur groben gedanklichen Skizze eines nächsten Events führt. Uns kitzelt beispielsweise die Idee, es noch einmal auf Schneeschuhen mit dem winterlichen Muddus aufzunehmen. Das könnte funktionieren! Andererseits sollen Schneeschuhwanderungen auch sehr schweißtreibend sein...

Kleine Fluchten aus der Atemlosigkeit unserer Zeit

Es gibt keine einzige, einfache Antwort auf die komplexen Fragen unseres Daseins. Auch nach der Lektüre von Douglas Adams' "Per Anhalter durch die Galaxis" war ich skeptisch: Kann die Antwort auf die Frage nach dem Sinn des Lebens wirklich "Zweiundvierzig" lauten?[12]

Schon im Vorfeld unseres Gastjahres hatten wir nicht damit gerechnet, in Lappland ein Allheilmittel für die zahlreichen Krankheiten unserer Zivilisation zu entdecken. Auch das einsame Nordschweden ist den Prozessen der gut vernetzten, globalisierten Moderne unterworfen.

Für uns persönlich hat der Aufenthalt in einer der spannendsten Landschaften Europas jedoch einen großen Tiegel Seelenbalsam bereit gehalten. Wir hatten so wunderbar viel von der kostbarsten Währung dieses Planeten zur Verfügung: Zeit.

Bereits einige Monate nach unserer Rückkehr in die deutsche Heimat zeigt sich, dass dieser Prozess der Entschleunigung sehr schnell umkehrbar ist. In meinem Arbeitsalltag als Klinikarzt empfinde ich schon einen vom Läuten des Mobiltelefons ungestörten Gang aufs Klo oder eine ununterbrochene Mittagspause von zwanzig Minuten als Luxus. Je mehr zeitsparende Technologien wir uns aneignen, desto weniger Zeit scheinen wir zu haben. Die grauen Männer, die die Zeit stehlen, waren noch nie so mächtig.

In meiner persönlichen Reaktion auf dieses Dilemma bin ich ein Ausbruchskönig. Meine Fluchten aus dem System, die mir mein Dasein als Teilzeitarzt erlaubt, sind zweifelsohne egoistisch und damit manchem Kollegen ein Dorn im Auge. Der Omnipotenzgedanke ist unter

12 In den "fünf Büchern seiner Science-Fiction-Trilogie" behauptet der urkomische Douglas Adams die Erde sei in Wahrheit ein komplizierter Computer, der im Auftrag von Außerirdischen den Sinn des Lebens ermitteln soll. Als "der Computer" endlich die Antwort auf die Frage gibt, lautet sie allerdings "Zweiundvierzig".

Medizinern immer noch ähnlich stark verbreitet wie die Überzeugung, man müsse sein *ganzes* Leben *ausschließlich* dem Wohl anderer widmen.

In diesem Punkt werde ich wohl ein Leben lang auf der Oppositionsbank sitzen bleiben. Wenn man eine Vollzeitstelle in der Klinik hat, summiert sich die Arbeitsbelastung durch Überstunden und Bereitschaftsdienste oft auf sechzig Stunden pro Woche. Man hat an mindestens zwei Wochenenden im Monat Dienst und wird regelmäßig nachts aus dem Bett geklingelt. Ich kann hart im Nehmen sein, aber nach solchen Wochen ist nicht mehr viel Lebendiges in mir übrig. Ein bisschen darf das Geschenk des eigenen Lebens auch einem selbst gehören. In einem Film des serbischen Regisseurs Emir Kusturica behauptet einer seiner Protagonisten: "Es gibt keine größere Sünde als die, nicht zu versuchen, glücklich zu sein."

Der Glaube an dieses Gebot fällt allen drei Angehörigen unserer Familie nicht schwer. Daher hatten wir schon auf unserer Heimfahrt nach Deutschland die Rückkehr nach Alttajärvi beschlossen. Etwa sechs Monate später ist es soweit. Auf der Anreise, die wir angesichts der noch winterlichen Jahreszeit (es ist März) mit unserem polarkreisgeübten Caddy bestreiten, überbieten wir einander mit der Vorfreude auf "unsere" Hütte. Auf Nachfrage hatte uns Mikael uns wissen lassen, dass wir die Stuga wieder zwei Wochen lang in Beschlag nehmen dürfen.

Für Moritz gibt es ein sehr triftiges Argument, sich auf Lappland zu freuen. Die Fernbeziehung mit seiner Freundin hat dank einer Stippvisite der jungen Dame in Deutschland und aufgrund eines gemeinsamen Urlaubs der beiden in Thailand die Zeit überdauert. Für eine Partnerschaft in ihrem Alter lauern Gefahren an jeder Ecke des Schulgeländes und des Samstagabends. Ein vierzehntägiger Auffrischungskurs in Sachen Beziehungspflege kann jedenfalls definitiv nicht schaden.

Wir würzen unseren Aufenthalt mit allen Zutaten, die wir aus dem uns bestens bekannten Rezeptbuch für einen spannenden Lapplandaufenthalt kennen. Wir mieten einen Skooter, fahren Langlaufski, besuchen das Eishotel, machen eine Hundeschlittentour, bestaunen Nordlichter, fahren in die Bergwelt Nikkaluoktas.

Einerseits genießen wir unsere Aktivitäten. Andererseits versetzen uns in regelmäßigen Abständen kleine Beobachtungen einen Stich. Beispielsweise stehen in Mikaels Hütte einzelne Möbel anders. Emotional macht das einen fundamentalen Unterschied. Wir haben uns in der Hütte ein Jahr lang heimisch gefühlt, unzählige schöne und einzigartige Erinnerungen verknüpfen sich mit ihr. Jetzt zeigen uns die minimalen Veränderungen, dass sich unser Status grundlegend geändert hat. Wir sind hier nur noch Gäste.

Dieses Gefühl wird auch durch die Tatsache unterstrichen, dass wir keinen Skooter mehr haben. Das vor dem Haus geparkte Schneemobil hatte unsere Zugehörigkeit bekräftigt. Eine Familie in Lappland ohne eigenen Skooter ist wie Yin ohne Yang, wie Tim ohne Struppi. Es fehlt etwas. Der Skooter hatte nicht nur zum Grundstücksbild gehört, er war ein Symbol für Spaß und für Freiheit, mindestens mal Bewegungsfreiheit, gewesen. Insofern sind die gemieteten Schneemobile Trostpflaster, die die Wunde unzureichend bedecken. Gerne würden wir uns in diesen Tagen öfter mit unseren Bekannten zusammensetzen und austauschen. Die stecken jedoch oft kollektiv in der Mühle des Alltags und haben kaum Zeit. So fällt dann auch die Erneuerung der Freundschaften dürftiger aus als erhofft.

Ungeachtet solcher melancholischer Gedanken wird ein Teil unserer Herzen Zeit unseres Lebens an Lapplands Weite, seinen grandiosen Landschaften, seinen atemberaubenden Lichtspielen und seiner reinigenden Stille kleben. Wir können gar nicht anders als uns in den Folgejahren immer wieder dorthin zu verirren. Da dem Urlaubscocktail, den wir bei einem Besuch Kirunas genießen, unweigerlich immer ein Schuss Nostalgie beigemischt ist, entscheiden wir uns immer häufiger für andere Orte.

Ein Kurzurlaub in Lappland um Silvester herum wird für uns in den folgenden Jahren zu einer familiären Institution. Wir lernen bei diesen Gelegenheiten Jokkfall, Sorsele, Älvsbyn und das winterliche Enontekio in Finnisch-Lappland kennen.

Wir nutzen diese Zeiten der Rückkehr, um wieder ausgiebig in eine Natur einzutauchen, der Begriffe wie Wirtschaftswachstum, Upgrade und Highspeed-Internet total egal sind. In die Stille der Landschaft plappert manchmal ein Philosoph in mir drauf los, als müsste er sich am Stammtisch hervortun. Er erzählt mir davon, dass psychische Erkrankungen in der gesamten Arbeitswelt auf dem Vormarsch sind. Er berichtet mir mit mahnend erhobenem Zeigefinger, dass unter Ärzten der prozentuale Anteil Alkoholkranker höher ist als in der übrigen Bevölkerung. Er fragt mich mit gerunzelter Stirn, ob wir eigentlich jede Möglichkeit, die Arbeits- und Lebensprozesse schneller zu machen, als Chance begreifen sollten. Er meint, dass wir mehr und mehr zu Sklaven unserer eigenen Geschwindigkeit werden.

In schwärmerischen Augenblicken, wenn wir die Fotos unseres Lapplandaufenthalts anschauen und uns Erinnerungen mit der Wucht eines vorbeirauschenden Schnellzugs treffen, stellen wir uns vor, wie es wäre, noch einmal längere Zeit - am liebsten ein Jahr - in die Faszinationen Lapplands einzutauchen. Wenn das passiert, quillt die Sehnsucht aus uns hervor wie Teig aus einem überfüllten Waffeleisen.

So ist das menschliche Schicksal. Die Kopierfunktion versagt - was die Intensität angeht - bei vielen Erlebnissen unseres Lebens. Wir können uns als Erwachsene noch so hoffnungsvoll um den Tannenbaum herumdrücken: Das magische Gefühl, das uns in unserer Kindheit begleitete und durch den Geruch der Plätzchen und die eigene mühsam unterdrückte Erregung verursacht wurde, bleibt unwiederbringlich verloren. Wir alle bekommen nur eine Kindheit, einen ersten Schultag und eine erste Liebe. Das Schöne an dieser Erkenntnis ist, dass sie uns anspornt, uns auf die Suche nach etwas Neuem zu begeben. Denn dann gibt es ja wieder ein erstes Mal. Wir haben da schon ein paar Ideen...

Wie alles begann...

Lappland. Abgeschiedenheit, Eiseskälte, meterhoher Schnee und die wochelange Dunkelheit der Polarnacht. Diese Extreme reizen den Autor. Er will endlich mal aus der klimatischen Komfortzone Mitteleuropas ausbrechen. Gemeinsam mit seiner Frau und seinem Sohn wird aus dem Traum ein konkreter Plan. Die Familie zieht für ein Jahr in den nördlichsten Zipfel Schwedens. Zu dritt begeben sie sich auf Entdeckungsreise in eine völlig fremde Welt und sind schnell fasziniert. Die ersten Fahrten mit dem eigenen Schneemobil, ausgedehnte Hundeschlittentouren, Skiwanderungen durch die Wildnis, nächtliche Nordlichtsafaris: Alles ist neu und aufregend! Im Buch lässt Parker den Leser an den Abenteuern der Wintermonate teilhaben.

13 €. Bestellung möglich über tomteparker@t-online.de
Oder im Buchhandel/Internet. ISBN 978-3-00-061235-0

Wie Parker Lappland für sich entdeckte:

Amüsant und selbstironisch führt der Autor durch die Irrungen seiner sportlichen Midlife-Crisis. Zunächst gibt er den langsamsten Radrennfahrer, den Lüchow-Dannenberg je gesehen hat, erklärt sich daraufhin trotzig zum Extremradwanderer und entdeckt das Liegeradfahren. Er beschließt, als selbst ernannter Superheld völlig untrainiert vom Wendland aus zum Nordkap zu radeln. Auf den letzten 700 km begleiten ihn - ebenfalls auf Liegerädern - sein maulender dreizehnjähriger Sohn, der sich um seine Sommerferien betrogen fühlt, und seine Frau, der das Radfahren fast ausschließlich bei Bergabfahrten Spaß macht...

12 €. Bestellung möglich über tomteparker@t-online.de
Oder im Buchhandel. ISBN 978-3-00-058264-6